LE PETIT LAROUSSE

des saveurs des régions de France

LES PRODUITS
LES MEILLEURES
RECETTES
DE NOS TERROIRS

LE PETIT LAROUSSE des saveurs des régions de France

LAROUSSE

SOMMAIRE

AVANT-PROPOS

Chacun de nous porte en son cœur un petit coin de France où il fait bon vivre. Bretagne, Alsace, Antilles, Flandres, Vendée, Poitou, Limousin, Aubrac, Pays basque, Provence... Nous y avons tous connu des moments passionnants et savoureux. Qu'ils nous évoquent les repas de notre enfance, les grandes tablées en famille, de paisibles vacances hivernales ou estivales, voire une simple escapade de quelques jours, il suffit de fermer les yeux pour que jaillissent des souvenirs de moments conviviaux, chaleureux et surtout gourmands.

Des plaines du Nord à la Méditerranée, de l'Atlantique aux contreforts alpins, chacun de ces paysages magnifiques et contrastés réserve son lot de saveurs et de richesses locales. Par leurs gestes et leur savoir-faire ancestraux, des hommes et des femmes les cultivent, les récoltent et les façonnent avec talent et passion. C'est grâce à eux que les produits régionaux français, à la qualité incomparable, sont reconnus et célébrés bien au-delà de nos frontières.

Tous ces riches terroirs ainsi rassemblés dessinent le contour d'une bien jolie France, où le partage d'un repas demeure un moment essentiel. Gigot de sept heures, gougères, œufs en meurette, volaille de Bresse à la crème, gratinée lyonnaise, ficelles picardes, cannelés... autant de recettes concoctées par des générations de cuisiniers et de cuisinières, à l'origine d'un patrimoine gastronomique riche et vivant.

Alors que le rythme trépidant de nos existences modernes (et souvent citadines) semble parfois nous éloigner de la « vraie vie », nous vous invitons à prendre le temps de feuilleter ces pages pour (re)découvrir, cuisiner et savourer, en famille ou entre amis, les bons petits plats de nos régions. Nos campagnes recèlent de beaux trésors... Il est temps de leur redonner la place qu'ils méritent.

L'Éditeur

ENTRÉES

PLATS

DESSERTS

NORD ET BASSIN PARISIEN

CHAMPAGNE · ARDENNES
FLANDRES · PLAINES DU NORD
PICARDIE

ÎLE-DE-FRANCE

ASPERGES à la flamande

POUR 4 PERSONNES

* * *

PRÉPARATION : **15 MIN** - CUISSON : **20 À 25 MIN**

- 1,6 kg d'asperges
- 6 œufs durs
- 200 g de beurre
- 4 cuill. à soupe de persil haché finement
- sel et poivre

---

1 Posez les asperges alignées sur une planche et coupez-les toutes à la même longueur. Pelez-les avec un couteau économe en allant de la pointe vers le pied puis lavez-les sans les laisser tremper. Liez-les en petites bottes.

2 Faites cuire les asperges debout dans l'eau bouillante salée, entre 20 et 25 minutes selon leur grosseur et leur fraîcheur. Égouttez-les sur un plat recouvert d'une serviette. Laissez-les tiédir très légèrement.

3 Écalez les œufs et coupez-les en deux dans la longueur. Faites fondre doucement le beurre puis versez-le dans une saucière très chaude.

4 Servez les asperges encore chaudes en présentant séparément les jaunes et les blancs des œufs durs, le persil haché et le beurre fondu. Chacun préparera la sauce à son idée, en écrasant les œufs durs avec plus ou moins de jaune et de blanc, et en les mélangeant au beurre et au persil avant d'y tremper les asperges.

L'asperge du Nord est blanche parce que récoltée dès sa sortie de terre. Préférez toujours les grosses asperges, plus tendres et moelleuses que les fines.

KOULIBIAC
de saumon

POUR 6 PERSONNES

* * *

PRÉPARATION : **40 MIN** - CUISSON : **1 H ENVIRON**

- 100 g de riz
- 4 œufs
- 3 cuill. à soupe de semoule de blé fine
- 600 g de filet de saumon
- 1 verre de vin blanc
- 1 bouquet garni
- 1 cuill. à soupe de paprika
- 3 échalotes
- 350 g de champignons de Paris
- 165 g de beurre
- 500 g de pâte feuilletée (à acheter chez le boulanger)
- sel et poivre

---

1 Rincez le riz et faites-le cuire pendant 15 minutes dans une grande quantité d'eau bouillante salée. Faites durcir 3 œufs.

2 Étalez la semoule sur une assiette et aspergez-la d'eau bouillante salée (1 fois et demie le volume de la semoule).

3 Lavez le saumon et épongez-le dans du papier absorbant. Portez à ébullition 1,5 litre d'eau salée avec le vin blanc, le bouquet garni et le paprika. Mettez-y le saumon, baissez le feu et faites cuire 10 minutes à petits frémissements. Laissez le saumon refroidir dans sa cuisson puis égouttez-le.

4 Hachez les échalotes et les champignons. Faites-les dorer dans une casserole avec 15 g de beurre ; salez et poivrez. Écalez les œufs et coupez-les en quatre.

5 Préchauffez le four à 230 °C (th. 7-8). Tapissez la plaque du four de papier sulfurisé. Farinez le plan de travail et étalez les deux tiers de la pâte feuilletée sur 3 mm d'épaisseur, en forme de rectangle. Égalisez les bords de ce rectangle et mettez-le sur la plaque tapissée.

6 Étalez, en couches, sans aller jusqu'aux bords, le riz, le saumon émietté, les champignons, la semoule et les quartiers d'œufs durs. Relevez les bords du rectangle et repliez-les sur la garniture. Étalez le reste de la pâte et recouvrez-en le pâté. Pincez les bords pour les souder.

7 Décorez avec des bandes de pâte, puis dorez à l'œuf battu. Glissez la plaque au four pour 30 minutes. Servez très chaud, avec le reste de beurre fondu en saucière.

Ce plat d'origine polonaise fut introduit dans la cuisine du Nord par les immigrants polonais arrivés au début du XXe siècle.

TARTE
au maroilles

POUR 4 PERSONNES

* * *

PRÉPARATION : **15 MIN** - REPOS DE LA PÂTE : **1 H** - CUISSON : **20 À 25 MIN**

- 10 g de levure de boulanger fraîche (ou 1/2 sachet de levure déshydratée)
- 15 cl de lait tiède
- 200 g de farine
- 1 œuf
- 40 g de beurre fondu + pour le moule
- 1/4 de maroilles (180 g)
- sel et poivre

---

1 Préparez la pâte. Délayez la levure dans le lait. Tamisez la farine dans un saladier, creusez un puits au centre et mettez-y l'œuf, le beurre, la levure délayée et 1 pincée de sel. Mélangez à l'aide d'un fouet jusqu'à l'obtention d'une pâte homogène mais collante.

2 Beurrez un moule à tarte de 26 cm de diamètre et versez la pâte en l'étalant un peu à l'aide d'une spatule. Couvrez d'un linge et laissez lever 1 heure à température ambiante ; la pâte va augmenter de volume.

3 Préchauffez le four à 200 °C (th. 6-7). Coupez le maroilles en tranches. Quand la pâte est bien levée, déposez les tranches de maroilles et poivrez. Enfournez et faites cuire de 20 à 25 minutes. Servez la tarte tiède, avec une salade verte.

Les hortillonnages d'Amiens

En Picardie, la pratique des hortillonnages remonte à l'époque où la vallée de la Somme n'était qu'un vaste marais. Pour pouvoir cultiver, les paysans, appelés hortillons, ont élevé des buttes de terre. Entre les buttes se trouvaient des canaux, les rieux, où l'on circulait en barque, comme on le fait encore aujourd'hui. La terre, riche et bien meilleure que celle de plaine, était gardée humide grâce aux fossés d'irrigation. Après la dernière guerre, il y avait encore une centaine de producteurs professionnels à Amiens, mais de nos jours, les hortillonnages sont surtout devenus des petits potagers privés. Les légumes vedettes sont les salades, les radis et les carottes pendant l'été, les choux et les poireaux l'hiver. La meilleure façon de les apprécier est de les goûter en crudités, l'été, et l'hiver en pot-au-feu ou en soupe – la fameuse soupe des hortillons.

Les bières spéciales

Pendant des siècles, presque toutes les bières, y compris celles du Nord, étaient des bières de fermentation haute, brassées « par infusion » avec du malt foncé. Ces bières « spéciales » étaient très diversifiées en goût et en couleur. À la fin du XIXe siècle, des bières à fermentation basse, dites « Lager », furent développées en Allemagne. Elles étaient brassées avec un malt pâle, « par décoction », ce qui donnait des bières blondes et légères. Progressivement, les bières traditionnelles s'éclipsèrent. C'est à partir des années 1950 qu'elles commencèrent à renaître et, aujourd'hui, plusieurs brasseurs proposent des produits spécifiques, tels l'Angélus, la Jenlain, la Pastor Ale, la Pelforth brune, la Trois-Monts, la Ch'ti.

Le maroilles

Le maroilles (ou marolles) est un fromage originaire de la Thiérache. Sa création, à l'abbaye de Maroilles, remonterait à l'an 960. C'est un fromage au lait de vache, dont la pâte, molle, est recouverte d'une croûte lavée rouge-orangé. Le maroilles, qui bénéficie d'une AOC, a une saveur corsée. Il se présente sous la forme d'un gros pavé, mais il existe aussi en plus petits formats : le sorbais, le mignon ou le quart. Le maroilles entre dans la préparation de plusieurs plats comme la flamiche ou la goyère.

LES SAVEURS DE LA PICARDIE

SOUPE *des hortillons*

POUR 4 PERSONNES

* * *

PRÉPARATION : **15 MIN** - CUISSON : **30 À 35 MIN**

- 1 chou nouveau
- 5 ou 6 blancs de poireaux
- 4 pommes de terre moyennes
- 1 petite laitue
- 1 poignée d'oseille
- quelques brins de cerfeuil
- 120 g de beurre
- 2 l d'eau ou de consommé léger
- 250 g de petits pois frais écossés (soit environ 500 g avec les cosses)
- sel et poivre

---

1 Épluchez tous les légumes. Coupez le chou en huit, émincez les poireaux, coupez les pommes de terre en dés. Ciselez la laitue, l'oseille et le cerfeuil. Écossez les petits pois.

2 Mettez 100 g de beurre à fondre doucement dans un faitout. Ajoutez le chou et les poireaux, couvrez et faites étuver pendant 10 à 15 minutes.

3 Mouillez avec l'eau ou le consommé, ajoutez les pommes de terre, salez, poivrez et laissez cuire pendant 10 minutes.

4 Entre-temps, faites fondre l'oseille et la laitue à feu doux avec le reste de beurre.

5 Ajoutez les petits pois, la laitue et l'oseille dans le faitout et poursuivez la cuisson pendant encore 10 minutes.

6 Versez le contenu du faitout dans une soupière et parsemez de cerfeuil au dernier moment. Servez très chaud, avec des tranches de pain grillées.

POTAGE
Saint-Germain

POUR 4 PERSONNES

* * *

PRÉPARATION : **15 MIN** - CUISSON : **30 À 35 MIN**

- 1 cœur de laitue
- 12 petits oignons nouveaux
- 750 g de petits pois frais écossés
- 60 g de beurre
- 1 petit bouquet garni enrichi de cerfeuil
- 1 cuill. à soupe de sucre en poudre
- 1 cuill. à soupe de cerfeuil ciselé
- petits croûtons pour servir
- sel et poivre

---

1 Lavez et épluchez la laitue et les oignons. Mettez-les dans une casserole avec les petits pois, le bouquet garni, la moitié du beurre et le sucre. Salez et versez un petit verre d'eau froide. Couvrez, amenez à ébullition et faites mijoter à feu doux de 30 à 35 minutes.

2 Retirez le bouquet garni, passez au moulin à légumes à grille fine puis au chinois ou dans une passoire fine.

3 Ajoutez un peu de bouillon ou d'eau chaude pour obtenir la consistance désirée et remettez à feu doux. Rectifiez l'assaisonnement, incorporez le reste de beurre et parsemez de cerfeuil. Servez aussitôt avec des croûtons.

Les maraîchages parisiens

Œufs brouillés Argenteuil, potage Clamart, potage Saint-Germain, carré d'agneau vertpré... Les noms des recettes parisiennes témoignent de la belle production maraîchère qui s'était développée jadis autour de la capitale. Les petits pois de Clamart étaient renommés, comme l'étaient les asperges d'Argenteuil et les carottes de Crécy, les haricots d'Arpajon et les tomates de Montlhéry, jusqu'aux champignons de couche devenus champignons de Paris dans les carrières d'Île-de-France. Pour satisfaire les besoins de la grande ville, les maraîchers ont autrefois rivalisé d'imagination, cultivant des plantes considérées jusque-là comme « sauvages » telle la mâche, le cresson ou le céleri de culture.

CARBONADE *flamande*

POUR 6 PERSONNES

* * *

PRÉPARATION : **20 MIN** - CUISSON : **3 H 20**

- 1,5 kg de bœuf à braiser (macreuse ou paleron) coupé en gros morceaux
- 100 g de saindoux
- 300 g d'oignons
- 3 cuill. à soupe de farine
- 3 cuill. à soupe de cassonade
- 3 cuill. à soupe de vinaigre
- 1 feuille de laurier
- 1 cône de houblon (si possible)
- 1 l de bière de garde blonde (bière flamande)
- 2 cuill. à soupe de moutarde forte
- 3 larges tranches de pain d'épices
- sel et poivre

---

1 Salez et poivrez les morceaux de bœuf. Faites fondre la moitié du saindoux dans une cocotte. Mettez-y les morceaux à revenir 1 ou 2 minutes de chaque côté et réservez-les.

2 Émincez finement les oignons. Videz la matière grasse et remettez la cocotte à feu doux avec le reste de saindoux. Mettez-y les oignons et faites-les fondre pendant 10 à 12 minutes. Ajoutez la farine et la cassonade, laissez cuire 1 minute sans cesser de remuer, puis versez le vinaigre et mélangez. Retirez les oignons avec une écumoire et réservez-les.

3 Préchauffez le four à 150 °C (th. 5). Disposez dans la cocotte les oignons et les morceaux de boeuf en alternance, ajoutez le laurier et, si vous en avez trouvé, le cône de houblon au milieu. Salez et poivrez, puis versez le jus rendu par la viande et la bière, qui doit recouvrir les ingrédients à hauteur.

4 Tartinez de moutarde les deux côtés des tranches de pain d'épices et posez-les sur le contenu de la cocotte. Couvrez et fermez hermétiquement le récipient (avec une feuille d'aluminium froissée placée tout autour du couvercle). Enfournez pour 3 heures.

Plat de brasserie par excellence, la carbonade est généralement servie avec de grosses pommes de terre fondantes (bintje) cuites à l'eau ou avec des frites. On boira, pour accompagner ce plat, une gueuze brune ou rousse plutôt puissante, ou un vin rouge fruité et rond de la vallée du Rhône.

POTJEVLEESCH

POUR 10 PERSONNES

* * *

PRÉPARATION : **20 MIN** - MARINADE : **24 H** - CUISSON : **3 H 30** - REPOS : **12 H**

- 800 g de collier de veau
- 4 râbles de lapin
- 800 g d'échine de porc non désossée
- 6 gousses d'ail
- 1 branche de céleri
- 2 carottes
- 4 clous de girofle
- 6 feuilles de laurier
- 2 l de bière blanche
- 500 g d'oignons
- 20 baies de genièvre
- 3 branches de thym frais
- 4 cl de genièvre de Houlle
- 33 cl de vinaigre d'alcool coloré
- 40 g de farine
- sel et poivre

---

1 L'avant-veille. Coupez le veau, les râbles et l'échine en gros morceaux sans les désosser. Pelez l'ail, coupez le céleri en tronçons. Épluchez les carottes et détaillez-les en rondelles. Mettez la viande, les clous de girofle, 4 feuilles de laurier, l'ail et le céleri dans un saladier. Couvrez de bière et laissez mariner 24 heures au frais.

2 La veille. Préchauffez le four à 150 °C (th. 5). Pelez et émincez finement les oignons. Dans une terrine allant au four, alternez les morceaux de viande égouttés en glissant par endroits les baies de genièvre. Tassez bien, couvrez d'oignons émincés, salez et poivrez. Décorez avec le thym et 2 feuilles de laurier.

3 Filtrez la marinade, ajoutez-y le genièvre et le vinaigre. Faites tiédir et arrosez la terrine de ce liquide jusqu'à ce qu'il recouvre la viande.

4 Lutez le couvercle : faites une pâte molle avec la farine et 1 cuillerée à soupe d'eau, roulez-la en boudin et placez celui-ci à la jonction de la terrine et du couvercle pour rendre le tout étanche.

5 Placez la terrine dans un plat haut contenant assez d'eau pour l'immerger aux deux tiers. Enfournez pour 3 h 30.

6 Laissez reposer la terrine au moins 12 heures au frais. Servez froid, accompagné d'une salade verte.

Le nom de ce plat signifie littéralement « viande en pot ». On ne peut le faire en petite quantité car il y faut beaucoup de viandes différentes. Ce plat d'été est idéal si vous avez de nombreux convives, d'autant qu'il est simple à réussir et se prépare à l'avance. On peut le servir avec des frites ainsi qu'un assortiment de condiments : cornichons, moutarde, mayonnaise...

WATERZOÏ
de poulet

POUR 4 À 6 PERSONNES

* * *

PRÉPARATION : **15 MIN** - CUISSON : **1 H 10 ENVIRON**

- 1 poulet de 1,5 à 1,7 kg
- 1 litre de fond de volaille
- 5 blancs de poireau
- 2 branches de céleri
- 3 oignons
- 80 g de beurre
- 1 bouquet de persil
- 2 jaunes d'œufs
- 25 cl de crème fraîche
- le jus de 1 citron
- 6 à 8 tranches de pain
- sel et poivre

---

1 Plongez le poulet dans le fond de volaille et faites-le cuire pendant 30 minutes à petits frémissements.

2 Pendant ce temps, épluchez et coupez finement les poireaux, le céleri et les oignons. Mettez à fondre 40 g de beurre dans une cocotte avec 5 brins de persil et faites-y cuire les légumes à feu doux pendant 20 minutes ; salez et poivrez.

3 Découpez le poulet en 8 morceaux en enlevant le maximum d'os et disposez ceux-ci dans la cocotte sur les légumes. Versez du bouillon de cuisson jusqu'à la hauteur du poulet et faites cuire encore 30 minutes.

4 Égouttez les morceaux de poulet. Délayez les jaunes d'œufs avec la crème, ajoutez le jus de citron et versez dans la cocotte. Mélangez, sans laisser bouillir, pendant 5 minutes. Goûtez et rectifiez l'assaisonnement. Remettez les morceaux de poulet.

5 Servez dans la cocotte avec, à part, des tartines grillées beurrées.

COQ
à la bière

POUR 6 PERSONNES

* * *

PRÉPARATION : **1 H** - CUISSON : **1 H 30**

- 1 coq d'environ 2 kg avec son foie
- 2 gousses d'ail
- 100 g d'échalotes
- 2 douzaines de petits oignons grelots
- 250 g de petits champignons de couche
- 1 tranche de lard maigre demi-sel
- 20 g de saindoux
- 2 cuill. à soupe de genièvre
- 1 cuill. à soupe de farine
- 1 l de bière blonde
- 1 bouquet garni
- 50 g de beurre
- 1/2 citron
- 15 cl de crème fraîche épaisse (facultatif)

---

1 Coupez le coq en morceaux, hachez le foie et réservez-le. Pelez et émincez l'ail et les échalotes. Pelez les oignons grelots. Lavez les champignons sans les laisser tremper, essuyez-les et coupez les queues.

2 Retirez la couenne du lard, mettez celui-ci dans une petite casserole, couvrez-le d'eau froide et portez à la limite de l'ébullition. Égouttez-le et coupez-le en petits lardons. Préchauffez le four à 150 °C (th. 5).

3 Faites rissoler les lardons avec le saindoux dans une cocotte sur feu doux, sortez-les avec une écumoire et réservez-les. Augmentez le feu et faites revenir les morceaux de coq en les retournant plusieurs fois pour qu'ils soient uniformément dorés. Retirez-les au fur et à mesure.

4 Videz la matière grasse, remettez les morceaux de coq dans la cocotte et flambez-les avec le genièvre bouillant. Poudrez de farine et versez la bière doucement pour éviter la mousse. Ajoutez les échalotes, l'ail et le bouquet garni, salez et poivrez. Couvrez, fermez hermétiquement la cocotte, enfournez et laissez cuire 1 h 30.

5 Faites fondre les oignons grelots à feu très doux dans le beurre pendant 20 minutes en les remuant fréquemment, puis ajoutez les champignons et le jus de citron, couvrez et laissez étuver encore une dizaine de minutes.

6 Sortez la cocotte du four, égouttez les morceaux de coq, disposez-les dans un plat creux et gardez-les au chaud. Retirez le bouquet garni, ajoutez le jus de cuisson des oignons et des champignons et faites réduire le liquide de moitié à feu vif.

7 Incorporez éventuellement la crème fraîche et le foie du coq, ajoutez les champignons et les oignons et laissez encore 2 minutes sur le feu pour bien réchauffer l'ensemble. Rectifiez l'assaisonnement. Versez sur les morceaux de coq et servez aussitôt.

Vous pouvez lier la sauce avec 2 jaunes d'œufs : délayez-les dans un peu de sauce et, hors du feu, reversez le mélange dans la cocotte en fouettant vivement, puis nappez-en la volaille.

ENDIVES
au jambon

POUR 4 PERSONNES

* * *

PRÉPARATION : **30 MIN** - CUISSON : **30 MIN ENVIRON**

- 4 endives
- 90 g de beurre
- 30 g de farine
- 50 cl de lait
- 60 g de fromage râpé
- 4 tranches de jambon blanc
- sel, poivre, muscade

---

1 Choisissez des endives bien blanches et bien fermées. Éliminez les premières feuilles abîmées et coupez le trognon.

2 Mettez à chauffer 30 g de beurre dans une poêle et faites-y cuire les endives à l'étuvée.

3 Dans une casserole, mettez à fondre 30 g de beurre. Ajoutez la farine et remuez vivement pour obtenir un mélange lisse. Laissez cuire 2 minutes, sans laisser colorer. Ôtez la casserole du feu et versez le lait froid d'un seul coup, en fouettant pour empêcher la formation de grumeaux. Remettez la béchamel sur le feu et laissez-la cuire de 10 à 12 minutes pour la faire épaissir. Salez, poivrez, râpez une bonne pincée de noix de muscade et ajoutez 30 g de fromage râpé. Mélangez bien.

4 Préchauffez le four à 275 °C (th. 9). Beurrez un plat à gratin.

5 Égouttez les endives, enroulez chacune d'elles dans une tranche de jambon. Rangez-les côte à côte dans le plat et nappez-les de béchamel.

6 Parsemez du reste de fromage râpé et du reste de beurre (30 g) en noisettes. Mettez au four pendant 15 minutes environ. Servez très chaud.

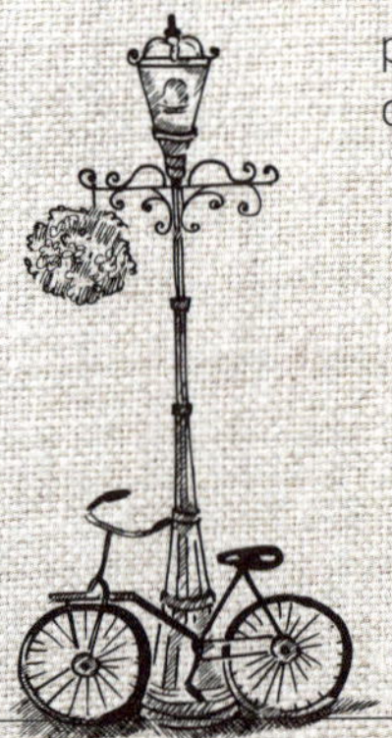

Les endives

D'abord appelée witloof (« feuille blanche » en flamand), chicorée de Bruxelles ou chicon, l'endive apparut en Belgique au milieu du XIXe siècle. Sa production s'est développée dans le nord de la France. La culture se fait en deux étapes : après le semis en plein champ au printemps, les racines sont récoltées à l'automne et effeuillées avant d'être forcées à l'abri de la lumière, dans une atmosphère chaude et humide, afin d'obtenir une nouvelle pousse blanche. Le forçage traditionnel en couche consiste à replanter les racines et à les recouvrir de terre. Des tuyaux enterrés apportent la chaleur, maintenue grâce à de la paille recouverte de tôle. Aujourd'hui, pour la grande majorité de la production, les racines sont forcées dans des bacs remplis d'une solution nutritive, en salle climatisée.

LAPIN
aux pruneaux

POUR 4 À 6 PERSONNES

* * *

TREMPAGE : **2 H** - PRÉPARATION : **20 MIN** - CUISSON : **50 MIN ENVIRON**

- 1 grand bol de thé assez fort
- 350 g de pruneaux
- 1 lapin de 1,5 kg environ avec son foie
- 2 échalotes
- 20 g de beurre
- 2 cuill. à soupe d'huile
- 1 brin de thym
- 20 cl de vin blanc
- 1 cuill. à soupe de vinaigre
- sel et poivre

---

1 Préparez le thé et faites-y tremper les pruneaux pendant 2 heures.

2 Découpez le lapin, salez et poivrez les morceaux. Pelez et hachez les échalotes.

3 Mettez à chauffer le beurre et l'huile dans une cocotte et faites-y revenir les morceaux de lapin à feu assez vif ; dorez-les sur toutes les faces. Ajoutez les échalotes, le thym et le vin. Couvrez et laissez mijoter pendant 30 minutes.

4 Pendant ce temps, dénoyautez les pruneaux.

5 Passez le foie du lapin au mixeur avec le vinaigre et ajoutez-le dans la cocotte avec les pruneaux dénoyautés. Faites cuire encore 20 minutes. Servez très chaud dans la cocotte, et dégustez avec des pâtes fraîches ou du blé.

Vous pouvez remplacer le vin blanc par de la bière ou du cidre, et ajoutez une poignée de raisins secs en même temps que les pruneaux.

BOUFFIS GRILLÉS
pommes à l'huile

POUR 4 PERSONNES

* * *

PRÉPARATION : **15 MIN** - DESSALAGE DES HARENGS : **3 À 4 H** - CUISSON : **50 MIN ENVIRON**

- 4 bouffis très épais et clairs
- 500 g de petites pommes de terre nouvelles
- lait pour le trempage des harengs
- 1 oignon
- 1 cuill. à soupe de moutarde forte
- 1 cuill. à café de jus de citron
- 2 cuill. à soupe d'huile
- 1 bouquet de persil
- sel

---

1 Rangez les harengs dans un plat creux, couvrez les de lait et laissez-les tremper pendant 3 à 4 heures.

2 Lavez soigneusement les pommes de terre, essuyez-les et faites-les cuire 20 minutes à la vapeur.

3 Pendant ce temps, pelez et hachez l'oignon. Dans un saladier, mélangez-le avec du sel, la moutarde et le jus de citron. Laissez reposer quelques minutes afin d'adoucir l'oignon.

4 Allumez le gril du four. Vérifiez la cuisson des pommes de terre. Égouttez-les, pelez-les encore chaudes et coupez-les en rondelles épaisses. Ajoutez l'huile, le persil ciselé, le mélange d'oignon et de moutarde. Réservez au chaud.

5 Égouttez et épongez les harengs. Faites-les griller à mi-hauteur du four de 10 à 12 minutes selon leur épaisseur, en les retournant à mi-cuisson.

6 Disposez les pommes de terre encore tièdes dans un plat, ajoutez les harengs grillés coupés en tronçons de 1 cm, mélangez et servez aussitôt.

Le bouffi est du hareng à peine salé. Il est fumé entier jusqu'à devenir jaune paille.

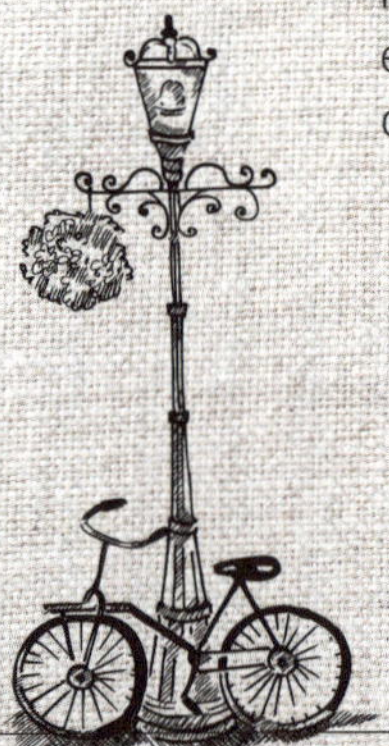

Le hareng

Le hareng, autrefois très abondant en mer du Nord, fut longtemps la providence des populations quand les récoltes étaient mauvaises. Bouffis, craquelots, gendarmes, kippers, bucklings : on préparait toutes sortes de harengs fumés. Aujourd'hui, le hareng côtier, le meilleur, ne représente plus qu'une petite part de la production, le gros provenant de Norvège ou de Hollande. Mais les saurisseurs de Boulogne-sur-Mer continuent encore de saler, fumer ou mariner les harengs, tout comme les maquereaux et les sprats. Pochés ou grillés, préparés avec des pommes de terre à l'étouffée, ces poissons font toujours partie des aliments traditionnels de la Flandre maritime.

FICELLES *picardes*

POUR 4 PERSONNES

* * *

PRÉPARATION : **15 MIN** - CUISSON : **20 MIN ENVIRON**

- 400 g de champignons de Paris
- 4 crêpes salées
- 4 tranches de jambon blanc
- 2 échalotes
- 50 g de beurre
  + pour beurrer le plat
- 8 cuill. à soupe de crème fraîche
- 100 g d'emmental râpé
- sel et poivre

---

1 Beurrez un plat à gratin. Pelez et émincez les échalotes. Brossez les champignons, coupez-en le pied terreux et détaillez-les en lamelles épaisses.

2 Préchauffez le four à 220 °C (th. 7-8). Dans une casserole, faites blondir doucement les échalotes au beurre. Ajoutez les champignons et laissez-les cuire 10 minutes, sans couvrir pour qu'ils rendent leur eau.

3 Dans le plat à gratin, posez 1 crêpe, recouvrez-la de 1 tranche de jambon découenné, puis d'un quart de la préparation aux champignons et nappez de 1 belle cuillerée de crème fraîche. Salez et poivrez, puis roulez la crêpe. Procédez de même avec les 3 autres crêpes. Rangez-les dans le plat à gratin, répartissez le reste de la crème sur le dessus et parsemez généreusement d'emmental. Faites cuire 10 minutes environ, en laissant bien gratiner le fromage. Servez très chaud.

Recette typique du Nord, la ficelle picarde se sert aussi bien en entrée consistante qu'en plat, accompagnée d'une belle laitue assaisonnée au vinaigre de noix et d'une bière légère.

GRATIN DE CHOU-FLEUR
à la picarde

POUR 8 PERSONNES

* * *

PRÉPARATION : **20 MIN** - CUISSON : **1 H 10 À 1 H 20**

- 1 petit chou-fleur bien blanc
- 100 g de beurre
- 500 g d'oignons
- 2 cuill. à soupe de farine
- 30 cl de bouillon de légumes ou de consommé léger
- 10 cl de crème fraîche
- 50 g de chapelure
- sel et poivre

---

1 Parez le chou-fleur, divisez-le en bouquets et faites-le cuire pendant 10 minutes à l'eau bouillante salée. Égouttez-le. Faites-le rapidement dorer à la poêle avec 40 g de beurre et réservez-le.

2 Épluchez et émincez les oignons. Mettez-les dans une casserole avec 40 g de beurre et faites étuver à feu doux de 30 à 40 minutes en remuant de temps en temps jusqu'à ce qu'ils soient bien transparents.

3 Ajoutez la farine, laissez cuire encore quelques instants très doucement sans cesser de tourner, puis versez progressivement le bouillon en remuant toujours. Salez et poivrez, poursuivez la cuisson pendant 20 minutes, puis incorporez la crème et laissez cuire encore 5 minutes. Vous devez obtenir une sauce épaisse où les oignons sont complètement écrasés. Rectifiez l'assaisonnement.

4 Préchauffez le four à 200 °C (th. 6-7). Beurrez largement un plat à gratin. Disposez dedans les bouquets de chou-fleur et nappez-les de sauce. Recouvrez la surface de chapelure et répartissez le reste de beurre en petites noisettes. Enfournez et faites gratiner une quinzaine de minutes, jusqu'à ce que la surface soit bien dorée.

La sauce picarde de ce gratin, à base d'oignons, est aussi appelée Soubise picarde. Traditionnellement, on la prépare avec du bouillon de viande, en y ajoutant parfois de la béchamel ou de la crème fraîche : elle est alors effectivement très proche de la sauce Soubise classique.

ANDOUILLETTE GRILLÉE
aux oignons frits

POUR 4 PERSONNES

* * *

PRÉPARATION : **15 MIN** - CUISSON : **15 MIN**

* 4 gros oignons
* bière
* farine
* 4 andouillettes de Troyes
* huile pour la friture
* sel et poivre

---

1 Pelez les oignons et émincez-les en rondelles. Séparez ces dernières les unes des autres. Mettez de la bière dans une assiette creuse et de la farine dans une autre. Salez et poivrez la farine et mélangez bien.

2 Piquez chaque andouillette deux ou trois fois avec la pointe d'un petit couteau. Faites-les griller une dizaine de minutes sous le gril du four ou directement au barbecue, en les retournant plusieurs fois pour qu'elles soient uniformément dorées.

3 Chauffez l'huile à 180 °C. Passez les rondelles d'oignons l'une après l'autre dans la bière puis dans la farine et plongez-les dans l'huile par petites quantités à la fois. Quand elles sont bien dorées, sortez-les au fur et à mesure avec une écumoire et égouttez-les sur un papier absorbant.

4 Posez les andouillettes sur un plat chaud. Entourez-les des rondelles d'oignons. Servez très chaud.

Le gibier de la forêt ardennaise

L'immense forêt ardennaise, riche en gros gibier, tels le sanglier, le cerf ou le chevreuil, les petits cours d'eau ainsi que la Marne et la Meuse, naguère très poissonneuses, font des Ardennes un pays de chasse et de pêche dont les produits ont suscité nombre de recettes. Le sanglier et le chevreuil appellent le vin rouge, mais les oiseaux – les cailles, grives, perdreaux et les trop rares bécasses – sont traditionnellement cuisinés au champagne, ou au genièvre comme souvent en Belgique voisine et dans les pays nordiques.

Le biscuit rose de Reims

La belle renommée du biscuit de Reims date au moins de deux siècles : on le servait pour accompagner la dégustation du champagne, autrefois très sucré. Farine de froment, fécule, levure, œufs et sucre composent cette pâtisserie, cuite deux fois comme l'indique le mot « bis-cuit ». Les biscuitiers utilisèrent le carmin, colorant végétal, pour masquer les grains noirs de la vanille qui le parfume. Le biscuit rose de Reims, rectangulaire, léger et croustillant, est traditionnellement trempé dans un verre de vin, de porto ou de champagne.

Le chaource

Ce fromage de vache AOC doit son nom à un bourg de la Champagne humide. Il est issu d'une tradition de fromages blancs et gras, dits « de Troyes », connus déjà au XVIIIe siècle. Son terroir se situe dans les départements de l'Aube et de l'Yonne. Sa croûte à fleur blanche est semée de légères pigmentations rougeâtres. Ce disque épais de 6 cm, pour un diamètre de 8 ou 11 cm, offre une pâte d'un blanc homogène, molle, douce et fruitée.

LES SAVEURS DE LA CHAMPAGNE ET DES ARDENNES

PIÈCE DE BŒUF
aux échalotes

POUR 4 PERSONNES

* * *

PRÉPARATION : **20 MIN** - CUISSON : **45 MIN**

- 16 petites échalotes
- 20 cl d'huile de tournesol
- 1 carotte
- 1 petite branche de céleri (30 g environ)
- 75 cl de vin rouge
- 1 cuill. à soupe de cassonade
- 25 g de beurre
- 4 pavés de rumsteck
- sel et poivre

---

1 Pelez les échalotes. Mettez-les dans une casserole, versez l'huile jusqu'à ce qu'elle les recouvre ; salez et poivrez. Faites bien chauffer l'huile puis laissez les échalotes cuire à feu très doux pendant 30 minutes ; elles doivent être confites mais pas dorées. Laissez-les refroidir dans l'huile puis égouttez-les dans une passoire.

2 Épluchez la carotte et détaillez-la en petits cubes. Émincez finement la branche de céleri. Mettez les légumes dans une casserole avec le vin rouge. Faites réduire le vin des deux tiers à feu vif, puis ajoutez la cassonade et laissez cuire encore quelques minutes pour obtenir une sauce sirupeuse.

3 Hors du feu, ajoutez le beurre en petits morceaux tout en fouettant. Mettez les échalotes égouttées dans la sauce et réservez au chaud.

4 Dans une poêle, mettez à chauffer 1 cuillerée à soupe d'huile et faites-y cuire les pavés de bœuf 3 ou 4 minutes de chaque côté, à feu moyen ; salez et poivrez.

5 Servez aussitôt avec la sauce aux échalotes confites et une purée de topinambours ou de céleri.

NAVARIN
d'agneau

POUR 4 À 6 PERSONNES

* * *

PRÉPARATION : **25 MIN** - CUISSON : **1 H ENVIRON**

- 600 g d'épaule d'agneau
- 600 g de collier d'agneau
- 2 tomates
- 2 gousses d'ail
- 2 cuill. à soupe d'huile d'arachide
- 1 cuill. à soupe de farine
- 1 bouquet garni
- 2 bottes de carottes nouvelles
- 200 g de navets nouveaux
- 1 botte de petits oignons blancs
- 300 g de haricots verts
- 300 g de petits pois frais
- 25 g de beurre
- sel, poivre, muscade

---

1 Coupez l'épaule d'agneau en gros morceaux, et le collier en tranches.

2 Plongez les tomates pendant 20 secondes dans de l'eau bouillante, puis rafraîchissez-les à l'eau froide. Pelez-les, épépinez-les et concassez-les. Pelez et hachez l'ail.

3 Faites chauffer l'huile dans une grande cocotte et dorez les morceaux d'agneau. Égouttez-les sur un papier absorbant et jetez la graisse.

4 Remettez la viande dans le récipient, poudrez de farine et faites cuire 3 minutes en remuant. Salez, poivrez et râpez de la muscade. Ajoutez tomates, ail et bouquet garni dans la cocotte ainsi qu'un peu d'eau pour que la viande soit mouillée jusqu'à sa hauteur. Dès l'ébullition, couvrez et laissez mijoter 35 minutes.

5 Grattez les carottes et les navets, épluchez les oignons, effilez les haricots verts, écossez les petits pois. Mettez le beurre à fondre dans une sauteuse et faites-y juste dorer carottes, oignons et navets.

6 Faites cuire les haricots verts à la vapeur pendant 7 ou 8 minutes.

7 Mettez dans la cocotte les carottes, les navets, les oignons et les petits pois, mélangez. Poursuivez doucement la cuisson, à couvert, pendant 20 à 25 minutes. Ajoutez les haricots verts 5 minutes avant de servir et mélangez délicatement. Servez très chaud, dans la cocotte.

STAUB

TARTE
au sucre

POUR 6 PERSONNES

* * *

PRÉPARATION : **20 MIN** - REPOS DE LA PÂTE : **2 H** - CUISSON : **35 MIN ENVIRON**

POUR LA PÂTE
- 15 g de levure de boulanger
- 10 cl de lait tiède
- 250 g de farine
- 1 pincée de sel
- 100 g de beurre
- 2 œufs

POUR LA GARNITURE
- 100 g de vergeoise blonde
- 15 cl de crème fraîche
- 40 g de beurre

---

1 Préparez la pâte. Délayez la levure dans le lait. Tamisez la farine dans un saladier. Faites un puits, ajoutez le sel, le beurre, les œufs et la levure délayée. Mélangez et travaillez la pâte jusqu'à ce qu'elle soit bien homogène. Mettez-la en boule, recouvrez d'un linge et laissez reposer 1 heure à température ambiante.

2 Étalez la pâte en un disque de 25 cm de diamètre et déposez-la sur une plaque recouverte de papier sulfurisé. Du bout des doigts, faites-y des petits creux. Laissez reposer à nouveau pendant 1 heure.

3 Préchauffez le four à 180 °C (th. 6). Saupoudrez la tarte de vergeoise puis répartissez le beurre en noisettes. Faites cuire au four pendant 30 minutes. Sortez la tarte du four et nappez-la de crème fraîche. Remettez-la à cuire pendant 4 à 6 minutes. Servez tiède.

Cette tarte est sans aucun doute la plus populaire de toutes celles que l'on fait dans le Nord. Vous pouvez remplacer la vergeoise blonde par de la cassonade ou de la vergeoise brune, au goût plus prononcé, et mettre un peu de vanille ou de cannelle dans la crème.

TARTE
au libouili

POUR 8 PERSONNES

* * *

PRÉPARATION : **30 MIN** - REPOS DE LA PÂTE : **2 H 45** - CUISSON : **45 MIN**

POUR LA PÂTE
- 300 g de farine
- 1 œuf
- 1 pincée de sel
- 15 g de sucre en poudre
- 110 g de beurre ramolli
- 15 g de levure de boulanger
- 12 cl de lait

POUR LA CRÈME PÂTISSIÈRE
- 50 cl de lait
- 4 œufs
- 75 g de sucre en poudre
- 1 sachet de sucre vanillé
- 40 g de farine
- sucre glace

---

1 Préparez la pâte. Tamisez la farine dans un saladier, creusez un puits au centre et mettez-y l'œuf, le sel, le sucre, la moitié du beurre et la levure, délayée dans le lait tiède. Travaillez du bout des doigts en incorporant peu à peu la farine aux autres ingrédients. Pétrissez ensuite énergiquement et laissez reposer 30 minutes. Pétrissez une seconde fois en ajoutant le reste du beurre, couvrez avec un torchon et laissez lever 2 heures.

2 Pendant ce temps, faites la crème pâtissière. Portez doucement le lait à ébullition puis arrêtez le feu. Fouettez les jaunes d'œufs avec le sucre en poudre et le sucre vanillé jusqu'à ce qu'ils blanchissent, ajoutez la farine puis versez le lait chaud. Remettez dans la casserole et faites cuire doucement pendant 1 ou 2 minutes en fouettant énergiquement contre le fond du récipient.

3 Étalez la pâte en un disque de 3 à 4 mm d'épaisseur et garnissez-en un moule à tarte beurré, à haut rebord. Façonnez un bord épais et laissez reposer pendant 15 minutes. Préchauffez le four à 180 °C (th. 6).

4 Étalez la crème sur la pâte, enfournez et faites cuire 45 minutes environ. Sortez la tarte du four et poudrez-la de sucre glace. Mettez le gril à chauffer puis remettez la tarte au four quelques instants pour dorer la surface.

Le libouili, c'est la crème du « lait bouilli », qui garnissait autrefois la tarte ; la garniture, aujourd'hui, est une crème pâtissière. S'il vous reste des chutes de pâte, utilisez-les pour faire des croisillons sur le dessus de la tarte.

GAUFRES
de ducasse

POUR 8 À 10 GAUFRES

* * *

PRÉPARATION : **15 MIN** - REPOS DE LA PÂTE : **2 H** - CUISSON : **3 MIN PAR GAUFRE**

* 125 g de lait
* 12 g de levure de boulanger fraîche ou 1/2 sachet de levure déshydratée
* 250 g de farine
* 1 pincée de sel
* 125 g d'eau
* 125 g de bière
* 50 g de beurre
* 1 œuf
* sucre glace pour saupoudrer

---

1 Diluez la levure dans le lait tiède. Dans un saladier, mélangez la farine avec le sel, l'œuf et le lait additionné de la levure. Délayez cette pâte avec l'eau et la bière. Ajoutez le beurre fondu et mélangez bien ; la pâte sera assez liquide.

2 Couvrez et laissez reposer pendant 2 heures à température ambiante : la pâte va augmenter de volume.

3 Préchauffez le gaufrier muni de plaques à gaufres (gros quadrillage). Versez 1 louche de pâte au centre et refermez aussitôt. Retournez le gaufrier et laissez cuire 3 minutes. Procédez ainsi pour toutes les gaufres. Lorsque les gaufres sont cuites, saupoudrez-les généreusement de sucre glace et servez aussitôt.

C'est au cours du XVe siècle qu'un artisan flamand inventa un « coffre » de fer pour y faire cuire des biscuits des deux côtés, sur le feu. Les « cofrettes », puis « gaufrettes » et autres gaufres ont régalé depuis des générations de gourmands.

GAUFRES *fourrées*

POUR 30 À 35 GAUFRES

* * *

PRÉPARATION : **15 MIN** - REPOS DE LA PÂTE : **2 H** - CUISSON : **3 OU 4 MIN PAR GAUFRE**

- 15 g de levure de boulanger fraîche
- 10 cl de lait
- 500 g de farine
- 4 œufs
- 10 g de sel
- 30 g de sucre en poudre
- 125 g de beurre ramolli

POUR LE FOURRAGE

- 300 g de vergeoise blonde ou brune, selon les goûts
- 150 g de beurre ramolli
- Parfum au choix : 8 cl de genièvre de Houlle, de rhum ou de Grand Marnier®

---

1 Délayez la levure dans le lait tiède. Dans un saladier, versez la farine, faites un puits et mettez-y la levure délayée, les œufs, le sel, le sucre et le beurre. Pétrissez jusqu'à obtenir une belle texture souple, puis roulez la pâte en boule, couvrez-la d'un linge et laissez reposer 2 heures dans un lieu tiède.

2 Préparez le fourrage en malaxant le beurre avec la vergeoise et le parfum choisi, jusqu'à obtenir une pommade légèrement granuleuse.

3 Avec vos mains, façonnez de petites boules de pâte de la taille d'une belle noix. Déposez-les dans le gaufrier chaud muni de plaques à gaufrettes (petit quadrillage) et laissez cuire 3 ou 4 minutes.

4 Dès que vous ouvrez le gaufrier, les gaufres gonflent : c'est à ce moment qu'il faut les couper en deux dans le sens de l'épaisseur (munissez-vous de gants pour ne pas vous brûler), à l'aide d'un couteau, et rapidement tartiner l'intérieur avec le fourrage. Refermez en appuyant bien à plat sur les deux faces pour répartir le fourrage. Procédez ainsi pour chaque gaufre. Dégustez tiède ou froid.

Autrefois, ces gaufres étaient le cadeau du Nouvel An que l'on offrait en présentant ses vœux. Chaque ménagère avait son petit secret, et la créativité s'exerçait dans les parfums du fourrage : à la violette, à la vanille, au rhum...

DEGLON

CRAMIQUE

POUR 6 PERSONNES

* * *

PRÉPARATION : **25 MIN** - REPOS DE LA PÂTE : **1 H** - CUISSON : **40 MIN**

* 1 bol de thé
* 100 g de raisins de Corinthe
* 100 g de beurre ramolli
* 3 œufs
* 1 pincée de sel
* 500 g de farine
* 1 cuill. à soupe de sucre en poudre

POUR LE LEVAIN

* 20 cl de lait frais
* 20 g de levure de boulanger fraîche
* 50 g de farine

---

1 Préparez le thé et mettez-y les raisins à tremper. Coupez le beurre en tout petits morceaux. Cassez 2 œufs et battez-les en omelette avec la pincée de sel.

2 Préparez le levain. Faites tiédir le lait ; émiettez la levure dans un saladier, versez un peu de lait et mélangez. Ajoutez de la farine petit à petit en tournant avec une cuillère en bois jusqu'à obtenir une pâte molle.

3 Mettez la farine sur le plan de travail et creusez une fontaine. Mettez-y le levain. Ajoutez les œufs battus ainsi que le reste du lait tiède. Laissez lever 1 heure.

4 Travaillez la pâte à la main et pétrissez-la jusqu'à ce qu'elle devienne élastique. Ajoutez le beurre et continuez à pétrir. Égouttez les raisins et ajoutez-les à leur tour. Malaxez encore un peu la pâte pour bien les intégrer.

5 Façonnez la pâte en une sorte de boudin. Mettez-la dans un moule à cake beurré de 28 cm de long. Cassez et battez le dernier œuf et dorez au pinceau. Laissez lever 1 heure à température ambiante.

6 Préchauffez le four à 200 °C (th. 6-7). Enfournez le cramique à 200 °C pendant 10 minutes, puis baissez la température du four à 180 °C (th. 6) et continuez ainsi sa cuisson pendant 30 minutes. Démoulez-le et laissez-le refroidir.

TARTE
à la rhubarbe

POUR 6 PERSONNES

* * *

PRÉPARATION : **25 MIN** - REPOS DE LA PÂTE : **2 H** - CUISSON : **40 MIN**

- 1 kg de tiges de rhubarbe
- 2 œufs
- 170 g de sucre en poudre
- 2 cuill. à soupe de farine
- 20 cl de lait

POUR LA PÂTE BRISÉE

- 250 g de farine
- 125 g de beurre ramolli
- 1 œuf battu
- 1 pincée de sel
- 2 cuill. à soupe d'eau très froide

---

1 Préparez d'abord la pâte. Tamisez la farine sur le plan de travail, creusez un puits au centre, mettez-y le beurre, l'œuf battu et le sel et pétrissez avec les doigts le plus rapidement possible en ajoutant l'eau. Cette préparation doit se faire très vite pour que la pâte ne durcisse pas ensuite. Ramassez-la en boule même s'il reste encore des petits morceaux de beurre, enveloppez-la dans un film transparent et laissez-la reposer au moins 2 heures au réfrigérateur.

2 Pelez les tiges de rhubarbe. Lavez-les et séchez-les bien. Coupez-les en tronçons de 2 à 3 cm.

3 Préchauffez le four à 220 °C (th. 7-8). Beurrez un moule à tarte de 24 cm de diamètre. Étalez la pâte sur 3 mm d'épaisseur et garnissez-en le moule en laissant un rebord assez haut. Répartissez la rhubarbe sur la pâte. Enfournez pour 15 minutes.

4 Baisez la température du four à 180 °C (th. 6). Dans un grand bol, battez les œufs avec 120 g de sucre et la farine, puis ajoutez le lait et mélangez bien.

5 Sortez la tarte du four et versez le mélange aux œufs sur la rhubarbe. Enfournez et poursuivez la cuisson encore 30 minutes. Sortez la tarte du four, saupoudrez-la de sucre restant et laissez refroidir.

On trouve de la tarte à la rhubarbe dans de nombreuses régions, mais seule celle de Picardie est préparée avec de la rhubarbe crue.

TARTE *Bourdaloue*

POUR 6 PERSONNES

* * *

PRÉPARATION : **30 MIN** - REPOS DE LA PÂTE : **30 MIN** - CUISSON : **30 MIN**

- 8 demi-poires pochées maison ou 1 grosse boîte de poires au sirop (850 g)

POUR LA PÂTE SABLÉE

- 250 g de farine
- 160 g de beurre ramolli + 25 g pour le moule
- 1 œuf entier
- 70 g de sucre en poudre

POUR LA CRÈME FRANGIPANE

- 2 œufs
- 100 g de sucre en poudre
- 120 g d'amandes en poudre
- 120 g de beurre ramolli

---

1 Préparez la pâte. Tamisez la farine au-dessus du plan de travail. Coupez le beurre en petits morceaux et travaillez-le du bout des doigts avec la farine jusqu'à ce que la préparation soit sableuse et qu'il ne reste plus de morceaux de beurre. Creusez un puits dans le sablage obtenu. Cassez-y l'œuf et versez le sucre en poudre. Mélangez du bout des doigts tous les ingrédients, mais sans trop les malaxer.

2 Écrasez la pâte sous votre paume, en poussant devant vous, pour la rendre bien homogène. Roulez- la en boule, aplatissez-la entre vos mains. Enveloppez-la d'un film alimentaire et laissez-la reposer au moins 30 minutes au réfrigérateur.

3 Préchauffez le four à 190 °C (th. 6-7). Préparez la crème frangipane. Dans un saladier, fouettez les œufs entiers avec le sucre en poudre, ajoutez ensuite les amandes et le beurre et mélangez bien. Étalez la pâte sur 2 mm d'épaisseur.

4 Beurrez un moule de 26 cm de diamètre à fond amovible et garnissez-le de pâte. Étalez la crème sur la pâte. Égouttez les demi-poires, puis coupez-les en lamelles sur une planche. Du plat de la paume de la main, donnez-leur un petit mouvement pour les coucher légèrement en éventail, puis soulevez-les une par une à l'aide d'une spatule et déposez-les délicatement en rosace sur la crème.

5 Enfournez en bas du four et faites cuire de 30 à 40 minutes. Laissez tiédir la tarte avant de la démouler. Servez froid.

La pâte sablée est fragile, étalez-la sur une feuille de papier sulfurisé, retournez le tout sur le moule et « pelez » la feuille.

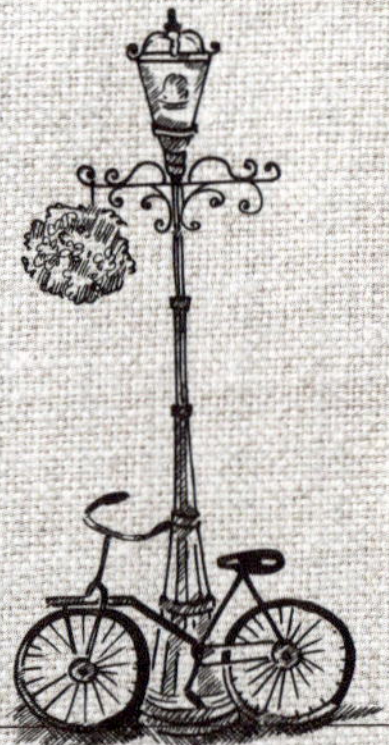

La pâtisserie parisienne

Mille-feuilles, bourdaloues, mokas et napolitains, opéras et savarins… Les gâteaux d'aujourd'hui sont nés à Paris au XIXe siècle, époque où la capitale était considérée comme le centre du monde gastronomique. Antonin Carême, pâtissier avant d'être le cuisinier de Talleyrand, innova plus que tout autre. On lui devrait le nougat et la meringue, le vol-au-vent et le croquembouche. Ses successeurs ont fait de Paris la capitale des gâteaux. Jules Gouffé, l'apôtre de la cuisine décorative, Coquelin, le créateur du puits d'amour – du nom d'un opéra-comique parisien ! –, Garchi, Bourbonneux, Chiboust, installé rue Saint-Honoré et qui créa le gâteau du même nom, garni de crème… Chiboust. Et bien d'autres encore, dont les maisons existent toujours, jusqu'à Gaston Lenôtre installé après la dernière guerre.

BEIGNETS CHAMPENOIS
au fromage blanc

POUR 4 PERSONNES

* * *

PRÉPARATION : **15 MIN** - REPOS DE LA PÂTE : **1 H** - CUISSON : **5 OU 6 MIN**

- 250 g de fromage blanc bien égoutté
- 1 œuf et 1 jaune d'œuf
- 50 g de sucre en poudre
- 70 g de farine
- 1 grosse pincée de sel
- sucre en poudre
- huile pour la friture

---

1 Travaillez le fromage blanc à la spatule dans un saladier en incorporant petit à petit l'œuf, le jaune d'œuf, le sucre et la farine jusqu'à obtention d'une pâte souple et homogène, mais qui ne coule pas. Salez et laissez reposer au réfrigérateur pendant 1 heure au minimum.

2 Remplissez à demi une assiette creuse de sucre en poudre et faites chauffer l'huile de friture à 170-180 °C. Prélevez des boules de pâte avec une cuillère et plongez-les dans l'huile par petites quantités.

3 Laissez frire jusqu'à ce que les beignets soient gonflés et bien dorés. Sortez-les au fur et à mesure avec une écumoire et égouttez-les sur un papier absorbant. Roulez-les dans le sucre, disposez-les sur un plat et servez chaud.

GRAND OUEST

ENTRÉES

PLATS

DESSERTS

PAYS NANTAIS
BRETAGNE
NORMANDIE

GRATIN D'HUÎTRES
à la Chandivert

POUR 4 PERSONNES

* * *

PRÉPARATION : **20 MIN** - CUISSON : **10 MIN**

- 24 huîtres (indifféremment plates ou creuses)
- 20 g de beurre
- 30 g de chapelure
- 10 cl de cidre brut
- 10 cl de crème fraîche
- poivre

---

1 Ouvrez les huîtres, décoquillez-les, en réservant leur eau et replacez-les dans leur coquille. Donnez un tour de moulin à poivre.

2 Filtrez l'eau des huîtres, mettez-la dans une petite casserole et faites-la réduire de moitié à feu vif. Ajoutez le cidre et la crème fraîche et laissez mijoter doucement jusqu'à l'obtention d'une sauce onctueuse.

3 Préchauffez le four à 180 °C (th. 6). Nappez les huîtres de sauce dans leur coquille, saupoudrez avec la chapelure et répartissez quelques noisettes de beurre en surface. Enfournez et faites cuire pendant 10 minutes. Servez aussitôt.

Ce gratin était la spécialité de la brasserie Chandivert, célèbre à Caen avant la guerre. On peut remplacer le cidre par du vin blanc sec et parsemer un peu de fromage râpé en surface avant de mettre au four. On peut faire aussi des gratins individuels, dans des plats à œufs, par exemple.

ANDOUILLE DE VIRE
à l'oseille

POUR 4 PERSONNES

* * *

PRÉPARATION : **15 MIN** - CUISSON : **35 MIN ENVIRON**

- 1 kg d'oseille
- 100 g de beurre
- 8 à 12 tranches d'andouille épaisses
- 15 cl de crème fraîche
- sel et poivre

---

1 Triez l'oseille en enlevant les queues dures. Lavez-la et épongez les feuilles avec soin.

2 Faites fondre la moitié du beurre dans une poêle, mettez-y l'oseille, couvrez aux trois quarts et laissez cuire à feu très doux environ 30 minutes, jusqu'à évaporation complète de l'eau de végétation.

3 En fin de cuisson, faites fondre le reste de beurre dans une autre poêle. Mettez les tranches d'andouille dedans et faites-les chauffer pendant 5 ou 6 minutes en les retournant délicatement à mi-cuisson.

4 Ajoutez la crème fraîche à l'oseille cuite, salez, donnez quelques tours de moulin à poivre et mélangez bien. Laissez mijoter quelques minutes pour obtenir une consistance onctueuse.

5 Versez la fondue d'oseille dans un plat creux préalablement chauffé et faites glisser les tranches d'andouille dessus. Servez aussitôt avec du cidre brut bien frais.

Contrairement à ce que l'on pense, l'andouille de qualité n'est absolument pas grasse.

PÂTÉ *breton*

POUR 6 PERSONNES

* * *

TREMPAGE DE LA CRÉPINE : **1 H** - PRÉPARATION : **20 MIN** - CUISSON : **1 H 30**

- 1 crépine de porc
- 600 g de poitrine de porc maigre
- 200 g de foie de porc
- 250 g de lard de poitrine fumé
- 300 g de gorge de porc
- 2 cuill. à café de sel
- 1 cuill. à café de poivre
- 1 cuill. à soupe d'herbes hachées (thym, marjolaine, sauge)
- 2 œufs
- 1 feuille de laurier

---

1 Faites tremper la crépine pendant 1 heure dans un récipient d'eau froide, sous un filet d'eau courante. Égouttez-la et séchez-la.

2 Hachez les viandes et les abats au hachoir à grosse grille. Mettez-les dans un saladier avec le sel, le poivre, les herbes et les œufs. Mélangez bien.

3 Tapissez une terrine avec la crépine en laissant celle-ci très largement dépasser des bords, remplissez avec le mélange et posez la feuille de laurier dessus. Recouvrez la surface en repliant la crépine qui dépasse et coupez l'excédent. Couvrez la terrine et laissez reposer 4 ou 5 heures au réfrigérateur.

4 Préchauffez le four à 150 °C (th. 5). Remplissez la lèchefrite d'eau chaude, enfournez la terrine et faites cuire pendant 1 h 30. Sortez-la du four et laissez refroidir. Conservez le pâté au moins deux jours au réfrigérateur avant de consommer.

Le pâté breton est aussi préparé sous forme de petits pâtés individuels. Pour en faire 8 ou 10, respectez les proportions de la recette et façonnez des boulettes de viande à la main. Enveloppez chacune dans un morceau de crépine, rangez-les dans un plat à four et faites cuire 45 minutes à 180 °C (th. 6).

ARTICHAUTS
à la rennaise

POUR 4 PERSONNES

* * *

PRÉPARATION : **25 MIN** - CUISSON : **1 H**

- 6 gros artichauts camus
- 1 citron
- 400 g de lard maigre demi-sel
- 200 g d'oignons
- 200 g de carottes
- 50 g de beurre demi-sel
- 1 bouquet garni
- 25 cl de vin blanc sec (muscadet)
- 25 cl de bouillon
- 2 cuill. à soupe de persil haché
- sel et poivre

---

1 Cassez la queue des artichauts puis recoupez la base au couteau. Ôtez une ou deux rangées de feuilles puis coupez les autres horizontalement le plus près possible du fond. Retirez le foin et coupez chaque artichaut en quatre. Plongez-les dans de l'eau citronnée.

2 Mettez le lard dans une casserole, couvrez-le d'eau froide à hauteur et portez à ébullition. Laissez cuire 2 minutes à petits bouillons puis égouttez-le. Coupez-le en fines tranches.

3 Épluchez et émincez finement les oignons et les carottes. Faites-les revenir à feu doux dans une cocotte avec le beurre demi-sel pendant une dizaine de minutes en remuant de temps en temps. Retirez-les avec une écumoire.

4 Tapissez le fond de la cocotte avec les tranches de lard. Remettez les légumes puis ajoutez les artichauts, le bouquet garni, le vin et le bouillon. Salez légèrement et poivrez. Couvrez et faites cuire à feu doux pendant 1 heure.

5 Retirez le bouquet garni, sortez les quartiers d'artichauts avec une écumoire et mettez-les dans un plat creux bien chaud, répartissez les légumes et les lamelles de lard et versez le jus de cuisson dessus. Parsemez de persil haché et servez immédiatement.

Le camus de Bretagne est la plus grosse des variétés d'artichaut. Son poids peut atteindre jusqu'à 500 g.

L'artichaut camus

Apportée en France par Catherine de Médicis, cette plante méditerranéenne dérivée du chardon sauvage partage, avec le chou, le titre de légume roi de la Bretagne. Avec sa tête ronde et ferme, l'artichaut camus est le plus volumineux des artichauts. Peu calorique, riche en fibres et en minéraux, il cumule des qualités diurétiques et dépuratives. Cette variété, développée en 1810 par un agronome parisien, est aujourd'hui la préférée des Français.

GALETTE
de blé noir

POUR 8 À 10 GALETTES

* * *

PRÉPARATION : **10 MIN** – REPOS : **1H** CUISSON : **4 MIN**

- 300 g de farine de sarrasin
- 1 pincée de sel
- 1 gros œuf
- 75 cl d'eau froide environ

---

1 Dans un saladier, formez un puits avec la farine, ajoutez le sel, l'œuf et versez une petite quantité d'eau, remuez avec un fouet et incorporez l'eau au fur et à mesure en fouettant pour éviter la formation de grumeaux.

2 Couvrez la pâte avec un torchon et laissez-la reposer dans une pièce fraîche.

3 Pour la cuisson, huilez une galettière. Versez une louche de pâte et étalez-la avec une spatule en bois. Laissez cuire 3 minutes environ, décollez la pâte avec une spatule en métal, mais ne la retournez pas (traditionnellement, on ne cuit la galette que d'un seul côté, afin de conserver du moelleux).

4 Disposez les ingrédients au centre de la galette toujours sans la retourner, laissez-les chauffer et repliez les bords de la galette avant de servir.

La galette de blé noir

Au XVe siècle, la duchesse Anne décide de faire cultiver le blé noir dans son duché de Bretagne. Cette céréale à croissance rapide, également appelée sarrasin (en souvenir des croisades), fournira, sous diverses formes, une nourriture quotidienne aux Bretons jusqu'au milieu du XIXe siècle. Le pain blanc la remplace alors progressivement. D'une épaisseur de 2 ou 3 mm (plus fine, on l'appelle plutôt crêpe de blé noir), la galette de blé noir, spécialité de l'est de la Bretagne, se prête à de multiples garnitures salées.

COQUILLES SAINT-JACQUES *à la nantaise*

POUR 4 PERSONNES

* * *

PRÉPARATION : **30 MIN** - CUISSON : **10 MIN**

- 8 coquilles Saint-Jacques
- 100 g de mie de pain
- 15 cl de lait
- 2 échalotes
- 1 gousse d'ail
- 60 g de beurre
- 2 cuill. à soupe de persil ciselé
- chapelure
- sel et poivre

---

1 Ouvrez les coquilles Saint-Jacques en supprimant seulement la partie noire collée au muscle. Rincez bien les noix et le corail. Lavez longuement les barbes pour éliminer tout le sable, pressez-les bien pour extraire toute l'eau et hachez-les très finement. Conservez quatre coquilles creuses et nettoyez-les avec soin.

2 Faites tremper la mie de pain dans le lait. Égouttez-la puis pressez-la entre les doigts. Épluchez et hachez finement les échalotes et l'ail. Faites-les fondre avec 40 g de beurre jusqu'à ce qu'ils soient transparents puis mélangez-les à la mie de pain. Ajoutez les barbes, le persil ciselé, salez, poivrez et remuez.

3 Répartissez la moitié du mélange dans les quatre coquilles creuses. Coupez les noix de saint-jacques en deux horizontalement et posez-les dans les coquilles avec le corail. Recouvrez avec le reste de la préparation.

4 Préchauffez le four à 220 °C (th. 7-8). Parsemez la surface des coquilles de chapelure, répartissez le reste de beurre en noisettes et passez au four une dizaine de minutes. Servez très chaud.

GIGOT DE PRÉ-SALÉ
rôti à la normande

POUR 6 PERSONNES

* * *

PRÉPARATION : **10 MIN** - CUISSON : **50 MIN**

- 70 g de beurre
- 2 gousses d'ail
- 1 gigot de pré-salé d'environ 1,6 kg
- 20 cl de cidre
- 20 cl de crème fraîche
- sel et poivre

---

1 Préchauffez le four à 210 °C (th. 7). Faites fondre doucement le beurre dans la lèchefrite ou dans un plat à four allant sur la flamme. Épluchez les gousses d'ail et frottez-en le gigot, salez et poivrez.

2 Enfournez le gigot, laissez-le à four très chaud pendant 5 minutes pour qu'il soit bien saisi, puis baissez la température à 180 °C (th. 6) et poursuivez la cuisson pendant 45 minutes.

3 Sortez le gigot du four, mettez-le au chaud dans un plat de service.

4 Dégraissez le plat de cuisson, déglacez avec le cidre et faites réduire de moitié à feu vif. Ajoutez la crème en fouettant et laissez mijoter jusqu'à ce que la sauce soit onctueuse. Goûtez, rectifiez l'assaisonnement et versez dans une saucière chaude. Servez à part après avoir coupé le gigot en tranches.

Les agneaux de pré-salé du Mont-Saint-Michel

Entièrement recouverts pendant les plus hautes marées, les pâturages dits de prés-salés sont imprégnés de sel marin, et des plantes halophiles (obiones, soudes, salicornes, roquette des mers...) s'y développent. Cette végétation confère à la viande d'agneau de pré-salé sa saveur si caractéristique. Gare à la contrefaçon : la saison de cette viande de grande qualité s'étend d'avril à décembre et porte une AOC (il en existe deux, une pour les élevages du Mont-Saint-Michel, l'autre pour ceux de la Somme).

Le calvados

Le calvados est une eau-de-vie de cidre distillée soit en une fois sur colonne pour les calvados génériques de Normandie (AOC), soit en double chauffe sur alambic traditionnel pour les calvados AOC du pays d'Auge et du Domfrontais. Ce dernier doit être issu du poiré, moût fermenté contenant au moins 30 % de poires. Une fois distillé, le calvados vieillit en fût de chêne. Selon son âge et son origine industrielle ou fermière, il reçoit diverses dénominations. Du plus jeune au plus âgé, on distingue ainsi les classes : fine, vieux, réserve, vieille réserve, hors d'âge. Un calvados industriel devra avoir 2 ans d'âge en fine, puis 1 an de plus par classe. Pour le calvados fermier, il aura 2 à 3 ans en fine, mais 5 à 7 ans en réserve et plus de 12 ans en hors d'âge.

Les fromages normands

La Normandie est célèbre pour ses fromages à pâte molle. Le plus connu est le véritable camembert de Normandie, fabriqué au lait cru. Le pont-l'évêque, carré, est un fromage à croûte lavée ou simplement brossée, de couleur jaune-orangé. Le livarot, rond, à croûte lavée, de couleur rougeâtre, est toujours présenté entouré de cinq lanières étroites, d'où son surnom de « colonel ». Le neufchâtel, en forme de cœur, à la saveur lactée et à la croûte fleurie est le plus ancien des fromages normands. Ces quatre fromages bénéficient d'une AOC. Le pavé d'Auge ressemble au pont-l'évêque, mais il est plus corsé. Le petit-suisse, fromage frais enrichi de crème, est normand aussi.

Les coquilles Saint-Jacques

Sa coquille servait jadis d'écuelle aux pèlerins de Saint-Jacques-de-Compostelle, qui la portaient en sautoir. La coquille Saint-Jacques vit sur les fonds côtiers sableux et herbeux. Ce gros coquillage contient une partie de chair blanche et ferme, appelée noix, la plus savoureuse, et le corail, en forme de demi-lune. Pour préserver la pérennité de l'espèce, la pêche de la coquille Saint-Jacques, qui se fait par ratissage du fond de la mer, est aujourd'hui sévèrement réglementée. Elle est limitée d'octobre à mai, et des quotas sont définis pour chaque saison de pêche. Ce coquillage est présent dans les eaux de la Manche et de l'Atlantique.

L'andouille de Vire

La réputation de l'andouille de Vire remonte au XVIIIe siècle. Cette charcuterie, qui mesure de 25 à 30 cm de long et de 4 à 6 cm de diamètre, est préparée à partir des intestins et de l'estomac du porc, découpés et emballés dans un boyau naturel. Elle est longuement fumée à froid au bois de hêtre – ce qui lui donne sa teinte noire caractéristique – et est ficelée avant d'être cuite dans un court-bouillon. On la consomme le plus souvent froide, coupée en rondelles fines.

LES SAVEURS DE LA NORMANDIE

POULET *vallée d'Auge*

POUR 6 PERSONNES

* * *

PRÉPARATION : **30 MIN** - CUISSON : **40 MIN**

- 50 g d'échalotes
- 1 poulet de grain d'environ 1,8 kg
- 100 g de beurre
- 3 cuill. à soupe de calvados
- 15 cl de cidre
- 250 g de champignons de couche
- 20 cl de crème fraîche

---

1 Épluchez les échalotes et coupez-les en quartiers. Découpez le poulet en morceaux.

2 Faites dorer les morceaux de poulet avec la moitié du beurre dans une cocotte à feu modéré. Retirez la graisse de cuisson et flambez au calvados. Salez, poivrez, ajoutez les quartiers d'échalotes et mouillez avec le cidre. Couvrez et laissez mijoter pendant environ 40 minutes.

3 Nettoyez les champignons et éliminez les queues. Émincez-les et faites-les étuver à couvert avec le reste du beurre pendant 3 ou 4 minutes, en remuant de temps à autre. Ôtez le couvercle et laissez cuire jusqu'à évaporation de l'eau de végétation.

4 Environ 5 minutes avant la fin de la cuisson du poulet, incorporez la crème, mélangez bien, puis ajoutez les champignons. Laissez mijoter doucement.

5 Retirez les morceaux de poulet de la cocotte, disposez-les dans un plat chaud. Rectifiez l'assaisonnement de la sauce et nappez-en la volaille. Servez avec des quartiers de pomme rissolés.

Pour cette recette, choisissez de préférence une poularde de Crèvecœur ou de Houdan.

BOUDIN DE MORTAGNE
aux pommes

POUR 4 PERSONNES

* * *

PRÉPARATION : **10 MIN** - CUISSON : **15 MIN**

- 4 à 6 pommes à cuire
- 100 g de beurre
- 4 morceaux de boudin noir d'environ 200 g chacun
- sel et poivre

---

1 Pelez les pommes, retirez le cœur et les pépins et coupez-les en lamelles épaisses.

2 Mettez la moitié du beurre à fondre dans une poêle, ajoutez les pommes et faites-les cuire très doucement pendant environ 15 minutes. Salez et poivrez.

3 Faites fondre le reste du beurre dans une autre poêle et mettez-y à cuire les morceaux de boudin à feu plus vif pendant une dizaine de minutes, en les retournant plusieurs fois.

4 Disposez le boudin sur un plat chaud, recouvrez-le de pommes et servez aussitôt.

JAMBON BRAISÉ
au cidre

POUR 6 PERSONNES

* * *

DESSALAGE DU JAMBON : **24 H** - PRÉPARATION : **15 MIN** - CUISSON : **45 MIN + 15 MIN ENVIRON**

- 1,2 kg de jambon demi-sel sans os
- 1,5 l de cidre brut
- 150 g de beurre frais
- 1 bouquet garni
- 3 cuill. à soupe de vinaigre de cidre
- sel et poivre

---

1 Faites tremper le jambon 24 heures dans de l'eau froide en changeant l'eau plusieurs fois. Égouttez-le.

2 Mettez le jambon dans une casserole avec le cidre et le bouquet garni. Amenez doucement à la limite de l'ébullition, puis faites pocher à très petits frémissements pendant 45 minutes. Laissez refroidir dans la cuisson.

3 Égouttez le jambon et parez-le en enlevant la peau et la graisse. Coupez-le en tranches d'environ 1 cm d'épaisseur.

4 Mettez 30 g de beurre dans une poêle et faites dorer les tranches de jambon sur les deux faces, à feu modéré. Rangez-les au fur et à mesure sur un plat et gardez-les au chaud. Jetez la graisse de cuisson.

5 Remettez la poêle à feu vif. Déglacez avec le vinaigre en grattant bien la poêle pour récupérer tous les sucs, laissez cuire quelques minutes, puis versez un verre de la cuisson du jambon. Portez à ébullition, laissez réduire d'environ un tiers puis incorporez en fouettant le reste du beurre fractionné en petits morceaux. Rectifiez l'assaisonnement.

6 Versez un peu de sauce sur les tranches de jambon et servez le reste en saucière. Accompagnez le plat de poireaux étuvés au beurre ou de pommes vapeur.

À défaut de jambon cru, utilisez du jambon cuit « à l'os » ; dans ce cas, vous remplacerez le liquide de cuisson du jambon par du cidre dans la seconde partie de la recette.

Le cidre du pays d'Auge

Le cidre pays d'Auge, AOC, est élaboré à partir d'une cinquantaine de variétés de pommes à cidre qui ont la particularité d'être riches en tanins. Ramassés le plus souvent à la main, les fruits sont stockés plusieurs semaines pour parfaire leur maturité, avant d'être broyés et envoyés au pressoir. Après quelques jours, le jus, devenu limpide, commence à fermenter. Lorsque l'équilibre entre les trois saveurs – sucré, acide, amer – est atteint, le cidre est clarifié et mis en bouteille pour une prise de mousse de 6 semaines au minimum.

KIG HA FARZ

POUR 8 PERSONNES

* * *

PRÉPARATION : **30 MIN** - CUISSON : **4 H**

- 1 petit chou
- 300 g de carottes
- 3 oignons
- 1 branche de céleri
- 1,5 kg de bœuf gîte ou macreuse
- 750 g de poitrine de porc
- 1 bouquet garni
- sel et poivre

POUR LE FARZ

- 200 g de farine de sarrasin
- 2 œufs
- 1 cuill. à café de sel fin
- 20 cl de lait
- 20 cl de crème fraîche

---

1 Épluchez et lavez les légumes. Mettez-les dans une marmite avec le bœuf et le bouquet garni. Recouvrez largement d'eau, portez à ébullition en écumant régulièrement. Salez, poivrez et laissez cuire à petits frémissements pendant 2 heures.

2 Préparez le farz. Tamisez la farine en fontaine dans un saladier, ajoutez les œufs battus en omelette avec le sel et mélangez bien à la spatule. Faites chauffer le lait et la crème et versez-les peu à peu dans le saladier, sans cesser de remuer, jusqu'à l'obtention d'une pâte homogène.

3 Versez cette pâte, qui doit être assez molle, dans plusieurs grandes poches à thé ou faites-en des boules et enveloppez-les dans des carrés de mousseline que vous fermerez avec de la ficelle de cuisine.

4 Plongez les sacs de pâte dans le bouillon et poursuivez la cuisson pendant 1 heure. Ajoutez la poitrine de porc et laissez cuire encore 1 heure.

5 Disposez les viandes et les légumes sur un plat chaud, répartissez les farz tout autour et servez le bouillon en soupière.

Ce « pot-au-feu » breton est un plat unique. On peut servir le farz d'abord avec le bouillon et apporter les viandes ensuite ou tout servir en même temps et mouiller le contenu de l'assiette avec du bouillon.

COTRIADE

POUR 6 PERSONNES

* * *

PRÉPARATION : **30 MIN** - CUISSON : **30 MIN**

- 1,5 kg de poissons variés (congre, maquereau, vieille, merlan, lieu)
- 2 oignons
- 6 pommes de terre moyennes
- 50 g de beurre demi-sel
- sel et poivre

POUR LA VINAIGRETTE

- 1 cuill. à soupe de moutarde forte
- 3 cuill. à soupe de vinaigre
- 9 cuill. à soupe d'huile
- 2 cuill. à soupe de persil ciselé

---

1 Videz et lavez les poissons. Coupez-les en tronçons ou en tranches, laissez les plus petits entiers. Épluchez et émincez les oignons. Pelez les pommes de terre et coupez-les en rondelles épaisses.

2 Faites fondre les oignons avec le beurre dans un faitout, à feu modéré, jusqu'à ce qu'ils soient transparents. Ajoutez les pommes de terre, versez assez d'eau pour recouvrir le tout, salez et poivrez. Portez à ébullition puis baissez le feu et laissez cuire pendant 10 minutes à petits frémissements.

3 Pendant ce temps, préparez la vinaigrette. Mélangez la moutarde, le vinaigre et du sel dans un bol puis versez l'huile en filet, en fouettant avec une fourchette pour émulsionner l'ensemble. Ajoutez le persil et transvasez en saucière.

4 Mettez le congre dans le faitout et poursuivez la cuisson pendant 10 minutes. Introduisez ensuite les autres poissons fermes (maquereau, lieu) et faites cuire encore 5 ou 6 minutes. Ajoutez enfin les poissons les plus fragiles (merlans) et laissez encore environ 4 minutes à feu doux.

5 Retirez délicatement les poissons avec une écumoire et mettez-les dans un plat chaud. Disposez les pommes de terre autour. Mouillez avec deux louches de bouillon et versez quelques cuillerées de vinaigrette. Servez séparément la soupe, accompagnée de tranches de pain grillées, et le poisson avec le reste de vinaigrette en saucière.

CREVETTES
sautées au cidre

POUR 4 À 6 PERSONNES

* * *

PRÉPARATION : **10 MIN** - CUISSON : **5 MIN ENVIRON**

- 800 g de crevettes grises crues
- 30 g de beurre
- 1 cuill. à soupe d'huile d'arachide
- 1 verre de cidre brut
- 1 cuill. à soupe de gros sel de mer
- poivre

---

1 Lavez rapidement les crevettes et épongez-les dans un torchon.

2 Chauffez le beurre et l'huile d'arachide dans une grande poêle.

3 Mettez-y les crevettes, remuez-les bien, couvrez et faites cuire 3 minutes. Versez le cidre et laissez cuire encore 2 minutes.

4 Égouttez les crevettes et versez-les dans un plat. Ajoutez le gros sel, donnez 4 ou 5 tours de moulin à poivre et remuez bien. Servez tiède.

Vous pouvez aussi faire sauter les crevettes sans y ajouter le cidre.

Les crustacés bretons

De tout temps, on a pêché des crustacés le long des côtes bretonnes. L'araignée de mer, gros crabe à la carapace rouge et aux longues pattes, pouvant atteindre 1 m d'envergure, est encore abondante, et sa chair délicate est très appréciée. L'étrille est un petit crabe brun et poilu. Sa chair est fine et savoureuse, mais difficile à décortiquer. Le homard est le plus gros, le plus fin et le plus recherché des crustacés. C'est pourquoi il se fait rare. La chair de la queue et des pinces du homard ainsi que le corail contenu dans son thorax font l'objet des recettes les plus classiques de la gastronomie française.

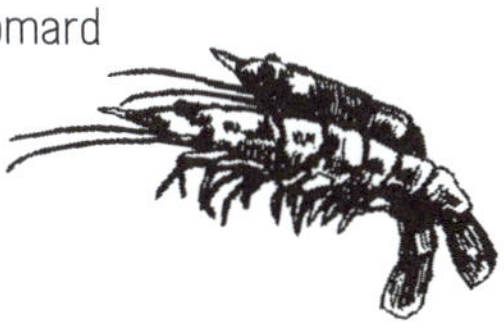

MOULES
à la marinière

POUR 4 À 6 PERSONNES

* * *

PRÉPARATION : **20 MIN** - CUISSON : **7 OU 8 MIN**

- 3 kg de moules
- 1 gros oignon
- 1 échalote
- 30 g de beurre
- 20 à 30 cl de vin blanc sec
- 1 brin de thym
- 1/2 feuille de laurier
- sel et poivre

---

1 Débarrassez les moules des restes de filaments qui y sont accrochés, en les grattant au couteau sous l'eau courante. Elles ne doivent pas tremper sinon elles s'ouvrent.

2 Pelez et hachez l'oignon et l'échalote. Faites fondre le beurre dans une casserole, ajoutez l'oignon et l'échalote et laissez-les cuire très doucement 1 ou 2 minutes.

3 Versez les moules puis le vin blanc. Salez et poivrez, ajoutez le thym et le laurier. Faites cuire pendant 6 minutes à feu vif en remuant souvent et en secouant la casserole de temps en temps.

4 Lorsque les moules sont ouvertes, retirez-les de la casserole et mettez-les dans un saladier chaud. Retirez le thym et le laurier ainsi que les moules restées fermées. Versez le liquide de cuisson sur les moules, mélangez et servez.

Vous pouvez filtrer le jus avant d'en arroser les moules et lui ajouter 3 cuillerées à soupe de crème fraîche.

SARDINES *au plat*

POUR 4 PERSONNES

* * *

PRÉPARATION : **20 MIN** - CUISSON : **10 À 12 MIN**

* 2 douzaines de sardines
* 4 échalotes
* quelques brins de persil
* 40 g de beurre
* 1 citron
* 1/2 verre de vin blanc
* sel et poivre

---

1 Nettoyez et videz les sardines. Salez-les et poivrez-les.

2 Préchauffez le four à 250 °C (th. 8-9).Pelez et hachez les échalotes. Lavez et ciselez le persil.

3 Beurrez un plat allant au four avec 10 g de beurre et étalez au fond les échalotes hachées ; salez.

4 Disposez les sardines dans le plat, arrosez-les d'un filet de jus de citron, versez le vin blanc et ajoutez le reste de beurre en petits morceaux. Glissez le plat au four pour 10 à 12 minutes.

5 Parsemez les sardines de persil ciselé à la sortie du four et servez aussitôt.

Les huîtres de Bretagne

Autrefois, en Bretagne, il n'existait qu'une seule variété d'huître, celle que l'on appelle aujourd'hui la plate. Les huîtres de Cancale étaient draguées sur le banc naturel du rocher de Cancale. Puis on pratiqua leur élevage dans des parcs. Après deux années de croissance, les huîtres étaient transférées vers des zones d'affinage, telle la rivière du Belon. Aujourd'hui, l'élevage de l'huître plate se perpétue à Cancale et en baie de Quiberon. Élevée en eau profonde, elle est toujours très appréciée, mais ne représente plus qu'une faible part de la production. C'est l'élevage de l'huître creuse, selon diverses techniques, qui s'est généralisé sur tout le littoral breton, de Saint-Malo jusqu'au Croisic.

Le haricot coco de Paimpol

Depuis longtemps, on cultivait les fèves, les pois, puis les haricots dans le Trégorrois et le Goëllo. Mais c'est aux alentours de 1930 que le haricot coco, originaire d'Amérique latine, fit son apparition. Sa culture s'est ensuite intensifiée et de nombreux agriculteurs de la région cultivent aujourd'hui le haricot coco de Paimpol, qui bénéficie d'une AOC. Des techniques modernes de production sont mises en œuvre, mais la cueillette reste exclusivement manuelle. Les haricots sont vendus en gousses.

Les fraises de Plougastel

Au XVIIIe siècle, alors qu'on savait déjà cultiver la fraise des bois, un explorateur au nom prédestiné, Antoine Amédée Frézier, introduisit en France des plants de fraisiers du Chili et s'installa à Brest. La région de Plougastel se consacra progressivement à la culture de ce fruit fragile, qui atteignit son apogée vers 1950. S'il n'existe pas une variété spécifique de fraise à Plougastel-Daoulas, on y cultive aujourd'hui, avec des méthodes modernes, plusieurs variétés – dont la célèbre gariguette – que l'on récolte à partir du mois d'avril.

Le sel de Guérande

Le sel de Guérande est récolté dans les marais salants qui s'étendent sur 2 000 hectares, de la petite ville médiévale de Guérande jusqu'à Assérac, situé plus au nord. Lors des marées, l'eau pénètre dans une succession de bassins où elle va devenir de plus en plus saturée en sel, jusqu'à ce que – le soleil et le vent aidant – une cristallisation se produise. Les paludiers récoltent quotidiennement le sel dans ces bassins de cristallisation appelés « œillets ». Le las, sorte de pelle à long manche (5 m) sert à récolter le gros sel. Quant à la lousse, elle est utilisée pour cueillir la fleur de sel, blanche et fine, à la surface des œillets.

LES SAVEURS DE LA BRETAGNE

BAR EN CROÛTE
de sel de Guérande

POUR 4 PERSONNES

* * *

PRÉPARATION : **15 MIN** - CUISSON : **35 À 45 MIN**

* 1 bar de 1,2 à 1,5 kg
* 2 kg de gros sel de Guérande

POUR LA SAUCE HOLLANDAISE

* 3 cuill. à soupe de vinaigre de vin blanc
* 4 jaunes d'œufs
* 250 g de beurre fondu

---

1 Videz le bar sans l'écailler. Lavez-le puis séchez-le avec soin.

2 Préchauffez le four à 240 °C (th. 8). Étalez régulièrement la moitié du sel dans un plat à four ou dans la lèchefrite tapissée d'une feuille d'aluminium, posez le poisson dessus puis recouvrez-le complètement avec le reste du sel. Enfournez et faites cuire pendant 35 à 45 minutes.

3 Préparez la sauce hollandaise. Versez le vinaigre dans une petite casserole à fond épais, faites réduire de moitié à feu vif puis laissez tiédir. Mettez la casserole dans un bain-marie moyen (pas plus de 80 °C), ajoutez 3 cuillerées à soupe d'eau froide, les jaunes d'œufs et fouettez jusqu'à ce que le mélange épaississe un peu. Versez alors le beurre fondu, peu à peu, sans cesser de fouetter. Salez, poivrez et réservez.

DOUILLONS

POUR 4 PERSONNES

* * *

PRÉPARATION : **20 MIN** - CUISSON : **40 MIN**

- 300 g de pâte feuilletée
- 4 belles poires fermes mais mûres
- 4 cuill. à soupe de sucre en poudre
- 40 g de beurre
- 1 œuf battu pour la dorure

---

1 Étalez la pâte (5 mm d'épaisseur) et découpez-y 4 carrés. Épluchez les poires en les conservant entières, puis évidez-les à l'emporte-pièce par la base pour essayer de laisser la queue.

2 Préchauffez le four à 180 °C (th. 6). Posez chaque poire au centre d'un carré de pâte, saupoudrez-les d'un peu de sucre. Mélangez le beurre avec le reste du sucre et remplissez-en le cœur de chaque fruit. Repliez la pâte autour des poires en pinçant les 4 angles du carré autour de la queue et donnez aux douillons la forme du fruit.

3 Avec les chutes de pâte, découpez des feuilles et collez-les sur les douillons pour faire un décor. Humectez les bords au pinceau et soudez-les bien en pressant régulièrement avec le bout des doigts, puis badigeonnez la surface à l'œuf battu à l'aide d'un pinceau.

4 Posez les douillons sur une plaque beurrée, enfournez et faites cuire pendant environ 40 minutes en couvrant éventuellement avec une feuille d'aluminium si la pâte se colore trop vite. Servez chaud ou tiède, avec un bol de crème froide.

C'est théoriquement le fruit, ici la poire, qui distingue le douillon du bourdelot normand, mais on fait aussi des douillons aux pommes et la polémique n'est pas close. Une pâte brisée très riche peut remplacer la pâte feuilletée. Si vos poires ne sont pas très mûres, faites-les pocher quelques minutes dans un sirop léger, parfumé d'un clou de girofle. Égouttez-les et séchez-les bien avant de les poser sur la pâte.

BEURRÉ *normand*

POUR 6 PERSONNES

* * *

PRÉPARATION : **20 MIN** - CUISSON : **50 À 60 MIN**

- 50 g de raisins de Corinthe
- 5 cl de calvados
- 1 kg de pommes (reinettes ou granny smith)
- 4 œufs
- 1 pincée de sel
- 150 g de sucre en poudre
- 120 g de farine

---

1 Mettez les raisins à tremper quelques heures dans le calvados.

2 Épluchez les pommes, retirez le cœur et les pépins et coupez-les en dés. Séparez les blancs des jaunes d'œufs. Battez les blancs en neige ferme avec la pincée de sel.

3 Fouettez les jaunes d'œufs avec le sucre jusqu'à ce qu'ils blanchissent. Ajoutez peu à peu la farine, les raisins de Corinthe et le calvados, puis incorporez délicatement les blancs d'œufs et les pommes.

4 Préchauffez le four à 180 °C (th. 6). Beurrez largement un moule à manqué. Versez-y la préparation, enfournez et faites cuire pendant 50 à 60 minutes, jusqu'à ce qu'une lame de couteau plantée dans le gâteau ressorte sèche.

FALLUE

POUR 6 PERSONNES

* * *

PRÉPARATION : **20 MIN** - REPOS DE LA PÂTE : **2 H** - CUISSON : **30 MIN**

- 4 œufs
- 15 g de levure de boulanger
- 1/2 tasse de lait
- 100 g de sucre en poudre
- 600 g de farine
- 100 g de beurre ramolli
- 10 cl de crème fraîche
- 1 pincée de sel

---

1 Séparez les blancs des jaunes d'œufs. Délayez la levure dans le lait tiédi. Faites fondre le sucre dans un demi-verre d'eau.

2 Tamisez la farine en fontaine dans un saladier. Mettez le beurre, la crème et les jaunes d'œufs au centre et mélangez du bout des doigts. Ajoutez la levure et le sirop de sucre et continuez à pétrir jusqu'à l'obtention d'une pâte souple et homogène.

3 Battez les blancs d'œufs en neige ferme avec le sel et incorporez-les délicatement à la pâte. Couvrez le saladier avec un linge et laissez lever dans un endroit tiède pendant 1 h 30.

4 Préchauffez le four à 180 °C (th. 6). Rompez la pâte, partagez-la en quatre et roulez-la en galettes longues de 2 cm d'épaisseur. Posez celles-ci sur une plaque beurrée et laissez reposer à nouveau 30 minutes. Enfournez, faites cuire 30 minutes, puis laissez refroidir.

En Basse-Normandie, cette brioche rustique était souvent servie avec la teurgoule – un riz au lait et à la crème longuement cuit au four à la fin des repas de fête.

Le beurre et la crème d'Isigny

La renommée de ces produits laitiers de tradition normande n'est plus à faire. Leur AOC garantit que la collecte du lait et la fabrication du beurre et de la crème fraîche d'Isigny sont rigoureusement limitées au terroir d'Isigny-sur-Mer, à la charnière du Cotentin et du Bessin. La douceur du climat, la fertilité des pâturages irrigués par plusieurs rivières et la richesse des herbages donnent à ces deux produits leur saveur, et au beurre d'Isigny sa couleur bouton-d'or.

KOUIGN-AMANN

POUR 6 PERSONNES

* * *

PRÉPARATION : **40 MIN** - REPOS DE LA PÂTE : **1 H ENVIRON** - CUISSON : **30 MIN**

- 10 g de levure de boulanger
- 20 cl d'eau tiède
- 10 g de beurre fondu
- 300 g de farine
- 200 g de beurre demi-sel ramolli + 50 g pour le moule
- 200 g de sucre en poudre + 50 g pour le moule

---

1 Délayez la levure dans 20 cl d'eau tiède. Tamisez la farine dans un saladier, mettez la levure délayée et le beurre fondu au centre, puis pétrissez une dizaine de minutes, jusqu'à ce que la pâte soit souple et homogène. Recouvrez-la d'un linge et laissez-la doubler de volume 1 heure environ dans un endroit tiède.

2 Étalez la pâte pour former une grande crêpe. Étalez le beurre ramolli dessus, en laissant une marge de 2 cm sur le pourtour, et versez le sucre en poudre pour recouvrir le beurre. Repliez cette crêpe de manière qu'elle forme un triangle.

3 Préchauffez le four à 200 °C (th. 6-7). Beurrez généreusement un moule à manqué de 22 à 24 cm de diamètre et chemisez-le de sucre.

4 Laissez reposer la pâte quelques minutes, puis étalez-la de nouveau. Repliez-la en quatre et étalez-la de nouveau en forme de long rectangle, puis recoupez ce rectangle en 8 bandes. Enroulez les bandes sur elles-mêmes, en escargot. Placez-les côte à côte dans le moule. Enfournez pour 30 minutes. Démoulez le gâteau encore chaud et servez-le tiède.

En fin de cuisson, si la surface brunit trop vite, couvrez le gâteau d'une feuille d'aluminium.

FAR
aux pruneaux

POUR 6 PERSONNES

* * *

PRÉPARATION : **10 MIN** - TREMPAGE DES PRUNEAUX : **1 H ENVIRON** - CUISSON : **45 MIN**

- 200 g de pruneaux
- 50 cl de thé bouillant
- 10 cl de rhum
- 100 g de farine de froment
- 120 g de sucre en poudre
- 4 œufs
- 50 cl de lait entier

---

1 Dénoyautez les pruneaux et mettez-les à tremper dans le thé bouillant avec la moitié du rhum pendant environ 1 heure, jusqu'à ce qu'ils soient bien gonflés. Égouttez-les.

2 Tamisez la farine dans un saladier, ajoutez le sucre. Incorporez les œufs un à un en travaillant le mélange à la cuillère en bois jusqu'à obtention d'une pâte bien lisse et homogène. Versez progressivement le lait et le reste de rhum en remuant soigneusement.

3 Préchauffez le four à 190 °C (th. 6-7). Beurrez largement un plat à gratin et farinez-le. Versez-y la pâte et disposez les pruneaux dessus. Enfournez et faites cuire pendant 45 minutes ; couvrez le far avec une feuille d'aluminium en fin de cuisson si sa surface se colore trop. Servez dans le plat.

Le far aux pruneaux, originaire de la région de Quiberon, est le plus répandu, mais on prépare aussi des fars aux raisins secs ou aux poires.

CRÊPES

POUR 15 CRÊPES DE 22 CM DE DIAMÈTRE

* * *

PRÉPARATION : **10 MIN** - REPOS : **2 H** - CUISSON : **2 OU 3 MIN PAR CRÊPE**

* 250 g de farine
* 50 cl de lait
* 25 g de beurre
* 3 œufs
* 1 cuill. à café de sel
* sucre en poudre et jus de citron pour servir

---

1 Préparez la pâte à crêpes. Mettez la farine dans un saladier et creusez un puits au centre. Versez-y la moitié du lait et mélangez en ramenant peu à peu la farine des bords vers le centre.

2 Faites fondre le beurre à feu doux dans une petite casserole. Cassez les œufs dans un autre saladier et battez-les en omelette. Versez-les petit à petit sur la farine en remuant pour les incorporer, puis ajoutez le beurre fondu et le sel. Continuez à remuer jusqu'à ce que le mélange soit parfaitement homogène. Versez progressivement le reste du lait sans cesser de remuer pour éviter la formation de grumeaux. La pâte doit être fluide mais pas liquide. Couvrez-la et laissez reposer pendant 2 heures.

3 Chauffez une poêle antiadhésive légèrement graissée. Versez une petite louche de pâte dedans. Inclinez la poêle dans tous les sens pour bien répartir la pâte. Remettez sur le feu. Quand la pâte est mate, décollez les bords avec une spatule et retournez la crêpe. Faites cuire l'autre face pendant 1 minute environ : la crêpe doit devenir blonde. Recommencez jusqu'à épuisement de la pâte.

La finesse des crêpes dépend du temps de repos de la pâte et de sa consistance. Trempez une louche dans la pâte, retournez-la et passez-y le doigt : si la pâte n'est pas trop liquide, il doit rester une trace bien nette. Une pâte trop épaisse peut être délayée avec un peu d'eau ou de lait juste avant la cuisson.

CARAMEL
au beurre salé

POUR 280 G ENVIRON

* * *

PRÉPARATION : **5 MIN** - CUISSON : **15 À 20 MIN**

- 25 g de beurre demi-sel ou salé bien froid
- 1/2 citron
- 150 g de sucre en poudre
- 10 cl de crème liquide

---

1 Coupez le beurre en morceaux et entreposez-le dans un bol au réfrigérateur en attendant de l'utiliser. Pressez le demi-citron et filtrez le jus.

2 Dans une casserole à fond épais, faites fondre le sucre avec le jus du citron. Faites cuire ce mélange à feu doux, pour éviter la formation de « paquets ». N'ajoutez pas d'eau et, surtout, ne remuez pas. À l'aide d'un pinceau imbibé d'eau, nettoyez régulièrement la paroi de la casserole pour éliminer les projections.

3 Pendant ce temps, faites chauffer doucement la crème dans une petite casserole à fond épais.

4 Lorsque le caramel est blond, arrêtez la cuisson. Versez dessus la crème chaude, en filet, tout en remuant. Une fois la crème incorporée, ajoutez les morceaux de beurre et mélangez à la spatule en bois, jusqu'à obtenir une préparation bien homogène.

Laissé à température ambiante, ce caramel reste mou. Vous pouvez l'étaler sur une pâte de type pâte brisée, comme sous-couche d'une ganache au chocolat, d'une tarte au citron, à l'orange, aux poires ou aux pommes, à l'ananas. Il se conservera pendant 3 jours au réfrigérateur (attention, il y durcira).

ENTRÉES

PLATS

DESSERTS

FAÇADE ATLANTIQUE

VENDÉE · POITOU CHARENTES · BORDELAIS

LA CABARTE

SOUPE AUX FÈVES
fraîches des marais

POUR 4 PERSONNES

* * *

PRÉPARATION : **30 MIN** - CUISSON : **25 MIN**

- 1,5 à 2 kg de fèves en cosses
- 1 bouquet d'oseille
- 1 bouquet de persil
- 1 bouquet de cerfeuil
- 50 g de beurre
- sel et poivre

---

1 Écossez les fèves et retirez la membrane qui les recouvre. Nettoyez l'oseille en retirant les queues, lavez-la et hachez-la. Lavez et hachez le persil et le cerfeuil.

2 Dans une grande casserole, portez à ébullition 1,5 l d'eau salée. Jetez-y les fèves, l'oseille, le persil et le cerfeuil, couvrez et laissez cuire à feu moyen pendant 20 minutes.

3 Passez la soupe au moulin à légumes. Remettez-la dans la casserole. Ajoutez le beurre, mélangez bien, laissez frémir quelques minutes, rectifiez l'assaisonnement et servez bien chaud.

On peut servir avec cette soupe des petits croûtons revenus au beurre salé.

BETTERAVES
à la poitevine

POUR 4 PERSONNES

* * *

PRÉPARATION : **10 MIN** - CUISSON : **15 À 20 MIN**

- 1 kg de betteraves rouges cuites
- 4 gros oignons jaunes
- 80 g de beurre
- 2 cuill. à soupe de farine
- 1 cuill. à soupe de vinaigre de vin
- sel et poivre

---

1 Épluchez les betteraves et coupez-les en tranches de 1 cm environ. Pelez les oignons et émincez-les.

2 Faites fondre le beurre dans une casserole, ajoutez les oignons, mélangez bien et faites-les cuire à feu moyen en tournant régulièrement, jusqu'à ce qu'ils soient blonds et fondants. Salez et poivrez. Saupoudrez de farine, mélangez bien et laissez cuire encore doucement pour obtenir une consistance veloutée. Délayez avec 1 ou 2 cuillerées d'eau si la sauce est trop épaisse.

3 Ajoutez les betteraves. Mélangez-les bien pour les recouvrir entièrement de sauce. Laissez cuire pendant 3 ou 4 minutes, toujours à feu doux.

4 Versez le vinaigre, mélangez, retirez aussitôt du feu et servez.

La betterave crapaudine

Cette betterave rouge de forme allongée doit son nom à sa peau rugueuse et noire, finement craquelée, qui évoque la peau d'un crapaud. Des producteurs de la région Poitou-Charentes suivent un cahier des charges qualité mis en place par l'IRQUA. On reconnaît leur produit à l'identifiant « signé Poitou-Charentes » (SPC). Les betteraves peuvent être vendues crues (on les consomme ainsi, finement râpées), mais, le plus souvent, elles passent dans une unité de cuisson à la vapeur. La betterave crapaudine cuite se mange froide en salade, ou chaude en garniture d'une volaille ou d'un rôti de veau.

ROYANS
demi-sel

POUR 6 PERSONNES

* * *

PRÉPARATION : **30 MIN** - MARINADE : **24 H**

- une trentaine de sardines très fraîches
- gros sel marin
- beurre doux ou demi-sel
- baguette ou pain de campagne

---

1 La veille, lavez rapidement les sardines, essuyez-les. Dans un plat, mettez une claie : disposez les sardines côte à côte sur une seule couche, toutes les têtes du même côté. Sur chaque tête, déposez une demi-cuillerée à café de gros sel. Laissez-les mariner pendant 24 h.

2 Le jour même, ôtez la peau des sardines avec un couteau pointu, ouvrez-les, levez les filets et retirez les arêtes.

3 Coupez la baguette en tranches fines ou le pain de campagne en petits canapés ; beurrez-les et déposez un morceau de sardine sur chaque tranche. Ajoutez quelques gouttes de citron sur chacune.

Ces « amuse-ballots » se servent à l'apéritif avec un vin blanc sec bien frais : c'est un pur délice.

Les sardines de Saint-Gilles

La sardine fraîche est un poisson fragile qui doit être consommé sans délai. Au début du XIXe siècle, la conservation dans l'huile de sardines cuites est rendue possible grâce à l'appertisation, procédé de stérilisation inventé par Nicolas Appert, et à l'usage de la boîte en fer blanc. Une industrie florissante s'établit dans l'Ouest, sous l'impulsion du Nantais Collin. Dans l'une de ses succursales, installée à Saint-Gilles, on met en conserve des sardines « confites à l'huile ». Aujourd'hui encore, à Saint-Gilles-Croix-de-Vie, les « sardines à l'ancienne » sont frites dans l'huile (alors que la grande majorité des sardines à l'huile sont cuites à la vapeur), égouttées et mises en boîte manuellement « au blanc », c'est-à-dire du côté le plus fragile du poisson.

SALADE DE MORUE
aux pommes de terre

POUR 6 PERSONNES

* * *

PRÉPARATION : **20 MIN** - DESSALAGE DE LA MORUE : **24 H** - CUISSON : **40 MIN**

- 1 kg de morue salée
- 500 g de pommes de terre fermes
- 3 œufs
- 6 cuill. à soupe d'huile d'olive
- 2 cuill. à soupe de vinaigre de xérès
- 1 bouquet de persil
- poivre

---

1 La veille, coupez la morue en gros morceaux. Faites-la dessaler 24 heures dans une bassine d'eau froide en changeant l'eau plusieurs fois.

2 Le jour même, lavez les pommes de terre et faites-les cuire dans leur peau à l'eau bouillante. Égouttez, laissez refroidir et pelez-les. Faites durcir les œufs, écalez-les.

3 Déposez la morue dans une marmite, recouvrez-la largement d'eau froide. Mettez à feu très doux et, au premier frissonnement, éteignez et couvrez. Laissez le poisson encore 5 minutes dans son bouillon.

4 Égouttez la morue et effeuillez-la après l'avoir débarrassée de sa peau et de ses arêtes.

5 Préparez une vinaigrette avec l'huile et le vinaigre de xérès (poivrez mais ne salez pas). Mélangez la morue avec les pommes de terre détaillées en rondelles. Disposez ce mélange au centre du plat de service. Décorez avec les œufs durs coupés en quartiers. Assaisonnez avec la vinaigrette et saupoudrez de persil haché.

POULET FERMIER
de Challans aux salicornes des marais

POUR 6 PERSONNES

* * *

PRÉPARATION : **30 MIN** - CUISSON : **1 H**

- 1 poulet fermier de Challans de 2 kg environ
- 2 cuill. à soupe de farine
- 50 g de beurre
- 3 cuill. à soupe d'huile
- 50 cl de bouillon de volaille
- 3 cuill. à soupe de très bon vinaigre vieux de Bordeaux ou de xérès
- 25 cl de crème fraîche
- 300 g de salicornes fraîches égouttées
- sel et poivre

---

1 Découpez le poulet en 8 ou 10 morceaux. Saupoudrez-les légèrement de farine. Chauffez le beurre et l'huile dans une sauteuse et faites dorer doucement les morceaux de tous les côtés. Au fur et à mesure, mettez-les dans une cocotte où ils finiront de cuire.

2 Jetez le gras de la sauteuse et déglacez avec le vinaigre pour dissoudre les sucs. Ajoutez le bouillon de volaille, portez à ébullition et versez le tout dans la cocotte. Salez très légèrement et poivrez (les salicornes sont généralement très salées).

3 Couvrez et faites cuire à feu très doux pendant 35 minutes en remuant de temps en temps.

4 Entre-temps, faites cuire les salicornes comme des haricots verts pendant 15 minutes environ, sans saler l'eau de cuisson. Goûtez avant de les égoutter : elles doivent rester un peu croquantes. Ajoutez la crème fraîche et les salicornes dans la cocotte. Donnez un bouillon et servez dans un plat creux préalablement chauffé.

Les salicornes sont des plantes très répandues dans les marais côtiers. Seule leur sommité charnue et turgescente, d'un joli vert intense, est consommable. Après la cueillette, les salicornes sont préparées comme des cornichons et sont utilisées comme condiments.

PIGEONNEAUX *aux herbillettes*

POUR 4 PERSONNES

* * *

PRÉPARATION : **30 MIN** - CUISSON : **40 MIN ENVIRON**

- 4 pigeonneaux
- 2 gousses d'ail
- 5 à 6 échalotes
- 1/2 bouquet de ciboulette
- 1/2 bouquet de persil
- 1/2 bouquet de cerfeuil
- 250 g de champignons de Paris
- 200 g de jambon de pays
- 1 brin de thym
- 1 brin de romarin
- 100 g de beurre
- 1 œuf
- 15 cl de vin blanc sec
- 15 cl de bouillon de volaille
- 1 cuill. à soupe d'huile
- sel et poivre

---

1 Réservez les foies et les gésiers des pigeonneaux. Avec un hachoir ou un gros couteau, cassez le dos des oiseaux et aplatissez-les bien.

2 Épluchez l'ail et les échalotes et hachez-les. Lavez et séchez les herbes. Nettoyez, lavez, séchez les champignons et coupez-les en dés.

3 Enlevez la couenne du jambon. Hachez-le ainsi que les herbes, les foies et les gésiers des pigeons et mélangez le tout. Ajoutez l'ail, le thym et le romarin émiettés, 50 g de beurre et le jaune d'œuf, mélangez bien. Goûtez le hachis et salez en conséquence, poivrez.

4 Dans une sauteuse, faites fondre le reste de beurre. Mettez les échalotes et faites-les revenir pendant 2 ou 3 minutes. Ajoutez les dés de champignon, mélangez et faites cuire à feu vif pendant 5 minutes en les tournant plusieurs fois. Salez et poivrez.

5 Versez le vin blanc et le bouillon de volaille, faites bouillir le tout pendant 3 minutes environ. Ajoutez alors le hachis, mélangez, couvrez la sauteuse et faites cuire à feu moyen pendant une vingtaine de minutes.

6 Dans une cocotte, mettez l'huile à chauffer. Faites dorer les pigeonneaux de chaque côté, couvrez et faites-les cuire 10 minutes par côté (seulement 6 à 8 minutes si vous les préférez bien rosés).

7 Égouttez les pigeonneaux dans le plat de service chaud. Recouvrez-les de la préparation aux herbillettes. Servez bien chaud.

La sauce de la préparation aux herbillettes doit être assez courte. Si elle est trop liquide, ôtez le couvercle, en fin de cuisson, de façon à la faire réduire.

EMBEURRÉE
de chou

POUR 4 À 6 PERSONNES

* * *

PRÉPARATION : **10 MIN** - CUISSON : **20 À 30 MIN**

* 1 petit chou vert
* 100 g de beurre demi-sel de préférence
* poivre

---

1 Portez à ébullition une grande quantité d'eau salée. Éliminez les premières feuilles du chou. Détachez toutes les autres et coupez les plus grosses côtes. Lavez-les bien.

2 Jetez les feuilles dans l'eau bouillante. Laissez-les cuire, sans couvercle, pendant 20 à 30 minutes jusqu'à ce qu'elles soient très tendres.

3 Coupez le beurre en morceaux. Égouttez le chou dans une passoire, puis pressez-le pour éliminer le maximum d'eau. Mettez-le dans une casserole et, hors du feu, écrasez-le avec une fourchette en ajoutant du beurre. Poivrez, mais n'ajoutez de sel que si vous employez du beurre doux.

4 Reposez la casserole sur feu très doux, ajoutez le reste du beurre en mélangeant bien. Goûtez et rectifiez l'assaisonnement. Servez dans un plat bien chaud.

L'embeurrée de chou se fait aussi bien avec un chou frisé qu'avec un chou pommé. On peut y ajouter un peu de ciboulette hachée.

MOUCLADE

POUR 4 PERSONNES

* * *

PRÉPARATION : **40 MIN** - CUISSON : **20 MIN**

* 4 l de moules de bouchot
* 2 verres de vin blanc sec
* 50 g d'échalotes
* 2 gousses d'ail
* 1 bouquet garni
* 30 cl de crème épaisse
* 1 dose de safran
* 1 cuill. à soupe rase de curry
* 1 pointe de piment de Cayenne
* 2 jaunes d'œufs
* 1 cuill. à soupe de persil haché

---

1 Grattez soigneusement les moules et lavez-les. Faites-les ouvrir à feu vif dans un grand faitout, avec le vin blanc sec, les échalotes, l'ail haché et le bouquet garni.

2 Versez-les dans une passoire ; gardez l'eau de cuisson. Ôtez la coquille supérieure des moules et rangez-les dans un plat creux une par une. Tenez-les au chaud pendant le temps de préparation de la sauce.

3 Filtrez le jus de cuisson dans une casserole. Ajoutez la crème fraîche et le safran. Laissez réduire à feu doux, avant d'y mettre le curry et la pointe de piment de Cayenne. Retirez du feu et incorporez les jaunes d'œufs en fouettant.

4 Versez la préparation sur les moules, parsemez de persil haché et servez aussitôt.

Les moules de bouchot

On raconte qu'un navigateur irlandais, échoué en baie de l'Aiguillon, eut l'idée de planter dans le sable des pieux garnis de branchages afin que les moules s'y fixent. C'était au XIIIe siècle. Depuis, l'élevage des moules s'est modernisé, mais le principe est resté le même : le naissain est « capté » sur des cordes, que l'on enroule ensuite autour de pieux appelés « bouchots ». Après un an ou plus, les moules sont décrochées, nettoyées et mises en sacs, prêtes à la vente.

Le cognac et le pineau des Charentes

Le cognac est une eau-de-vie élaborée autour de la petite ville du même nom, en Charente. Il provient de la distillation de vins blancs, récoltés et élaborés dans une zone bien délimitée. La première distillerie de cognac fut créée en 1624. La plus ancienne maison de cognac, Augier, fut fondée en 1643. Le vignoble comprend 6 grandes sous-appellations (AOC) : la Grande Champagne, la Petite Champagne, les Borderies, les Fins Bois, les Bons Bois, les Bois ordinaires. On sert le cognac en digestif, dans un grand verre ballon, en le réchauffant au creux de la main et en le faisant tourner sur lui-même. Le pineau des Charentes, dont l'origine remonterait à l'époque de François 1er, est un vin de liqueur obtenu par l'ajout de cognac à un moût en début de fermentation. Les moûts proviennent de raisins récoltés dans l'aire géographique du cognac. Le vin est ensuite vieilli en fût. Il existe des pineaux blancs et rosés. Ils se boivent frais, à l'apéritif, en entrée avec du melon ou sur un foie gras poêlé.

Le beurre Charentes-Poitou

À la suite de l'épidémie de phylloxéra qui détruisit leur vignoble à la fin du XIXe siècle, de nombreux Charentais se reconvertirent dans l'élevage des vaches laitières. Ils se groupèrent en coopératives avec leurs voisins de la Vendée, des Deux-Sèvres et de la Vienne. Le beurre Charentes-Poitou, qui provient de laits travaillés le jour même de la collecte, se reconnaît à son goût de noisette. Il bénéficie de l'AOC, qui est commercialisée sous trois dénominations : beurre Charentes-Poitou, beurre des Charentes et beurre des Deux-Sèvres.

Les huîtres Marennes-Oléron

L'élevage des huîtres creuses, au rythme des marées, est une tradition du bassin de Marennes-Oléron (IGP). Après plusieurs années passées dans les parcs, en mer, les huîtres sont affinées en « claire », anciens marais salants aménagés à l'embouchure de la Seudre. Là, en contact avec une algue microscopique, la navicule bleue, elles prennent leur couleur verte caractéristique. Elles méritent alors les appellations « fines de claire » ou « spéciales claires », selon la durée et les conditions de l'affinage.

Les fruits de mer

S'il est un paradis pour les amateurs de fruits de mer, c'est bien la Charente-Maritime. Très abondants sur cette partie du littoral, ils ont donné naissance à d'innombrables et succulentes recettes. Certaines préparations, simplissimes, comme l'éclade, moules cuites sous une couche épaisse d'aiguilles de pins, ont le charme rustique des déjeuners de plein air. D'autres, en revanche, relèvent de la haute gastronomie : moules en mouclade ou cuites dans une sauce tomatée à la façon rochelaise, huîtres farcies ou grillées ou cuites en brochettes, entourées d'une mince lame de lard maigre, sans parler des pétoncles aux fines herbes, ou des couteaux (appelés coutelas chez les Rhétais) farcis de mie de pain, ail et persil.

LES SAVEURS DES CHARENTES

DAUBE DE « BEU » *saintongeaise*

POUR 6 PERSONNES

* * *

PRÉPARATION : **30 MIN** - CUISSON : **3 H 30 À 4 H**

- 1,5 kg de bœuf à braiser (par exemple, 900 g de macreuse, 600 g de jumeau)
- 1,8 kg de carottes
- 18 échalotes grises
- 200 g de lard de poitrine demi-sel
- 180 g de beurre
- 2 cuill. à soupe d'huile
- 50 cl de bon vin rouge corsé
- 10 cl de cognac
- 1 bouquet garni
- 1 pied de veau blanchi, fendu en deux et désossé (os à part)
- sel et poivre

---

1 Coupez la viande en morceaux de 4 cm de côté. Pelez et coupez les carottes en rondelles assez minces. Pelez les échalotes et coupez-les en deux.

2 Détaillez le lard en lardons et faites-les blanchir pendant 5 minutes à l'eau bouillante (départ à l'eau froide). Égouttez.

3 Mettez 50 g de beurre et l'huile dans une cocotte et faites dorer les morceaux de viande de tous côtés. Retirez-les à l'écumoire et réservez. Ajoutez 80 g de beurre et faites revenir doucement les carottes. Retirez-les et remettez le reste du beurre pour faire dorer les lardons et les échalotes.

4 Par ailleurs, faites chauffer le vin, dans une casserole. Dès qu'il est chaud, ajoutez le cognac. Faites flamber pendant quelques minutes.

5 Quand les échalotes sont bien dorées, remettez les carottes et la viande dans la cocotte. Salez, poivrez, ajoutez le bouquet garni, la chair du pied de veau coupée en petits dés et les os enfermés dans un nouet. Mouillez avec le vin, qui doit arriver juste à hauteur. Complétez éventuellement avec de l'eau. Couvrez et laissez mijoter au moins 3 heures à feu très doux. Si votre cocotte peut aller au four, il est préférable de luter le couvercle hermétiquement avec un mélange de farine et d'eau et de faire cuire pendant 4 heures à 120 °C (th. 4).

6 Avant de servir, enlevez le bouquet garni et le nouet contenant les os du pied de veau.

Ce plat est encore plus savoureux réchauffé ; vous pouvez le préparer la veille.

JARRET DE VEAU
de Chalais au pineau des Charentes

POUR 6 PERSONNES

* * *

PRÉPARATION : **40 MIN** - CUISSON : **1 H 30**

- 1,5 kg de jarret de veau
- farine
- 3 gros poireaux
- 3 carottes
- 1 gousse d'ail
- 100 g de beurre
- 700 g de tomates
- 2 cuill. à soupe d'huile
- 20 cl de pineau des Charentes
- 1 bouquet garni
- sel et poivre

---

1 Demandez à votre boucher de découper le jarret en rouelles de 3 cm d'épaisseur.

2 Farinez les morceaux de viande, secouez-les pour faire tomber l'excès de farine. Épluchez les poireaux pour ne conserver que les blancs et le vert tendre, émincez-les. Pelez et coupez les carottes en rondelles. Pelez l'ail.

3 Dans une cocotte, faites fondre doucement les poireaux et les carottes avec 70 g de beurre, sans les laisser colorer. Ajoutez les tomates épluchées et épépinées et grossièrement concassées. Laissez-les fondre.

4 Pendant ce temps, faites dorer les rouelles de veau à la poêle dans 30 g de beurre et l'huile. Salez, poivrez. Mettez les rouelles dans la cocotte où elles finiront de cuire.

5 Versez le pineau dans la poêle et remuez à l'aide d'une cuillière en bois pour bien diluer les sucs. Donnez un bouillon ou deux et versez ce jus dans la cocotte. Ajoutez l'ail et le bouquet garni. Assaisonnez si nécessaire. Couvrez et faites mijoter à petit feu pendant 1 heure au moins.

MOJETTES *piattes*

POUR 4 PERSONNES

* * *

PRÉPARATION : **30 MIN** - CUISSON : **1 H 15**

* 1 kg de haricots blancs frais à écosser (ou mojettes piattes)
* 8 petits oignons nouveaux
* 2 gousses d'ail
* 3 carottes
* 100 g de beurre
* 1 bouquet garni : 2 branchettes de thym, 1/2 feuille de laurier, 1 branchette de sarriette, 3 brins de persil plat
* clou de girofle
* sel et poivre

---

1 Écossez les haricots (mojettes). Réservez-les. Pelez les petits oignons, les gousses d'ail, fendez-les en deux et retirez les germes. Épluchez les carottes et coupez-les en dés.

2 Faites chauffer 50 g de beurre dans une cocotte, ajoutez-y les petits oignons et les carottes. Faites revenir doucement, sans laisser colorer, en remuant avec une cuillère en bois pendant 10 minutes.

3 Ajoutez les mojettes. Mélangez pendant 2 ou 3 minutes. Ajoutez les gousses d'ail, le bouquet garni et le clou de girofle. Mouillez d'eau, juste pour couvrir. Mettez le couvercle et faites mijoter pendant 1 heure environ. Salez et poivrez à mi-cuisson. Surveillez régulièrement le niveau de liquide et ajoutez de l'eau si nécessaire.

4 Environ 20 minutes avant la fin de la cuisson, retirez le couvercle et laissez cuire à découvert jusqu'à ce que l'eau ne recouvre plus les haricots, qui doivent être cuits à point, sans s'écraser.

5 Ôtez le bouquet garni. Avant de servir, incorporez le reste du beurre et saupoudrez de persil haché.

Servez avec un gigot à l'ail, du boudin ou des grillades de porc.

MAQUEREAUX
du boucholeur

POUR 6 PERSONNES

* * *

PRÉPARATION : **30 MIN** - CUISSON : **10 MIN ENVIRON**

- 3 l de moules de bouchot
- 6 maquereaux de 300 g chacun
- 3 cuill. à soupe d'herbes ciselées en mélange (persil, ciboulette, cerfeuil)
- 2 gousses d'ail
- 100 g de chapelure blanche (mie de pain rassis émiettée)
- 3 cuill. à soupe d'huile
- 2 cuill. à soupe de vinaigre
- sel et poivre

---

1 Grattez et lavez les moules. Faites-les ouvrir à feu vif dans un faitout couvert. Passez l'eau rendue dans une petite casserole, retirez les coquilles et réservez la chair.

2 Videz, lavez et essuyez les maquereaux. Salez et poivrez. Faites-les griller pendant 8 à 10 minutes selon leur épaisseur, en les retournant délicatement à mi-cuisson.

3 Pendant ce temps, portez l'eau de cuisson des moules à ébullition à feu doux avec les herbes et les gousses d'ail finement hachées. Ajoutez la chapelure puis la chair des moules, juste le temps de les réchauffer.

4 Disposez les maquereaux dans un plat creux bien chaud, versez dessus le contenu de la casserole puis arrosez d'huile et de vinaigre. Servez aussitôt.

La cuisson au gril est certainement celle qui convient le mieux à la chair un peu grasse du maquereau. Ne choisissez pas les plus petits poissons, mais des maquereaux de ligne de taille moyenne (250 à 300 g chacun). Réservez les « lisettes », qui pèsent entre 50 g et 100 g, à la préparation au vin blanc.

OMELETTE
à l'aillet

POUR 2 PERSONNES

* * *

PRÉPARATION : **10 MIN** - CUISSON : **20 MIN**

- 6 ou 7 tiges d'aillet
- 1 petit bouquet de persil plat
- 2 cuill. à soupe d'huile d'olive
- 6 œufs
- sel et poivre

---

1 Les aillets ressemblent à de jeunes poireaux. Ils ne s'épluchent pas, ou très peu : il suffit d'enlever la première peau. Coupez ensuite les tiges d'aillets en petites rondelles. Hachez le persil.

2 Chauffez l'huile d'olive dans une poêle et mettez les aillets à fondre sans les laisser prendre couleur.

3 Battez légèrement les œufs pour briser les blancs, salez et poivrez. Ajoutez le persil.

4 Lorsque les aillets sont transparents, augmentez un peu le feu et versez les œufs. Faites cuire l'omelette à feu moyen, en ramenant ses bords vers le milieu au fur et à mesure qu'ils prennent. Secouez la poêle pour empêcher l'omelette d'attacher. Si vous aimez l'omelette baveuse, arrêtez la cuisson dès qu'il n'y a plus de liquide.

5 Faites glisser l'omelette sur un plat sans la plier en deux, mais en ramenant un tiers sur le centre puis en la roulant.

Signe de l'arrivée du printemps, l'aillet est une jeune pousse d'ail, de la forme d'un petit poireau, à la tige vert tendre. Dans la région de Bordeaux, il est de tradition, à Pâques et à la Pentecôte, d'incorporer l'aillet dans la préparation de l'omelette.

ENTRECÔTE GRILLÉE *bordelaise*

POUR 4 PERSONNES

* * *

PRÉPARATION : **20 À 30 MIN** - CUISSON : **8 À 10 MIN**

* 2 belles entrecôtes de 400 g chacune
* 7 ou 8 échalotes grises
* 4 ou 5 brins de persil plat
* sel et poivre

---

1 Sortez les entrecôtes du réfrigérateur 1 heure environ avant de les cuire. Préparez un bon feu de sarments de vigne, que vous vous procurerez chez un vigneron, 20 à 30 minutes à l'avance (c'est le temps nécessaire pour obtenir un bon lit de braises).

2 Épluchez et hachez grossièrement les échalotes. Ciselez le persil.

3 Posez une grille au-dessus du lit de braises. Placez les entrecôtes sur la grille, juste au-dessus des braises et faites-les cuire 2 minutes sur chaque face. Salez et poivrez.

4 Décalez la viande vers le côté de la grille pour assurer une cuisson plus douce. Faites cuire les entrecôtes pendant 2 minutes, retournez-les, parsemez-les d'échalotes et de persil hachés et laissez cuire encore pendant 2 minutes.

5 Dressez les entrecôtes sur le plat de service. Laissez-les reposer 4 ou 5 minutes avant de les trancher. Servez avec des frites ou des pommes sautées.

GIGOT D'AGNEAU *de Pauillac*

POUR 6 PERSONNES

* * *

PRÉPARATION : **15 MIN** - CUISSON : **30 À 35 MIN**

- 1 gigot d'agneau de lait de 1,5 kg environ
- les parures et l'os du quasi concassé
- 1/2 tête d'ail
- 1 bouquet garni

POUR LA PERSILLADE

- 100 g de mie de pain
- 2 cuill. à soupe de persil plat
- 2 gousses d'ail
- sel et poivre

---

1 Préchauffez le four à 220 °C (th. 6-7). Disposez le gigot dans un plat à feu avec les parures, l'os du quasi concassé, la demi-tête d'ail et le bouquet garni. Salez et poivrez. Mettez à cuire pendant 25 à 30 minutes. Retournez le gigot plusieurs fois pour qu'il dore tout autour et arrosez-le régulièrement.

2 Pendant ce temps, mouillez la mie de pain, pressez-la bien. Lavez le persil et pelez l'ail, hachez-les. Mélangez-les intimement à la mie de pain. Salez et poivrez. Réservez au frais.

3 En fin de cuisson, sortez le gigot du four. Enveloppez-le dans une feuille d'aluminium et laissez-le reposer pendant 10 à 20 minutes.

4 Mettez sur feu le plat à rôtir avec les parures et la demi-tête d'ail. Déglacez avec 30 cl d'eau en diluant les sucs. Baissez le feu et faites réduire de moitié. Passez ensuite au chinois et rectifiez l'assaisonnement. Versez la sauce dans une saucière et réservez au chaud.

5 Allumez le gril du four. Étalez à la main le hachis de mie de pain et de persil sur la surface du gigot. Mettez sous le gril et faites colorer jusqu'à ce que la persillade forme une belle croûte dorée.

6 Servez ce gigot très parfumé avec des pommes de terre sautées ou des haricots verts.

CÈPES
à la bordelaise

POUR 4 PERSONNES

* * *

PRÉPARATION : **30 MIN** - CUISSON : **10 MIN ENVIRON**

- 800 g de cèpes
- 2 échalotes
- 1/2 bouquet de persil
- 10 cl d'huile d'olive + 1 filet
- le jus de 1/2 citron
- 50 g de mie de pain
- sel et poivre

---

1 Nettoyez les cèpes. Coupez-les en tranches s'ils sont très gros, coupez-les en deux dans le sens de la hauteur s'ils sont moyens, ou laissez-les entiers s'ils sont petits.

2 Épluchez et hachez les échalotes.

3 Hachez le persil de façon à obtenir 2 cuillerées à soupe de hachis. Mélangez une cuillerée avec les échalotes et réservez le reste.

4 Faites chauffer 10 cl d'huile d'olive dans une sauteuse et mettez-y les cèpes. Ajoutez le jus de citron, salez et poivrez, puis faites cuire à couvert pendant 5 minutes, en remuant de temps en temps. Égouttez les cèpes sur du papier absorbant.

5 Faites chauffer le reste d'huile d'olive dans une poêle. Mettez-y les cèpes, salez, poivrez, et faites-les rissoler vivement pendant 2 ou 3 minutes avec les échalotes. Ajoutez la mie de pain émiettée.

6 Égouttez, parsemez du persil haché restant, mélangez et servez très chaud.

Les cèpes ne doivent jamais être lavés, car ils sont poreux. Essuyez-les soigneusement un par un, puis coupez le pied terreux. Si le bord des chapeaux est flétri et brun, ou si le dessous du chapeau est vert, enlevez ces parties. Choisissez de préférence des cèpes jeunes, donc petits.

La pomme de terre de Noirmoutier

Produit fétiche de l'île, la bonnotte a bel et bien failli disparaître ! Du début des années 1920 à la fin des années 1960, c'est la production phare de l'île. Cependant, les plants dégénèrent et la récolte ne supporte pas la mécanisation. Devenue rare, elle est soudain très recherchée. Sauvé par les laboratoires de recherches agronomiques de Rennes et de Nantes, le fragile tubercule à la chair jaune et au grain fin est aujourd'hui vanté dans les recettes de grands chefs.

Le chabichou du Poitou

La légende veut que ce fromage fût fabriqué à l'origine par des Sarrasins restés sur place – avec leurs chèvres – après la bataille de Poitiers en 732. Le chabichou du Poitou, AOC, se présente sous forme de petit tronc de cône, ou « bonde », de 5 à 6 cm de diamètre. Sa fine croûte blanche teintée de gris-bleu peut se couvrir progressivement de petites taches rouge et jaune. Le terroir du chabichou du Poitou se limite à une partie des départements de la Vienne, des Deux-Sèvres et de la Charente.

La brioche et la gâche

La brioche et la gâche accompagnent les différentes fêtes vendéennes, qu'il s'agisse de Pâques, des baptêmes, des mariages (occasions de la danse de la brioche), etc. Connue depuis le Moyen-Âge, la gâche est une sorte de brioche qui se présente sous la forme d'un pain. Depuis 2013, elle porte d'ailleurs une IGP. On reconnaît la brioche vendéenne à son tressage.

LES SAVEURS DE LA VENDÉE ET DU POITOU

FLAN *maraîchin*

POUR 8 PERSONNES

* * *

PRÉPARATION : **40 MIN** - REPOS DE LA PÂTE : **1 H** - CUISSON : **50 MIN**

POUR LA PÂTE
- 400 g de farine
- 1 pincée de sel
- 2 œufs
- 150 g de beurre ramolli
- 12 cl d'eau

POUR LA GARNITURE
- 1 gousse de vanille
- 1 l de lait
- 1 bâton de cannelle
- 250 g de sucre en poudre
- 9 œufs
- 15 cl de crème fraîche épaisse

---

1 Préparez la pâte. Tamisez la farine sur le plan de travail. Faites un puits au centre et mettez-y le sel, les œufs et le beurre coupé en petits morceaux. Ajoutez l'eau et mélangez le tout du bout des doigts. Roulez la pâte en boule et laissez-la reposer 1 heure.

2 Préchauffez le four à 180 °C (th. 6). Étalez la pâte sur 3 mm d'épaisseur et foncez un moule à flan. Piquez le fond de la croûte à la fourchette. Recouvrez-le avec du papier sulfurisé et garnissez de haricots secs. Faites précuire pendant 15 minutes.

3 Fendez la gousse de vanille en deux, grattez les graines avec la pointe d'un couteau. Portez à ébullition le lait avec le bâton de cannelle, le sucre et les graines de vanille. Laissez infuser environ 10 minutes.

4 Pendant ce temps, battez les œufs avec la crème fraîche. Hors du feu, incorporez ce mélange au lait bouilli. Retirez le bâton de cannelle et passez au chinois.

5 Versez cette préparation sur la pâte précuite. Remettez-la au four pendant 35 minutes. Laissez refroidir le flan et démoulez avant de servir.

Le flan maraîchin, ou « fion », fait la fierté du petit village du Poiré-sur-Vie.

TARTE AUX PRUNEAUX
de l'île d'Yeu

POUR 4 À 5 PERSONNES

* * *

PRÉPARATION : **1 H** - TREMPAGE DES PRUNEAUX : **LA VEILLE** - CUISSON : **1 H 30**

- 250 g de gros pruneaux
- 2 pincées de cannelle en poudre
- 30 cl d'eau
- 20 cl de vin rouge
- 200 g de sucre
- 3 cuill. à soupe de rhum

POUR LA PÂTE

- 250 g de farine
- 30 g de saindoux
- 1 pincée de sel
- 10 cl d'eau
- 125 g de beurre demi-sel
- 1 œuf
- 2 cuill. à soupe de lait

---

1 La veille, faites tremper les pruneaux avec la cannelle dans l'eau additionnée de vin.

2 Le jour même, faites cuire les pruneaux environ 1 heure dans ce mélange. Dénoyautez-les, ajoutez le sucre et le rhum. Mélangez et moulinez.

3 Préchauffez le four à 200 °C (th. 6-7). Faites une détrempe avec la farine, le saindoux, 1 pincée de sel et 10 cl d'eau. Laissez reposer une demi-heure et étalez la pâte. Repliez en trois en passant du beurre sur chaque pli.

4 Tournez la pâte d'un quart de tour. Continuez à plier en trois en incorporant du beurre. Découpez la pâte autour d'une tourtière en laissant un large bord. Repliez ce bord en le roulant sur lui-même et en passant à chaque fois sur le repli précédent.

5 Posez une assiette pouvant aller au four sur le fond de tarte. Enfournez et faites cuire pendant 7 à 10 minutes.

6 Baissez la température du four à 180 °C (th. 6). Retirez la tarte du four.

7 Garnissez le fond de tarte avec la confiture de pruneaux. Avec les restes de pâte, fabriquez 4 bandes de 1 cm de large à l'aide d'une roulette zigzag. Dorez-les à l'œuf battu dans le lait. Posez sur la tarte 2 bandes en V. Soudez dans le repli de la pâte. Posez symétriquement 2 autres bandes en V de manière que les bandes de V se croisent. Mettez au four et laissez cuire pendant 20 minutes.

GALETTE *charentaise*

POUR 4 PERSONNES

* * *

PRÉPARATION : **15 MIN** - CUISSON : **15 À 20 MIN**

- 100 g de beurre
- 1 bâton d'angélique confite (facultatif)
- 2 œufs
- 125 g de sucre en poudre
- 250 g de farine
- 1 pincée de sel
- 1/2 sachet de levure chimique
- 3 cuill. à soupe de sucre cristallisé

---

1 Faites fondre doucement le beurre et coupez l'angélique en petits morceaux.

2 Cassez les œufs dans un saladier. Ajoutez le sucre et fouettez jusqu'à ce que le mélange blanchisse et soit lisse et crémeux : le sucre doit être parfaitement dissous.

3 Incorporez peu à peu la farine en la versant en pluie sur les œufs sucrés puis le beurre en mélangeant au fur et à mesure. Ajoutez le sel et la levure.

4 Préchauffez le four à 220 °C (th. 6-7). Beurrez une grande tourtière. Versez-y la pâte sur environ 1 cm d'épaisseur et lissez la surface. Répartissez les morceaux d'angélique si vous en mettez, saupoudrez de sucre cristallisé. Faites cuire 15 à 20 minutes.

La galette charentaise doit être préparée au dernier moment pour pouvoir être servie encore tiède, à toute heure, avec un verre de pineau ou une tasse de café.

CANNELÉS

POUR UNE DOUZAINE DE CANNELÉS

* * *

PRÉPARATION : **25 MIN** - CUISSON : **45 MIN**

* 1 gousse de vanille
* 50 cl de lait
* 2 œufs
* 2 jaunes d'œufs
* 250 g de sucre glace
* 50 g de beurre
* 1 cuill. à soupe d'eau de fleur d'oranger
* 100 g de farine

---

1 Fendez la gousse de vanille en deux et grattez les graines noires qui se trouvent à l'intérieur. Mettez le lait dans une casserole avec la gousse de vanille et ses graines. Portez à ébullition, éteignez le feu et laissez infuser 15 minutes à couvert.

2 Préchauffez le four à 200 °C (th. 6-7). Fouettez les œufs entiers et les jaunes avec le sucre glace, jusqu'à ce que le mélange blanchisse. Ajoutez alors le beurre juste fondu et l'eau de fleur d'oranger. Incorporez la farine et enfin délayez avec le lait vanillé.

3 Beurrez largement des petits moules à darioles, de préférence cannelés. Remplissez-les aux trois quarts. Enfournez et faites cuire pendant 45 minutes environ.

4 Démoulez les cannelés juste au sortir du four et servez froid ; c'est le jour même qu'ils sont les meilleurs.

MACARONS de Saint-Émilion

POUR ENVIRON 30 MACARONS

* * *

PRÉPARATION : **25 MIN** - CUISSON : **20 MIN ENVIRON**

- 175 g de poudre d'amande
- 75 g de sucre en poudre
- 1 cuill. à café de miel
- 2 blancs d'œufs
- 5 cl de vin blanc moelleux
- 75 g de sucre glace
  \+ pour saupoudrer

---

1 Mélangez la poudre d'amande, le sucre, le miel, un des blancs d'œufs et la moitié du vin blanc dans une petite casserole à fond épais. Faites chauffer très doucement pendant environ 5 minutes, en remuant sans cesse avec une spatule en bois, jusqu'à ce que le mélange soit parfaitement homogène, puis ajoutez le reste du vin.

2 Transvasez dans un saladier, remuez encore 1 ou 2 minutes et laissez refroidir. Ajoutez le sucre glace, le second blanc d'œuf et mélangez.

3 Préchauffez le four à 180 °C (th. 6). Recouvrez deux plaques de papier sulfurisé. Déposez à la poche à douille une trentaine de petits tas de pâte et aplatissez-les légèrement avec le dos d'une cuillère humide. Saupoudrez de sucre glace, enfournez et laissez cuire environ 20 minutes.

La plupart des pâtissiers de Saint-Émilion préparent aujourd'hui, selon la même recette, ces gâteaux que les ursulines fabriquaient déjà au XVIIIe siècle. Les macarons se conservent quelques jours, mais c'est en les consommant le jour même que l'on apprécie le mieux leur moelleux.

PAYS DE LOIRE ET CENTRE

ENTRÉES

PLATS

DESSERTS

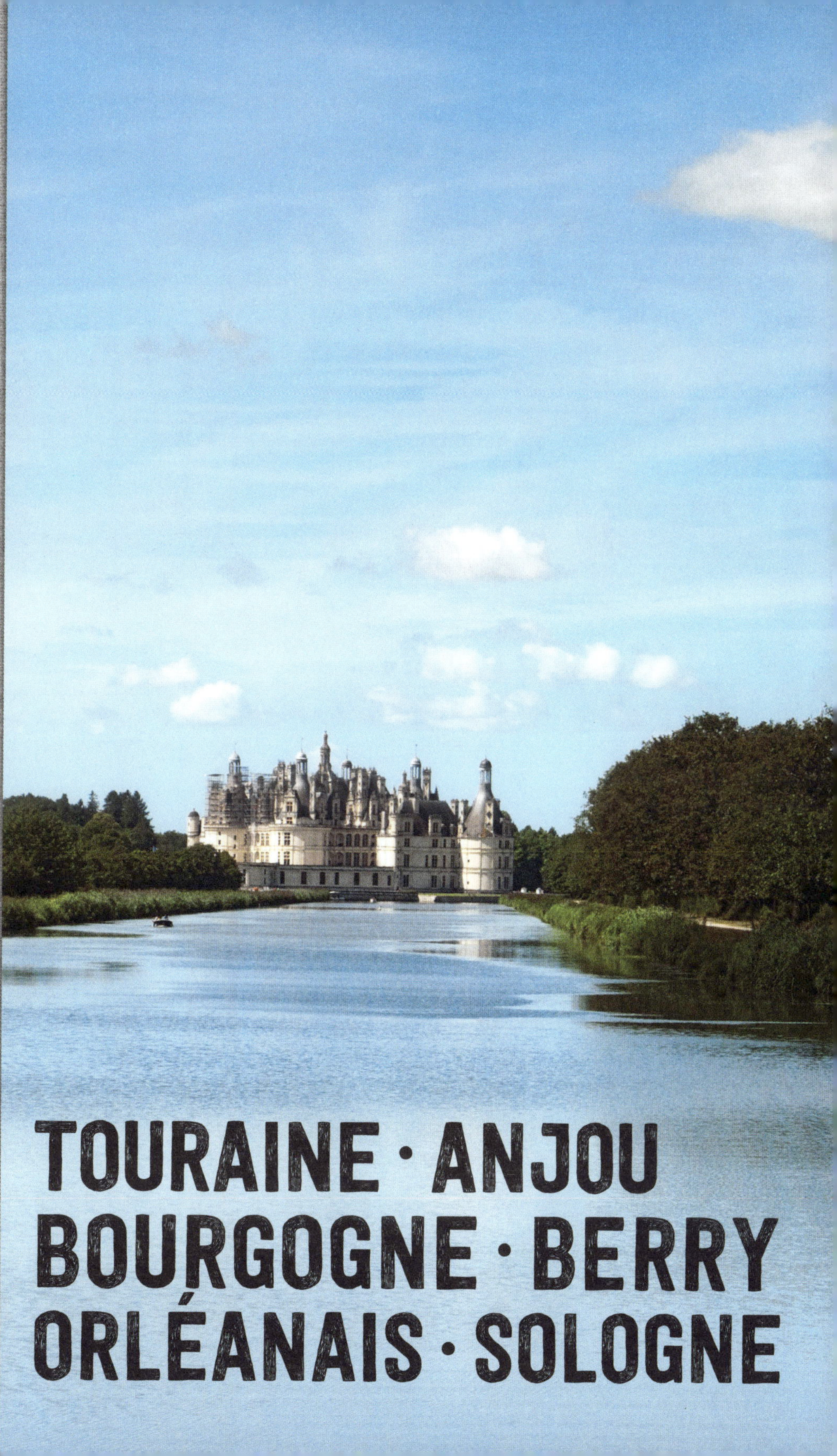

TOURAINE · ANJOU BOURGOGNE · BERRY ORLÉANAIS · SOLOGNE

FEUILLETÉS
au sainte-maure

POUR 6 PERSONNES

* * *

PRÉPARATION : **30 MIN** - CUISSON : **10 MIN**

- 1 sainte-maure de Touraine
- 20 cl de crème fraîche
- 400 g de pâte feuilletée étalée
- 1 œuf
- 1 cuill. à soupe de lait
- sel et poivre

---

1 Dans un saladier, écrasez le sainte-maure à la fourchette. Incorporez la crème fraîche jusqu'à l'obtention d'un mélange lisse et homogène. Salez et poivrez.

2 Découpez la pâte feuilletée à l'aide d'un emporte-pièce de 8 cm de diamètre. Préchauffez le four à 220 °C (th. 7-8).

3 Déposez 1 cuillerée à soupe de garniture au centre de la moitié des disques de pâte. Mouillez les bords à l'eau. Recouvrez avec les cercles de pâte restants. Dorez à l'œuf battu dans le lait.

4 Beurrez une plaque à four sur laquelle vous disposerez les feuilletés. Enfournez-les et faites-les cuire 10 minutes environ. Servez aussitôt.

Le sainte-maure de Touraine

Remarqué en son temps par Honoré de Balzac, le sainte-maure bénéficie aujourd'hui d'une AOC. C'est un fromage au lait entier de chèvre, à pâte molle, en forme de long cylindre, d'aspect cendré quand il est frais, et/ou fleuri blanc-bleuâtre quand il est affiné. La paille qui le traverse lui donne un aspect singulier et unique ; son rôle est d'améliorer la résistance mécanique de ce fromage fragile quand il est jeune. Selon les goûts, le sainte-maure s'apprécie onctueux ou sec, en particulier à la fin du printemps.

POTAGE
d'asperges

POUR 6 PERSONNES

* * *

PRÉPARATION : **30 MIN** - CUISSON : **40 MIN ENVIRON**

- 1 kg d'asperges vertes
- 50 cl de lait
- 2 jaunes d'œufs
- 50 g de beurre
- 50 g de farine
- 3 cuill. à soupe de crème fraîche
- 1 petit bouquet de cerfeuil
- sel et poivre

---

1 Pelez les asperges et supprimez les parties de tiges les plus dures et les plus filandreuses. Lavez-les puis faites-les cuire 20 minutes environ à l'eau bouillante salée. Égouttez-les et réservez l'eau de cuisson. Coupez les pointes des asperges, que vous réserverez pour la décoration.

2 Dans une casserole à fond épais, faites fondre le beurre et ajoutez la farine. Laissez blondir, en remuant à la cuillère en bois. Mouillez avec 1 l d'eau de cuisson et le lait. Salez et poivrez. Ajoutez les asperges, excepté les pointes réservées. Laissez mijoter pendant 10 minutes.

3 Passez le potage à la moulinette. Faites chauffer. Pendant ce temps, délayez les jaunes d'œufs dans la crème, versez le tout dans le potage. Ajoutez les pointes d'asperge. Rectifiez l'assaisonnement et parsemez de cerfeuil haché. Réchauffez à feu très doux, sans faire bouillir et servez immédiatement.

Utilisez de préférence des asperges vertes : elles sont, en principe, moins chères que les blanches, et donneront en outre une jolie couleur à votre potage.

Les asperges de Sologne

Les asperges se plaisent dans le sol sablonneux de la Sologne. Elles sont renommées depuis la fin du XVIIIe siècle. En 1804, Grimod de La Reynière écrivait que les meilleures venaient de Vendôme et de Romorantin. Cette réputation, plus tard acquise aussi par les asperges de Vineuil, n'a fait que s'accroître jusqu'à la Première Guerre mondiale. Aujourd'hui, la production de l'« asperge de Sologne » se maintient autour de Vineuil, de Contres, de Soing et de Romorantin, en Loir-et-Cher. La première récolte s'effectue 3 ans après la plantation. Au printemps, la tige souterraine émet des pousses appelées « turions », ou asperges, qui doivent leur couleur nacrée à l'absence de lumière ; les turions percent le sable et sont récoltés chaque matin, à la main, sans blesser la tige, qui doit rester intacte pour la récolte suivante.

TERRINE *de lapin*

POUR 10 À 12 PERSONNES

* * *

PRÉPARATION : **1 H** - CUISSON : **1 H 30**

- 1 lapin donnant après désossage 800 à 900 g de chair avec ses abats
- 1 gros oignon
- 12 échalotes
- 2 gousses d'ail
- 1 petit bouquet de persil plat
- 1 cuill. à soupe de saindoux
- 1 kg de poitrine de porc
- 3 branches de thym
- 1 feuille de laurier
- 2 œufs
- 2,5 cl d'eau-de-vie de pays ou de cognac
- 2 cuill. à café de sel
- poivre
- 1 crépine (facultatif)

---

1 Il est préférable de préparer le pâté la veille. Désossez le lapin (ou faites-le faire par votre fournisseur). Réservez 2 beaux filets. Hachez grossièrement l'oignon, les échalotes, l'ail et le persil.

2 Faites revenir rapidement le foie, le cœur et les rognons dans un peu de saindoux. Hachez-les pas trop fin avec la poitrine de porc et la chair du lapin (excepté les deux filets).

3 Dans un saladier, mélangez les deux hachis (viande et légumes) avec les œufs et l'alcool. Ajoutez le sel et poivrez. Malaxez le tout. Garnissez le fond d'une terrine avec la moitié ,du mélange. Disposez dessus les filets, puis terminez par le reste du pâté. Placez la feuille de laurier et les branches de thym. (Si vous avez de la crépine, chemisez-en la terrine, garnissez celle-ci puis refermez la crépine.)

4 Préchauffez le four à 200 °C (th. 6-7). Versez 1 verre d'eau dans la lèchefrite et posez la terrine sans couvercle sur la grille du four. Couvrez lorsque le pâté est doré. Faites cuire pendant 1 h 30 environ. Piquez le pâté avec la pointe d'un couteau ; il est à point lorsque le jus est transparent. Ce pâté se conserve jusqu'à 8 jours dans le réfrigérateur.

Vous pouvez demander à votre boucher de hacher la poitrine de porc. Essayez aussi cette terrine en ajoutant une vingtaine de noisettes mondées.

PÂTÉ
berrichon

POUR 4 PERSONNES

* * *

PRÉPARATION : **30 MIN** - CUISSON : **1 H 30**

- 1 gros oignon
- 2 échalotes
- 60 g de beurre
- 300 g de veau haché (rôti ou restes divers)
- 100 g de chair à saucisse
- 1 œuf
- 1 cuill. à soupe de persil haché
- 1 cuill. à café de thym
- 4 œufs durs
- 300 g de pâte feuilletée en rouleau
- 1 jaune d'œuf
- 2 cuill. à soupe de lait
- sel et poivre

---

1 Épluchez l'oignon et les échalotes, hachez-les finement. Faites-les revenir dans le beurre, puis ajoutez le veau et la chair à saucisse. Faites dorer en écrasant le mélange à la fourchette de façon à bien amalgamer le tout, salez et poivrez (attention, la chair est déjà salée). Couvrez et laissez cuire environ 20 minutes. Lorsque le hachis est cuit, mélangez-le avec l'œuf, le persil et le thym.

2 Préchauffez le four à 180 °C (th. 6). Déroulez la pâte feuilletée, découpez 2 disques de 20 cm de diamètre. Sur chaque moitié de disque, disposez la moitié de la farce et 2 œufs durs coupés en deux. Recouvrez avec l'autre moitié de la pâte de façon à obtenir un chausson. Dorez avec le jaune d'œuf battu dans le lait. Enfournez et faites cuire pendant 1 heure environ.

Dans le Berry, il est de tradition de servir ces pâtés à Pâques. Les œufs de poule qui entrent dans sa composition sont parfois remplacés par des œufs de caille. Très copieux, ces pâtés peuvent parfaitement constituer un plat principal s'ils sont accompagnés d'une salade verte.

Le gibier de Sologne

La Grande Sologne fut longtemps un pays de landes et de marécages. Au XIXe siècle, la mise en valeur par drainage et par boisements de pins en avait fait une campagne où se côtoyaient les petites cultures, l'élevage et la pisciculture d'étang. Cette contrée naturellement giboyeuse fut ensuite radicalement transformée par la chasse. Malgré le coût élevé de l'entretien, on trouve encore aujourd'hui en Sologne quelques-unes des plus grandes chasses de France. On y chasse le lièvre, le faisan, le perdreau, et le gibier d'eau sur les innombrables étangs. Le cerf est abondant et la tradition de la chasse à courre maintenue. Le chevreuil et surtout le sanglier sont chassés au chien courant. La cuisine de la région fait évidemment la part belle au gibier.

Les rillettes

Les « rillés », ou rillettes, faisaient partie de la production domestique fabriquée lors de l'abattage du cochon. Les rillettes du Mans, ou rillettes de la Sarthe, sont faites avec des morceaux de porc – épaule, poitrine et palette – cuits lentement puis égouttés, effilochés et mélangés à la graisse. Les rillettes ne contiennent pas d'autres aromates que le sel et le poivre. Les habitants de la Sarthe en font une grande consommation. La Touraine a elle aussi « ses » rillettes (IGP) vantées déjà en 1836 par Honoré de Balzac, natif de Tours. Elles sont composées de morceaux de porc, cuits rapidement, souvent avec le foie. Teintées au colorant naturel, elles sont d'un brun foncé, avec des morceaux et des fibres de viande bien apparents.

Les fruits de la Loire

L'Anjou et le Maine sont des régions historiques de production fruitière et figurent, aujourd'hui encore, en tête de la production nationale. Plusieurs variétés de fruits en sont originaires. Née vers 1850 des recherches des horticulteurs angevins, la poire doyenné du Comice, ou comice, connut un succès qui s'est depuis largement confirmé. Dans les vergers, la comice voisine maintenant avec la williams, la conférence ou la passe-crassane. Par contre, la reinette du Mans, pomme tardive, de couleur jaune, très appréciée autrefois, ne fait plus l'objet que d'une culture réduite, face à d'autres variétés plus faciles à cultiver : la jonagold, l'idared, la golden, la granny smith, la reine des reinettes et la reinette grise du Canada.

Les fromages de chèvre berrichons

Les plus fameux fromages de lait de chèvre du Berry bénéficient d'une AOC. Le crottin de Chavignol est, avec le vin, l'autre spécialité du Sancerrois. Le pouligny-saint-pierre, tronc de pyramide très plat à la croûte bleutée, est fabriqué dans l'ouest de l'Indre. Le terroir du selles-sur-cher, tronc de cône très plat couvert de cendre, se situe à cheval sur le Berry, la Sologne et la Touraine. Tandis que celui du valençay, pyramide tronquée, se situe au nord de Châteauroux.

LES SAVEURS DE LA LOIRE

GOUGÈRES

POUR 40 CHOUX

* * *

PRÉPARATION : **30 MIN** - CUISSON : **25 À 30 MIN**

- 15 cl de lait
- 20 cl d'eau
- 170 g de beurre
- 1/2 cuill. à café de sel
- 240 g de farine
- 6 ou 7 œufs
- 150 g de fromage râpé (emmental ou comté)
- 1 œuf pour la dorure
- poivre du moulin

---

1 Mettez le lait, l'eau, le beurre et le sel dans une casserole et portez doucement à ébullition. Ôtez du feu, ajoutez la farine en une seule fois tout en remuant énergiquement pour obtenir une pâte lisse et homogène. Remettez à feu doux pendant 2 ou 3 minutes, sans cesser de remuer avec une cuillère en bois, pour dessécher la pâte jusqu'à ce qu'elle se détache des parois de la casserole.

2 Retirez la casserole du feu et ajoutez les œufs, l'un après l'autre, en veillant à ce que le précédent soit parfaitement incorporé avant de mettre le suivant. La pâte ne doit pas être trop molle : si elle commence à devenir humide, n'ajoutez pas le dernier œuf. Mélangez ensuite le fromage râpé et poivrez.

3 Préchauffez le four à 180 °C (th. 6). Mettez la pâte dans une poche munie d'une grosse douille et dressez une quarantaine de choux sur une ou deux plaques recouvertes de papier sulfurisé. Avec un pinceau, dorez-les à l'œuf battu. Enfournez et faites cuire pendant 25 à 30 minutes.

ESCARGOTS
à la bourguignonne

POUR 4 PERSONNES

* * *

PRÉPARATION : **40 MIN** - CUISSON : **6 À 10 MIN ENVIRON**

- 48 escargots en boîte avec leurs coquilles à part
- 15 g d'ail
- 25 g d'échalotes
- 15 g de feuilles de persil plat
- 400 g de beurre frais
- sel et poivre

---

1 Rincez les escargots et séchez-les sur du papier absorbant.

2 Épluchez ail et échalotes. Enlevez les germes puis hachez-les très finement, ainsi que le persil. Incorporez ce hachis au beurre, salez légèrement, poivrez puis malaxez à la fourchette ou au pilon jusqu'à ce que le mélange soit parfaitement homogène.

3 Glissez une petite noisette de beurre dans chaque coquille en l'enfonçant bien au fond puis mettez un escargot et finissez de remplir avec le beurre d'ail. Placez les escargots, au fur et à mesure, dans de petits plats individuels à alvéoles, en gardant l'ouverture vers le haut.

4 Allumez le gril du four. Quand celui-ci est bien chaud, glissez les petits poêlons dans le four et retirez-les au bout d'une dizaine de minutes, lorsque le beurre bouillonne. Servez immédiatement dans les plats de cuisson.

CLAQUEBITOU

POUR 6 PERSONNES

* * *

PRÉPARATION : **10 MIN (2 H À L'AVANCE)**

- 4 échalotes
- 1 petit bouquet de ciboulette
- 1 petit bouquet de persil plat
- 1 ou 2 gousses d'ail
- 1 cuill. à soupe de vinaigre de vin
- 500 g de fromage de chèvre frais en faisselle
- sel et poivre

---

1 Épluchez et hachez très finement les échalotes. Ciselez les herbes. Épluchez et écrasez l'ail.

2 Démoulez le fromage blanc dans un saladier, ajoutez le vinaigre et fouettez légèrement. Incorporez l'ail, les échalotes, les herbes et mélangez. Salez et poivrez.

3 Mettez au réfrigérateur 2 heures au moins et servez le claquebitou accompagné d'un bol de crème fraîche et d'un bol de ciboulette hachée.

Le claquebitou se sert en entrée ou avec le plateau de fromages.

ŒUFS
en meurette

POUR 4 PERSONNES

* * *

PRÉPARATION : **1 H ENVIRON** - CUISSON DES ŒUFS : **3 MIN**

- 200 g de lard maigre demi-sel sans couenne
- 100 g d'oignons ou d'échalotes
- 60 g de beurre
- 1 bouquet garni
- 75 cl de bourgogne rouge
- 25 cl de bouillon de bœuf très concentré
- 8 petites tranches de pain fines
- 2 gousses d'ail
- 75 cl de vin rouge ou d'eau
- 5 cl de vinaigre de vin
- 8 œufs
- sel et poivre

---

1 Préparez la sauce meurette. Coupez le lard en petits dés. Mettez-le dans l'eau froide, portez à ébullition et faites cuire pendant 2 minutes. Égouttez et rafraîchissez. Épluchez et hachez finement les oignons (ou les échalotes).

2 Faites fondre doucement les oignons avec 40 g de beurre jusqu'à ce qu'ils soient transparents, ajoutez les lardons et le bouquet garni. Versez le vin et flambez-le. Faites réduire de moitié puis ajoutez le bouillon et de nouveau faites réduire de moitié. Incorporez en fouettant le reste de beurre fractionné en petits morceaux, rectifiez l'assaisonnement et maintenez chaud.

3 Faites dorer les tranches de pain au gril et frottez-les fortement à l'ail. Posez-les deux par deux dans des assiettes chaudes.

4 Versez le reste de vin, ou l'eau, et le vinaigre dans une sauteuse, salez et poivrez légèrement et portez à ébullition. Flambez si vous utilisez le vin, puis baissez le feu. Juste avant de servir, cassez les œufs dans cette cuisson et faites-les pocher pendant 3 minutes.

5 Retirez-les délicatement avec une écumoire dans l'ordre où vous les avez mis à cuire et égouttez-les sur un papier absorbant. Coupez les petits filaments blancs qui ont coulé tout autour et posez chaque œuf sur une tranche de pain. Nappez de sauce et servez aussitôt.

La sauce meurette est encore meilleure réchauffée, n'hésitez donc pas à la préparer à l'avance.

FRICASSÉE *de poulet*

POUR 6 PERSONNES

* * *

PRÉPARATION : **30 MIN** - CUISSON : **50 MIN**

- 24 petits oignons grelots
- 350 g de petits champignons de Paris
- 1 citron
- 2 cuill. à soupe d'huile
- 1 poulet d'environ 2 kg coupé en 12 morceaux
- 100 g de beurre
- 30 cl de vin blanc d'Anjou
- 20 cl de crème fraîche
- sel et poivre

---

1 Pelez les oignons. Nettoyez les champignons, coupez-les en quatre et arrosez-les avec le jus du citron pour qu'ils ne noircissent pas.

2 Dans une cocotte, faites dorer les morceaux de poulet dans 2 cuillerées d'huile. Retirez-les. Jetez la matière grasse et faites blondir doucement les oignons avec 50 g de beurre. Remettez alors les morceaux de volaille. Mouillez avec le vin blanc, salez et poivrez. Couvrez et laissez mijoter 40 minutes à couvert.

3 Pendant ce temps, faites cuire les champignons à feu doux dans une sauteuse sans couvercle avec 50 g de beurre. À mi-cuisson de la volaille, versez-les dans la cocotte.

4 Lorsque les morceaux de poulet sont cuits, retirez-les, dressez-les sur le plat de service. Conservez au chaud. Ajoutez la crème à la sauce, faites réduire de moitié. Versez sur le plat de service.

Si la fricassée de poulet est un plat traditionnel en Anjou, c'est du Mans voisin que proviennent les meilleures volailles pour le préparer : les poulets de Loué.

ANDOUILLETTES
au vouvray

POUR 6 PERSONNES

* * *

PRÉPARATION : **10 MIN** - CUISSON : **20 MIN**

- 6 échalotes
- 6 andouillettes de Vouvray
- 50 g de beurre
- 20 cl de vouvray sec
- 10 cl de crème fraîche
- sel et poivre

---

1 Hachez finement les échalotes. Préchauffez le four à 200 °C (th. 6-7). Piquez les andouillettes avant de les mettre au four.

2 Dès qu'elles commencent à dorer, disposez les échalotes autour. Parsemez de noisettes de beurre.

3 Lorsque les andouillettes sont cuites, retirez-les et tenez-les au chaud.

4 Déglacez le plat avec le vouvray et faites réduire de moitié. Délayez la crème fraîche dans la sauce et nappez les andouillettes. Servez très chaud avec des frites ou des pommes de terre cuites au four.

En Touraine, une andouillette qui se respecte est « à la corde « et cuite dans un bouillon aromatisé au vouvray. Ainsi fabriquée dans les règles de l'art, elle est certifiée « 5 A « par l'Association amicale des amateurs d'andouillette authentique. Mais, artisanale ou industrielle, l'andouillette grillée sur la braise figure en bonne place dans toutes les fêtes populaires et autres ripailles tourangelles.

Le vouvray

Sur un site magnifique exposé au sud, autour de Vouvray, le vignoble est planté en pineau de la Loire (ou chenin blanc). Il jouit d'un microclimat très particulier dû aux effets conjugués des roches calcaires, de l'exposition et de la proximité de la Loire. Gage de qualité : le vin (AOC) y prospérait déjà lors de l'occupation romaine. Les vins blancs sont vifs et fruités quand ils sont secs, mais c'est en demi-secs ou en moelleux, voire liquoreux selon l'année, que le vouvray exprime le mieux sa spécificité. Ces vins très élégants, conservés en cave pendant des dizaines d'années, prennent alors de riches arômes de confiture de coing, de girofle ou de pomme cuite.

SANDRE
à la vouvrillonne

POUR 6 PERSONNES

* * *

PRÉPARATION : **30 MIN** - CUISSON : **1 H**

- 1 sandre de 1,5 à 2 kg
- 3 carottes
- 3 branches de céleri
- 300 g de pleurotes
- 1 gousse d'ail
- 4 échalotes
- 50 g de beurre
- 3 branches de thym
- 1 feuille de laurier
- 5 petits oignons
- 75 cl de vouvray sec

---

1 Faites écailler et vider le sandre par votre poissonnier. Lavez-le rapidement et essuyez-le.

2 Détaillez les carottes et le céleri en petits dés. Coupez les pleurotes en deux, supprimez l'extrémité de leurs pieds s'ils sont secs. Hachez l'ail et les échalotes.

3 Dans une sauteuse, chauffez le beurre et faites-y suer doucement les carottes et le céleri avec le thym et le laurier, ajoutez ensuite les pleurotes et enfin l'ail, les échalotes et les oignons.

4 Préchauffez le four à 200 °C (th. 6-7). Une fois cuits, versez les légumes dans un plat ovale allant au four. Posez le sandre dessus, mouillez avec le vouvray, enfournez et laissez cuire pendant 30 à 40 minutes. Arrosez souvent. Dès que le poisson est doré, baissez la température et couvrez avec une feuille d'aluminium. Saupoudrez de persil haché avant de servir.

Servez ce sandre avec des pommes de terre vapeur ou avec des pâtes fraîches.

Les poissons de la Loire

Depuis toujours, plusieurs espèces de poissons migrateurs remontent la Loire pour se reproduire : l'alose, l'anguille, le brochet, le sandre, le lamproie, etc.
Les fluctuations de niveau de population de ces poissons imposent des quotas voire des interdictions de pêche.

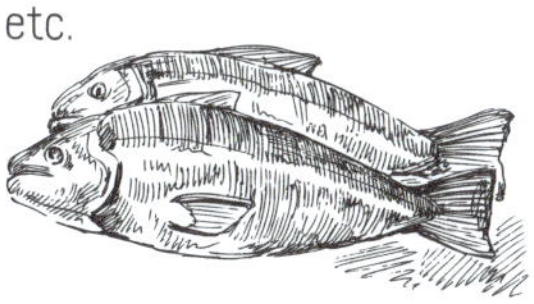

CIVET
de marcassin

POUR 6 PERSONNES

* * *

PRÉPARATION : **20 MIN** - MARINADE : **12 H** - CUISSON : **2 H ENVIRON**

- 1,5 kg de marcassin pris dans l'épaule
- 200 g de lard de poitrine demi-sel coupé en lardons
- 2 cuill. à soupe de saindoux ou d'huile
- 2 cuill. à soupe de farine
- 150 g de champignons de couche
- 40 g de beurre
- 20 petits oignons grelots
- 1 cuill. à café de sucre

POUR LA MARINADE

- 1 l de vin rouge très corsé
- 4 carottes coupées en rondelles
- 2 oignons coupés en rondelles
- 2 échalotes
- 3 gousses d'ail
- 2 cuill. à soupe d'huile
- 10 grains de poivre
- 2 clous de girofle
- 1 bouquet garni
- sel

---

1 Demandez à votre fournisseur de couper le marcassin en gros morceaux. Dans un saladier, disposez la viande avec tous les éléments de la marinade. Couvrez et laissez mariner pendant 12 heures en remuant deux ou trois fois.

2 Mettez les lardons dans une petite casserole, couvrez d'eau froide, portez à ébullition et faites blanchir pendant 5 minutes.

3 Égouttez dans une passoire les morceaux de marcassin et tous les éléments de la marinade. Réservez-les, ainsi que le vin. Essuyez la viande et mettez-la à dorer dans une cocotte avec le saindoux. Ajoutez les lardons, faites revenir. Saupoudrez de farine et remuez sur feu vif pour enrober tous les morceaux. Mouillez avec le liquide de la marinade, complétez éventuellement avec de l'eau froide pour recouvrir les chairs. Amenez à ébullition.

4 Enfermez dans un nouet tous les éléments de la marinade et ajoutez-les dans la cocotte. Couvrez et laissez cuire à feu doux pendant 2 heures environ en remuant de temps à autre.

5 Pendant ce temps, nettoyez puis émincez les champignons et faites-les sauter au beurre. Faites dorer de la même façon les oignons grelots avec un petit verre d'eau. Lorsque celle-ci se sera évaporée, ajoutez le sucre pour les dorer.

6 Dressez les morceaux de marcassin dans un plat chaud. Retirez le nouet de la cocotte après l'avoir pressé pour en extraire les sucs. Versez la sauce sur la viande, garnissez avec les champignons et les oignons. Servez avec des pommes de terres vapeur ou une purée de légumes.

Traditionnellement, la sauce du civet est liée au sang vinaigré, ce qui donne au plat coloration et onctuosité. Pour le faire, mélangez 10 cl de sang de porc avec 1 cuillerée à soupe de vinaigre. Une fois les morceaux sortis de la cocotte, délayez ce sang vinaigré dans quelques cuillerées de sauce puis mélangez avec le reste de la sauce.

POTÉE
de lentilles vertes

POUR 8 PERSONNES

* * *

PRÉPARATION : **40 MIN** - CUISSON : **2 H 30 À 3 H**

- 1,5 kg de petit-salé divers (palette, travers, jambonneau, etc.)
- 300 g de poitrine fumée
- 1 queue de cochon
- 2 pieds de porc
- 4 poireaux
- 5 carottes
- 3 navets
- 2 oignons
- 3 clous de girofle
- 2 gousses d'ail
- 1 bouquet garni
- 10 grains de poivre
- 1 petit chou
- 500 g de pommes de terre
- 1 saucisson à l'ail à cuire
- 300 g de lentilles vertes du Berry
- 1 branche de céleri
- gros sel
- sel fin

---

1 Lavez les viandes à grande eau. Mettez-les dans une marmite et recouvrez-les d'eau froide. Portez à ébullition, écumez à fond. Couvrez et laissez cuire à petits bouillons. Épluchez les légumes, ficelez les poireaux en botte.

2 Après 1 h 30 de mijotage, ajoutez les poireaux, les carottes, les navets, les oignons piqués de clous de girofle, les gousses d'ail, le bouquet garni et le poivre. Poursuivez la cuisson pendant 45 minutes et ajoutez le chou, les pommes de terre et le saucisson piqué avec une fourchette pour éviter qu'il éclate à la cuisson. Laissez mijoter encore 30 minutes.

3 Pendant ce temps, vérifiez que les lentilles ont été bien triées, passez-les sous l'eau froide. Placez-les dans une casserole à fond épais avec le céleri et recouvrez largement d'eau froide. Salez et poivrez.

4 Faites partir la cuisson à très petit feu. L'eau doit rester frissonnante et surtout ne jamais bouillir à gros bouillons, sous peine de faire éclater la peau des lentilles vertes qui est particulièrement fragile. En principe, les lentilles sont cuites au bout de 40 minutes environ.

5 Dressez les viandes, les légumes et les lentilles dans un plat chauffé au préalable. Servez en même temps le bouillon dégraissé dans des tasses.

GIGOT
de sept heures

POUR 6 PERSONNES

* * *

PRÉPARATION : **1 H** - CUISSON : **7 H**

- 1 gigot de 2,5 à 3 kg
- 300 g de lard gras
- 10 cl d'huile
- 300 g de couenne
- 3 carottes
- 1 tête et 6 gousses d'ail
- 1 ou 2 feuilles de laurier
- 3 branches de thym
- 10 cl de cognac
- 50 cl d'eau
- 2 cuill. à soupe de concentré de tomate
- 2 cuill. à café de fond de veau en poudre
- un peu de vin blanc sec

1 Demandez à votre boucher de désosser le gigot en laissant uniquement l'os du manche et de le larder avec le lard gras. Préchauffez le four à 150 °C (th. 5).

2 Dans une cocotte, faites revenir le gigot sur toutes ses faces dans un peu d'huile. Retirez-le. Faites blondir les carottes coupées en rondelles. Enlevez-les et tapissez le fond de la cocotte avec les morceaux de couenne.

3 Placez le gigot, puis ajoutez les carottes, le laurier, le thym, la tête d'ail non épluchée et coupée en deux, les gousses d'ail non épluchées, le cognac, le concentré de tomate et l'eau dans laquelle vous aurez dissous le fond de veau. Salez, poivrez. Fermez hermétiquement. Mettez de l'eau dans le couvercle de la cocotte s'il est creux. Sinon, versez 2 verres d'eau dans la lèchefrite.

4 Enfournez et laissez cuire pendant 7 heures. Vérifiez régulièrement qu'il reste du jus et, si besoin est, ajoutez du vin blanc en cours de cuisson.

Servez avec des haricots blancs ou tout simplement avec des pommes de terre cuites au four.

Le mouton berrichon du Cher

Le gigot braisé « à la sept heures », que l'on déguste à la cuillère, est une des spécialités culinaires berrichonnes. C'est dire l'importance du mouton dans cette région. Au cours des siècles derniers, la population ovine du Berry a été améliorée par des croisements successifs. Ainsi est née la race du mouton berrichon du Cher. Elle est destinée à une production d'agneaux de race pure (dont la viande est souvent classée « extra ») et à la production de béliers pour les croisements avec d'autres races. Les performances du berrichon du Cher lui ont permis de s'implanter avec succès à l'étranger, sous des latitudes et des climats très variés.

BŒUF *bourguignon*

POUR 6 PERSONNES

* * *

PRÉPARATION : **30 MIN** - MARINADE : **24 H** - CUISSON : **3 H ENVIRON**

- 1,5 kg de bœuf à braiser (macreuse, paleron)
- 2 cuill. à soupe d'huile
- 100 g de beurre
- 2 cuill. à soupe de farine
- 400 g de petits champignons de Paris
- 24 petits oignons grelots
- 200 g de lard maigre sans couenne
- croûtons frits
- sel et poivre

POUR LA MARINADE

- 1 gros oignon
- 2 ou 3 échalotes
- 2 cuill. à soupe d'huile
- 1 l de vin rouge
- 2 cuill. à soupe de marc de Bourgogne
- 1 bouquet garni
- 1 grosse cuill. à café de poivre concassé

---

1 La veille, préparez la marinade. Épluchez et émincez finement l'oignon et les échalotes. Coupez la viande en gros cubes et placez-la dans un récipient. Arrosez-la d'abord d'huile puis versez le vin et le marc. Ajoutez l'oignon et les échalotes, le bouquet garni et le poivre. Mélangez bien le tout. Couvrez le récipient et laissez mariner 24 heures au réfrigérateur.

2 Le jour même, égouttez la viande et épongez-la avec du papier absorbant. Passez la marinade au chinois et réservez-la.

3 Faites chauffer l'huile et 60 g de beurre dans une cocotte et mettez les morceaux de viande à dorer pendant 3 ou 4 minutes. Retournez-les plusieurs fois pour qu'ils soient saisis uniformément. Sortez-les avec une écumoire et réservez-les.

4 Jetez la matière grasse de la cocotte. Faites fondre 20 g de beurre dans la cocotte, puis mettez-y la viande et son jus. Saupoudrez de farine en retournant plusieurs fois les morceaux à feu vif.

5 Portez la marinade à ébullition et versez-la chaude dans la cocotte. Salez et poivrez. Couvrez et laissez cuire à petits frémissements pendant 2 h 30 ; goûtez et rectifiez l'assaisonnement à mi-cuisson.

6 Parez les champignons et épluchez les petits oignons.

7 En fin de cuisson de la viande, coupez le lard en petits dés et faites-le fondre doucement, dans une casserole, 7 ou 8 minutes. Retirez-le avec une écumoire et mettez les oignons

à la place. Faites-les cuire 10 minutes à feu très doux en couvrant, puis quelques instants à découvert pour les faire blondir légèrement. Réservez-les avec les lardons. Mettez les champignons et le reste de beurre dans la casserole et faites-les cuire 5 minutes à feu moyen. Ajoutez-les aux lardons et aux petits oignons.

8 Vérifiez la cuisson en piquant un petit couteau dans la viande. Quand celle-ci est bien tendre, retirez le bouquet garni. Mettez les oignons, les lardons et les champignons dans la sauce et poursuivez la cuisson pendant encore 30 minutes. Servez très chaud avec des pommes de terre vapeur persillées.

La race charolaise

On reconnaît la race charolaise à sa robe uniformément blanche ou crème. Son expansion vers toutes les régions de France et vers l'étranger commence à la fin du XIXe siècle. Très bon animal de boucherie par son aptitude à l'engraissement, le charolais eut beaucoup de succès auprès des bouchers parisiens. Dans cette perspective, il fut souvent croisé à la race de Durham, puis la préférence marquée pour la viande maigre ramena les éleveurs vers le charolais pur. Vendu et consommé aux différentes étapes de sa croissance, pesant entre 500 kg et 1 tonne, le charolais est soumis à un élevage de type traditionnel avec respect du cycle prairie-étable. Cette race bovine à viande est aujourd'hui largement implantée en France et dans quelque 70 autres pays. Toutes les semaines, au marché de Saint-Christophe-en-Brionnais (Saône-et-Loire), on peut en admirer des beaux spécimens.

La moutarde de Dijon

Le grain de sénevé est déjà mentionné dans la Bible, mais le mot « moutarde » indique l'ingrédient de base qui la composait autrefois en Bourgogne : le moût de raisin. Au fil des siècles, différentes recettes de moutarde se succédèrent, mélangeant les graines de moutarde, le verjus (suc acide extrait du raisin cueilli vert) ou le vinaigre. Aujourd'hui, l'appellation « moutarde de Dijon » désigne une moutarde forte, jaune clair, à pâte lisse, fabriquée à partir de graines noires ou brunes broyées, tamisées et malaxées avec du vinaigre et (ou) du vin blanc… que l'on trouve également aromatisée (cassis, herbes, épices…).

La crème de cassis

Cette liqueur très parfumée est obtenue par macération de grains de cassis dans de l'alcool, qui sera additionnée de sucre. Titrant de 16 à 18 % vol., la crème de cassis est la grande spécialité de Dijon et de la Côte-d'Or, où sa fabrication fut mise au point en 1841 par un certain Claude Joly. Elle entre dans la composition du « mêlé-cass » (un tiers de cassis, deux tiers d'eau-de-vie de vin) et dans celle de nombreux cocktails, tel le « cardinal », mélange de beaujolais rouge et de cassis. L'invention du kir a notablement augmenté sa production.

Les fromages de Bourgogne

La tradition du fromage de chèvre en Bourgogne remonte au XVIe siècle. Le charolais (AOC) est un petit cylindre de 5 cm de diamètre pour 8 cm de hauteur. Il est fabriqué au lait de chèvre et sa couleur varie de crème à gris bleuté. Il est produit et vendu depuis le printemps jusqu'à l'automne, dans de nombreuses fermes, en particulier autour de Charolles (Saône-et-Loire). Fabriqué selon une tradition familiale, l'époisses est un fromage AOC de vache, à pâte molle et à croûte lavée, produit dans une zone très limitée, répartie entre les départements de la Côte-d'Or, de l'Yonne et de la Haute-Marne. Il se présente sous la forme d'un disque d'une couleur allant de l'orange au rouge brique. Son goût est relevé et son odeur marquée. L'affinage, qui dure 4 semaines au moins, est accompagné d'un frottage avec une solution de marc de Bourgogne.

LES SAVEURS DE LA BOURGOGNE

LAPIN
à la moutarde

POUR 6 PERSONNES

* * *

PRÉPARATION : **20 MIN** - CUISSON : **40 MIN**

* 1 lapin de 1,5 kg environ
* 3 cuill. à soupe d'huile
* 6 cuill. à soupe de moutarde de Dijon à l'ancienne
* 10 cl de vin blanc
* 2 cuill. à soupe de feuilles de thym
* 6 cuill. à soupe de crème fraîche
* sel et poivre

---

1 Après avoir réservé le foie, coupez le lapin en morceaux. Faites-les revenir dans la poêle avec l'huile à feu vif, en les retournant plusieurs fois pour qu'ils soient uniformément dorés.

2 Préchauffez le four à 180 °C (th. 6). Au fur et à mesure qu'ils sont dorés, rangez les morceaux de lapin en les enduisant largement de moutarde dans une cocotte allant au four. Salez très légèrement (la moutarde le fait déjà), poivrez et poudrez de thym. Couvrez, enfournez et laissez cuire 30 minutes.

3 Sortez la cocotte du four. Retirez les morceaux de lapin, en récupérant toute la moutarde, et posez-les sur un plat. Mettez la cocotte à feu modéré, versez le vin blanc, faites cuire 1 ou 2 minutes, ajoutez la crème puis portez à ébullition en grattant bien le fond de la cocotte pour dissoudre les sucs dans la sauce. Goûtez et rectifiez l'assaisonnement.

4 Remettez les morceaux dans la cocotte, ajoutez le foie. Couvrez, enfournez à nouveau et poursuivez la cuisson pendant encore 10 minutes.

5 Disposez les morceaux de lapin dans un plat chaud, coupez le foie en tranches. Nappez de sauce et servez aussitôt.

Au moment d'ajouter le foie du lapin, vérifiez la consistance de la sauce : si elle vous semble trop liquide, découvrez la cocotte avant la fin de la cuisson pour qu'elle puisse épaissir un peu.

TRUITES
à la bourguignonne

POUR 4 PERSONNES

* * *

PRÉPARATION : **30 MIN** - CUISSON : **8 MIN ENVIRON**

- 200 g de petites carottes
- 200 g d'oignons
- 75 cl de bourgogne rouge
- 1 petit bouquet garni
- 1 pincée de gros sel
- 4 truites de 250 à 300 g chacune
- 60 g d'échalotes
- 90 g de beurre
- sel et poivre

---

1 Épluchez et émincez finement les carottes et les oignons. Mettez-les dans une casserole avec le vin, le bouquet garni et le gros sel. Portez à ébullition puis baissez le feu et laissez cuire 20 minutes.

2 Videz les truites par les ouïes et lavez-les. Rangez-les tête-bêche dans un plat à four largement beurré, couvrez-les à hauteur avec le court-bouillon au vin rouge. Enfournez et faites cuire 7 ou 8 minutes, en arrosant une fois avec le liquide de cuisson. Passez le reste du court-bouillon au chinois.

3 Épluchez et émincez finement les échalotes. Faites-les fondre doucement dans une petite casserole avec 20 g de beurre jusqu'à ce qu'elles soient transparentes. Mouillez avec le reste de court-bouillon et faites réduire d'un tiers à feu vif. En fouettant, incorporez le reste de beurre divisé en petits morceaux et rectifiez l'assaisonnement.

4 Présentez les truites sur un plat chaud, nappées de quelques cuillerées de sauce et servez le reste en saucière.

Initialement faite avec des truites fario, jadis nombreuses dans les rivières de Bourgogne, cette recette exige un poisson de qualité, à la chair pas trop fade, pour supporter la cuisson au vin rouge.

CRÉMETS d'Anjou

POUR 6 PERSONNES

* * *

PRÉPARATION : **15 MIN (8 H À L'AVANCE)**

- 6 blancs d'œufs
- 1 pincée de sel
- 50 cl de crème liquide bien froide
- 100 g de sucre en poudre, vanillé ou non
- 6 petits moules troués en forme de cœur (type moules à faisselle) ou, à défaut, 1 passoire
- 1 carré de gaze

---

1 Battez les blancs d'œufs en neige très ferme avec une pincée de sel.

2 Préparez une crème Chantilly. Versez la crème liquide dans un saladier plongé éventuellement dans un récipient rempli de glaçons. Fouettez-la énergiquement, ajoutez le sucre peu à peu.

3 Incorporez délicatement les blancs d'œufs à la chantilly.

4 Versez ce mélange dans les moules (ou dans la passoire) garnis de gaze. Laissez reposer au moins 8 heures au réfrigérateur pour que la préparation s'égoutte bien.

5 Démoulez les crémets et servez avec du sucre en poudre et des fruits rouges frais ou sous forme de coulis.

À l'origine, la recette comportait, à parts égales, fromage blanc et crème fraîche. Dans ce cas, fouettez ces deux ingrédients avant d'incorporer les blancs d'œufs battus.

SABLÉS
de Sablé-sur-Sarthe

POUR 50 SABLÉS

* * *

PRÉPARATION : **20 MIN** - REPOS DE LA PÂTE : **3 MIN** - CUISSON : **10 À 12 MIN PAR FOURNÉE**

- 200 g de beurre
- 100 g de sucre en poudre
- 4 jaunes d'œufs
- 1 pincée de sel fin
- 320 g de farine
- 1/2 tasse de lait

---

1 Sortez le beurre du réfrigérateur au moins 2 heures à l'avance. Dans un récipient, travaillez le beurre en pommade avec le sucre, 3 jaunes d'œufs et 1 pincée de sel. Incorporez alors la farine peu à peu, avec éventuellement un peu de lait, jusqu'à ce que la pâte soit souple sans être molle. Roulez-la en boule et laissez-la reposer 30 minutes au frais.

2 Préchauffez le four à 220 °C (th. 7-8). Beurrez la plaque du four. Étalez la pâte sur une surface farinée avec un rouleau à pâtisserie pour obtenir une grande feuille d'une épaisseur de 4 mm. À l'aide d'un emporte-pièce, découpez les sablés et déposez-les sur la plaque. Dorez avec le dernier jaune d'œuf battu dans 3 cuillerées à soupe de lait.

3 Mettez au four et faites cuire pendant 10 à 12 minutes, jusqu'à ce que les sablés soient juste dorés. Retirez-les du four et laissez-les refroidir sur une grille. Conservez-les dans une boîte hermétique.

Difficile de rivaliser avec les boulangers-pâtissiers de Sablé, qui excellent dans la fabrication de ces délicieux petits gâteaux secs ! Néanmoins, la recette est facile à réaliser. Sa réussite tient à la fois à la finesse du beurre et à la granulométrie du sucre.

PITHIVIERS

POUR 8 PERSONNES

* * *

PRÉPARATION : **1 H ENVIRON** - CUISSON : **45 MIN**

- 700 g de pâte feuilletée
- 250 g d'amandes en poudre
- 7 jaunes d'œufs
- 250 g de sucre en poudre
- 1 sachet de sucre vanillé
- 200 g de beurre
- 3 cuill. à soupe de rhum
- 1 œuf
- 1 cuill. à soupe de lait

---

1 Préparez la pâte feuilletée ou utilisez de la pâte feuilletée toute prête.

2 Confectionnez le fourrage : dans un saladier, mélangez la poudre d'amandes avec 6 jaunes d'œufs en remuant énergiquement. Incorporez ensuite le sucre en poudre et le sucre vanillé de façon à obtenir un mélange bien homogène. Ajoutez enfin le beurre ramolli et le rhum.

3 Préchauffez le four à 230 °C (th. 7-8). Divisez la pâte feuilletée en deux parts : l'une de 300 g, l'autre de 400 g. Étalez chacune d'elles en un disque de même diamètre.

4 Garnissez le disque le plus mince avec la crème aux amandes en laissant tout autour une marge de 1,5 cm. Badigeonnez le pourtour avec un pinceau trempé dans l'eau.

5 Posez ensuite le deuxième disque sur la crème et soudez soigneusement les bords. Avec la pointe d'un couteau, festonnez le tour du pithiviers en faisant de petites incisions et tracez des motifs en losanges ou en rosaces sur le dessus. Dorez ensuite avec un œuf battu dans le lait.

6 Enfournez le gâteau et laissez-le cuire 45 minutes. Lorsque la surface est bien dorée, baissez la température à 200 °C (th. 6-7). Servez tiède ou froid.

Il existe une autre spécialité de Pithiviers tout aussi savoureuse : le pithiviers fondant, un gâteau sans feuilletage, à base de pâte d'amandes, d'œufs, de beurre, de sucre, glacé sur le dessus et décoré de fruits confits.

SUD-OUEST ET MIDI PYRÉNÉEN

ENTRÉES

PLATS

DESSERTS

PÉRIGORD · GASCOGNE
QUERCY · PAYS BASQUE
PAYS TOULOUSAIN · AGENAIS

TOURTE PÉRIGOURDINE
à la truffe

POUR 6 PERSONNES

* * *

PRÉPARATION : **30 MIN** - REPOS DE LA PÂTE : **2 H** - CUISSON : **50 MIN**

- 40 g de truffe fraîche ou de brisures de truffe en conserve
- 40 cl de consommé ou de bouillon de volaille (ou de veau)
- 10 cl de madère
- 200 g de blanc de volaille ou de veau maigre
- 150 g de lard gras
- 1 jaune d'œuf pour la dorure
- sel et poivre

POUR LA PÂTE

- 250 g de farine
- 125 g de beurre
- 1 jaune d'œuf
- 3 cuill. à soupe d'eau froide
- 1 pincée de sel

---

1 Préparez la pâte. Tamisez la farine dans un saladier, creusez un puits au centre et mettez-y le beurre, le jaune d'œuf, l'eau et le sel. Pétrissez rapidement du bout des doigts jusqu'à l'obtention d'une pâte homogène. Roulez-la en boule, enveloppez-la dans un linge et laissez-la reposer pendant au moins 2 heures.

2 Lavez et brossez soigneusement la truffe. Coupez-la en lamelles.

3 Versez le consommé et le madère dans une petite casserole, portez à ébullition et faites réduire à feu vif pour ne conserver que le tiers du liquide.

4 Hachez finement la viande maigre et le lard gras, salez et poivrez légèrement puis mélangez bien pour obtenir une farce homogène.

5 Préchauffez le four à 200 °C (th. 6-7). Beurrez une tourtière à fond amovible de 28 cm de diamètre.

6 Étalez la pâte, conservez-en le tiers pour le couvercle de la tourte et garnissez le moule avec le reste. Étalez la moitié de la farce en couche régulière dans le fond puis répartissez les lamelles de truffe, salez et poivrez. Recouvrez avec le reste de farce et versez la sauce réduite. Posez la pâte restante, humidifiez légèrement les bords et soudez bien en pressant avec le bout des doigts.

7 Quadrillez la surface avec la pointe d'un couteau, dorez avec le jaune d'œuf battu et glissez un petit rouleau de carton dans un trou ménagé au centre, en guise de cheminée. Enfournez et laissez cuire environ 50 minutes. Démoulez et servez chaud.

À l'origine, les tourtes étaient faites en pâte brisée ou en pâte à pâté. Mais celle-ci sera également excellente avec de la pâte feuilletée.

Les truffes

Champignon souterrain, la truffe noire du Périgord *(Tuber melanosporum)* se développe en symbiose avec le système racinaire d'un arbre-hôte, le plus souvent un chêne. Elle apparaît dans les terrains bien exposés, sur des sols calcaires. La récolte dans les truffières se fait toujours avec un animal sensible à son parfum, un chien dressé, plus rarement un cochon. Pour naturaliser la production truffière, on plante des arbres « mycorhizés » (arbres dont on a préparé les racines à entrer en symbiose avec le champignon), mais cette culture reste encore hasardeuse. En Périgord comme en Quercy, ce « diamant noir » a ennobli la cuisine et inspiré quantité de recettes, des plus simples – l'omelette ou les œufs brouillés aux truffes – aux plus élaborées comme la tourte périgourdine ou le foie gras truffé.

TERRINE DE FOIE GRAS
mi-cuit

POUR UNE TERRINE DE 1 KG

* * *

PRÉPARATION : **15 MIN** - MARINADE : **12 H** - CUISSON : **40 MIN**

- 1 kg de foie gras de canard ou d'oie
- 16 g de sel
- 5 g de poivre blanc
- 2 g de quatre-épices
- 10 cl de porto blanc

---

1 Dénervez les lobes de foie gras. Mettez-les dans un plat, saupoudrez-les des deux côtés de sel, de poivre blanc, de quatre-épices et arrosez-les de porto. Laissez-les mariner 12 heures au réfrigérateur ; durant ce temps, retournez-les deux ou trois fois.

2 Préchauffez le four à 100 °C (th. 3-4). Déposez les lobes de foie dans une terrine en tassant bien, de façon qu'il ne reste aucune poche d'air. Mettez la terrine dans un plat à bords hauts et versez de l'eau bouillante jusqu'à mi-hauteur. Faites cuire au four pendant 40 minutes.

3 Sortez la terrine du four et laissez refroidir. Posez dessus une planchette et un poids de 250 g, puis mettez au réfrigérateur.

4 Retirez la planchette lorsque la graisse est figée. Mettez cette graisse dans une casserole ou dans le four chaud pour la faire fondre, puis coulez-la sur le dessus de la terrine.

5 Démoulez la terrine avant de la servir et coupez-la en tranches. Cette terrine peut se garder environ 15 jours au réfrigérateur.

On prévoit en général entre 12 et 16 g de sel par kilo de foie gras et entre 3 et 5 g de poivre. Vous pouvez remplacer le quatre-épices par de la muscade ou d'autres épices de votre choix, et le porto par des alcools comme le cognac, l'armagnac, un vin moelleux... Pour trancher le foie gras, sortez-le du réfrigérateur au moins 20 minutes avant de le déguster. Tranchez-le à l'aide d'une lyre ou d'un couteau à lame fine.

SALADE *landaise*

POUR 4 PERSONNES

* * *

PRÉPARATION : **20 MIN** - CUISSON : **3 MIN POUR LES GÉSIERS**

- 200 g de gésiers de canard fumé
- 2 cuill. à soupe de vinaigre de xérès
- 60 g de cerneaux de noix
- mesclun pour 4 personnes
- 4 tranches de foie gras de canard de 60 g chacune environ
- 20 tranches de magret de canard fumé

POUR LA VINAIGRETTE

- 1 cuill. à soupe de vinaigre de vin
- 1 cuill. à café de moutarde
- 3 cuill. à soupe d'huile de noix
- sel et poivre

---

1 Chauffez les gésiers de canard dans une casserole pour faire fondre la graisse. Égouttez-les et coupez-les en morceaux. Saisissez-les pendant 3 minutes dans une poêle pour les faire légèrement dorer. Versez le vinaigre de xérès dans la poêle et mélangez pour détacher les sucs de cuisson. Éteignez le feu et ajoutez les cerneaux de noix.

2 Préparez la vinaigrette. Mélangez le vinaigre avec la moutarde. Salez, poivrez, puis ajoutez l'huile de noix. Assaisonnez-en le mesclun.

3 Coupez les tranches de foie gras en morceaux. Répartissez le mesclun dans quatre assiettes, puis disposez dessus les tranches de magret, les morceaux de foie gras, les morceaux de gésiers et les noix. Servez aussitôt.

Vous pouvez ajouter quelques fruits secs dans la salade, des figues ou des abricots coupés en petits morceaux, par exemple.

ŒUFS
à la piperade

POUR 6 PERSONNES

* * *

PRÉPARATION : **15 MIN** - CUISSON : **1 H 30**

- 3 gros oignons
- 24 piments verts et doux de pays ou 6 poivrons
- 1,5 kg de tomates bien mûres
- 2 gousses d'ail
- 3 cuill. à soupe d'huile d'olive
- 6 œufs
- sel et poivre

---

1 Pelez et émincez les oignons. Lavez, essuyez et épépinez les piments, coupez-les en lanières. Pelez les tomates après les avoir ébouillantées pendant 1 minute, concassez-les. Épluchez l'ail et hachez-le.

2 Faites chauffer l'huile dans une cocotte, faites-y fondre les oignons pendant 5 minutes à feu doux, puis les piments et l'ail pendant 2 minutes. Ajoutez la chair des tomates et mélangez. Salez, poivrez. Faites évaporer, à grand feu, l'eau de végétation des tomates. Ensuite, baissez le feu, couvrez et laissez mijoter pendant 1 heure en remuant de temps à autre.

3 Battez les œufs en omelette, versez-les dans la cocotte en les mélangeant continuellement jusqu'à ce qu'ils prennent. Dégustez aussitôt.

Vous pouvez servir ce plat avec des tranches de jambon de Bayonne poêlées dans 2 cuillerées à soupe d'huile d'olive.

ENCHAUD *périgourdin*

POUR 4 À 6 PERSONNES

* * *

PRÉPARATION : **15 MIN** - REPOS : **12 H** - CUISSON : **2 H 30** - RÉFRIGÉRATION : **15 JOURS**

- 1 branchette de thym
- 1 feuille de laurier
- 1 kg de longe de porc désossée
- 3 gousses d'ail
- 500 g de saindoux
- 1 pied de porc
- sel et poivre

---

1 La veille, émiettez le thym et le laurier sur un linge. Roulez la viande dessus jusqu'à ce que ces aromates y soient bien collés.

2 Pelez les gousses d'ail et coupez-les en quatre dans le sens de la hauteur. Incisez la viande avec la pointe d'un petit couteau et glissez les morceaux d'ail dans chaque fente en les répartissant régulièrement. Puis, enveloppez la longe dans le linge et mettez-la au réfrigérateur pendant la nuit.

3 Le jour même, faites fondre le saindoux dans une grande cocotte. Mettez-y avec précaution la viande et le pied de porc. Couvrez et faites cuire à feu doux pendant 2 h 30. Retournez la viande toutes les demi-heures. Le rôti est cuit quand une aiguille à brider y entre facilement.

4 Égouttez la viande et déposez-la dans un bocal en verre. Réservez le pied de cochon pour une autre utilisation. Laissez la viande refroidir. Filtrez la graisse de cuisson et versez-la jusqu'à ce qu'elle recouvre l'enchaud. Fermez le pot hermétiquement.

5 Servez l'enchaud froid, coupé en tranches, après avoir enlevé la graisse. Accompagnez-le d'une salade verte à l'huile de noix et de croûtons frottés d'ail ou d'échalote.

Gardé au frais, le pot avec l'enchaud pourra être conservé pendant 15 jours.

MAGRETS DE CANARD
aux pêches fondantes

POUR 4 PERSONNES

* * *

PRÉPARATION : **20 MIN** - CUISSON : **25 À 30 MIN**

- 2 magrets de canard
- 8 pêches fraîches
- 30 g de beurre
- le jus de 1 orange
- le jus de 1/2 citron
- 25 g de sucre en poudre
- sel et poivre

---

1 Incisez les magrets de canard côté peau.

2 Portez de l'eau à ébullition dans une casserole. Plongez les pêches dans l'eau pendant 3 minutes pour les pocher. Égouttez les pêches, rafraîchissez-les sous l'eau froide, puis pelez-les. Coupez-les en deux et réservez.

3 Dans une poêle, faites fondre le beurre. Ajoutez les jus d'orange et de citron, les oreillons de pêches, et saupoudrez de sucre. Faites cuire 15 minutes sur feu doux en laissant les fruits caraméliser (ajoutez 1 cuillerée à soupe d'eau, si nécessaire).

4 Pendant ce temps, poêlez les magrets dans une autre poêle sans matière grasse pendant environ 5 minutes sur feu moyen, côté peau d'abord. Jetez la graisse rendue par les magrets et remettez à cuire encore 5 minutes de chaque côté. Salez et poivrez.

5 En attendant de les servir, maintenez-les au chaud dans du papier aluminium, puis dégustez aussitôt avec les pêches rôties.

Selon la saison, on pourra préparer les magrets avec d'autres fruits, frais ou en conserve.

CONFIT *sarladais*

POUR 6 PERSONNES

* * *

PRÉPARATION : **30 MIN** - REPOS : **12 H** - CUISSON : **3 H 30**

- 6 cuisses de canard gras
- 100 g de gros sel
- 500 g de graisse de canard
- 500 g de pommes de terre à chair ferme
- 3 gousses d'ail
- 1 bouquet de persil
- sel et poivre

---

1 La veille, frottez les cuisses de canard avec le sel . Laissez-les reposer au frais pendant 12 heures au moins.

2 Le jour même, sortez les cuisses du sel, rincez-les soigneusement et épongez-les avec du papier absorbant. Dansun faitout, faites fondre la graisse de canard à feu très doux.

3 Déposez les cuisses dans la graisse chaude et laissez cuire pendant 3 heures à feu très doux, en surveillant pour que la viande n'attache pas. La température de cuisson ne doit pas dépasser 80 °C.

4 Épluchez les pommes de terre (inutile de le faire si vous avez des pommes de terre nouvelles). Coupez-les en deux ou en quatre, selon leur taille. Lavez-les et épongez-les.

5 Prélevez 50 g de graisse qui a servi à cuire les cuisses. Mettez cette graisse dans une poêle bien chaude et faites-y cuire les pommes de terre pendant 30 minutes en les retournant souvent. Salez et poivrez.

6 Hachez le persil, pelez l'ail et pressez-le. Égouttez les cuisses. Placez-les dans une poêle antiadhésive chaude et faites-les cuire 5 minutes de chaque côté.

7 Parsemez les pommes de terre du hachis d'ail et de persil, puis mélangez délicatement. Servez aussitôt avec les cuisses confites.

Vous pouvez conserver le confit dans sa graisse de 15 jours à 3 semaines.

Le foie gras

Si, en Aquitaine, l'élevage des oies et des canards se pratiquait dès le Moyen Âge, la technique du gavage et le commerce du foie gras dans cette région ne remontent qu'au XIXe siècle. Emblème de la gastronomie française et élément incontournable des repas de fêtes de fin d'année, le foie gras est aujourd'hui produit par milliers de tonnes dans le Sud-Ouest. Déveiné, paré et assaisonné, le foie d'oie, ou de canard, est cuit et mis en conserve selon différents procédés. La dénomination « foie gras » est réservée aux produits qui ne contiennent que du foie : foies gras entiers et blocs de foie gras. En cuisine, le foie gras peut être préparé en escalopes, sauté comme du foie de veau, et servi chaud. Le foie gras « mi-cuit », en terrine, assaisonné d'épices, d'alcool ou simplement de sel et de poivre, est cuit au bain-marie.

La noix du Périgord

Depuis des siècles, la noix fait partie de l'économie agricole du Périgord et du Bergeracois. Utilisées avant tout pour l'huile, les multiples variétés locales laissèrent place à d'autres, comme la franquette, mieux adaptées au commerce des noix en coque. Aujourd'hui, la Dordogne, le Lot et la Corrèze assurent une grande part de la production nationale. La noix fraîche est vendue au moment de la récolte, en automne. La noix séchée arrive plus tard sur le marché. Les cerneaux sont utilisés en pâtisserie, en confiserie et en fromagerie. Depuis 2002, la noix du Périgord bénéficie d'une AOC.

Les volailles grasses

Le gavage des oies et des canards, activité traditionnelle des fermiers du Sud-Ouest, s'est aujourd'hui profondément développé et modernisé. On transforme et commercialise les volailles grasses sous forme de foies gras, de confits ou de magrets. L'oie grise du Sud-Ouest, après gavage, pèse entre 8 et 10 kg. Plus facile et plus rapide à élever, le canard gras représente la majorité de la production. On engraisse le canard de Barbarie, mais surtout le canard mulard, croisement entre la cane commune et le canard de Barbarie. Il pèse, après gavage, de 4 à 6 kg. Qu'il s'agisse d'oie ou de canard, les méthodes sont similaires. À l'âge de trois mois environ, les volailles sont immobilisées dans un espace restreint et gavées, pendant une quinzaine de jours.

LES SAVEURS, DU PÉRIGORD

POULE AU POT
béarnaise

POUR 8 PERSONNES

* * *

PRÉPARATION : **30 MIN** - CUISSON : **1 H 30 À 2 H**

- 1 poule de 3 kg environ avec foie, cœur et gésier
- 200 g de mie de pain rassise
- 2 oignons
- 1 gousse d'ail
- 1/2 botte de persil plat
- 200 g de jambon de Bayonne
- 2 œufs
- 8 carottes
- 4 navets
- 4 poireaux
- 1 petit chou vert frisé
- 1 branche de céleri
- 2 clous de girofle
- 1 bouquet garni
- pain de campagne rassis
- sel et poivre

---

1 Videz la volaille. Émiettez la mie de pain. Épluchez les oignons et l'ail, effeuillez le persil.

2 Hachez le jambon, 1 oignon, l'ail, le persil, le foie, le cœur et le gésier de la volaille puis ajoutez la mie de pain, les œufs, du sel et du poivre, et malaxez bien le tout. Placez cette farce à l'intérieur de la poule et recousez bien l'ouverture.

3 Mettez la poule dans un grand faitout et recouvrez-la d'eau froide. Portez à ébullition, écumez plusieurs fois. Salez, couvrez à demi, baissez le feu et laissez cuire 30 minutes à petits frémissements.

4 Épluchez et lavez les légumes. Coupez-les ; piquez l'oignon avec les clous de girofle. Mettez-les dans le faitout, avec quelques grains de poivre et le bouquet garni.

5 Continuez la cuisson de la poule encore 1 heure à 1 h 30, jusqu'à ce que les chairs soient tendres.

6 Faites dorer quelques tranches de pain au four ou au toaster puis disposez-les au fond d'une soupière.

7 Sortez la poule et dressez-la dans un plat. Égouttez les légumes, mettez-les dans un plat à part ou entourez-en la volaille. Passez le bouillon sur les tranches de pain. Après avoir présenté la volaille à vos convives, découpez-la, coupez la carcasse, extrayez la farce et tranchez-la. Servez bien chaud.

Vous pouvez ajouter un petit chou et des rutabagas. La poule au pot se sert telle quelle ou accompagnée de cornichons ou de sauce gribiche.

DAUBE
de cèpes

POUR 6 À 8 PERSONNES

* * *

PRÉPARATION : **1 H** - CUISSON : **1 H**

- 2 kg de cèpes bien fermes
- 10 gousses d'ail
- 3 échalotes
- 1 brin de persil
- 2 tranches de jambon
- 2 tranches de ventrèche maigre
- 3 cuill. à soupe de graisse d'oie ou de canard ou d'huile
- 25 cl d'eau ou de bouillon
- 20 cl de vin blanc sec
- sel et poivre

---

1 Nettoyez bien les cèpes avec un linge ou du papier absorbant, sans les laver. Séparez les queues et hachez-les. Épluchez et hachez l'ail, les échalotes et le persil. Hachez le jambon et la ventrèche.

2 Dans une poêle, faites revenir les têtes des cèpes avec la moitié de la graisse bien chaude (ou de l'huile). Égouttez-les, réservez-les puis, dans la même poêle, faites revenir à feu doux le hachis d'ail, échalotes, jambon, ventrèche pendant une vingtaine de minutes.

3 Dans une autre poêle, faites revenir aussi les queues des cèpes hachées pendant 15 à 20 minutes. Puis réunissez les deux cuissons et faites-les mitonner, à couvert, pendant une vingtaine de minutes.

4 Dans une cocotte (si possible en terre), mettez les têtes de cèpes et le contenu de la poêle. Ajoutez l'eau (ou le bouillon) et le vin blanc. Couvrez et laissez mijoter à feu très doux pendant 1 heure. Plus la daube est mitonnée, meilleure elle est.

Cette daube peut accompagner un confit ou une grillade, ou être dégustée seule.

GARBURE

POUR 8 PERSONNES

* * *

TREMPAGE : **12 H** - PRÉPARATION : **40 MIN** - CUISSON : **2 H ENVIRON**

- 1 talon de jambon de Bayonne
- 300 g de haricots blancs secs
- 200 g de fèves fraîches ou surgelées
- 500 g de pommes de terre
- 2 carottes
- 2 navets
- 2 échalotes
- 3 gousses d'ail
- 2 blancs de poireau
- 1 branche de céleri
- 1/4 de chou vert
- 2 saucisses de Toulouse
- 3 cuisses de canard confit
- 1 bouquet garni
- 2 l de bouillon de volaille
- 20 cl de vin blanc sec
- 6 à 8 tranches de pain de campagne
- 1 cuill. à soupe de persil haché
- sel et poivre

1 La veille, mettez le jambon à tremper dans de l'eau froide avec les haricots pendant une nuit.

2 Le jour même, plongez le jambon dans de l'eau bouillante pendant 10 minutes. Écossez les fèves puis retirez la peau blanche qui entoure chaque graine. Si vous les employez surgelées, faites-les décongeler.

3 Épluchez les pommes de terre, les carottes et les navets ; coupez-les en petits morceaux. Pelez et hachez les échalotes et 2 gousses d'ail. Émincez finement les blancs de poireau et le céleri. Détaillez en lanières les feuilles de chou.

4 Préchauffez le four à 220 °C (th. 7-8). Mettez les saucisses et le confit de canard dans un plat à rôtir et faites-les dorer au four pendant 15 minutes. Égouttez-les, dégraissez-les et coupez-les en gros morceaux. Réservez-les.

5 Mettez le jambon, les haricots et le bouquet garni dans une marmite. Versez le bouillon de volaille (ou de l'eau), portez à ébullition et faites cuire pendant 45 minutes.

6 Déglacez le plat à rôtir avec le vin blanc sec, puis versez ce jus dans la marmite.

7 Dans une sauteuse, faites revenir échalotes, carottes, navets, poireaux et céleri avec un peu de graisse de confit, 5 minutes. Salez, poivrez puis mettez le tout dans la marmite et laissez mijoter 30 minutes.

8 Faites blanchir le chou en le plongeant 5 à 8 minutes dans de l'eau bouillante salée, sans couvrir. Ajoutez-le dans la marmite ainsi que les pommes de terre. Laissez mijoter 30 minutes. Ajoutez les fèves et faites cuire 5 minutes. Salez, poivrez et ôtez le bouquet garni.

9 Frottez les tranches de pain préalablement grillées avec l'ail.

10 Découpez le talon de jambon en tranches de 1 cm d'épaisseur et mettez-les dans la soupière avec les morceaux de saucisse et de confit. Versez par-dessus le bouillon très chaud et ses légumes, parsemez de persil haché, portez à ébullition et rectifiez l'assaisonnement en donnant quelques tours de moulin à poivre. Servez bien chaud, avec les croûtons à l'ail.

Le nom de cette célèbre soupe de légumes viendrait de garbe, « gerbe », car c'est une « gerbe de légumes ». Elle constitue un plat complet à elle seule.

CASSOULET
de Toulouse

POUR 6 PERSONNES

* * *

TREMPAGE DES HARICOTS : **6 À 12 H** - PRÉPARATION : **40 MIN** - CUISSON : **2 H 45 ENVIRON**

- 800 g de haricots blancs secs (lingots)
- 250 g de couenne de porc
- 500 g d'épaule ou de collet de mouton ou d'agneau (facultatif)
- 3 oignons
- 11 gousses d'ail
- 200 g de graisse d'oie
- 25 cl de bouillon de volaille
- 300 g de longe ou d'échine de porc
- 250 g de travers de porc
- 150 g de jambon cru de pays
- 2 carottes
- 1 bouquet garni
- noix de muscade
- 400 g de confit d'oie ou de canard
- 250 g de saucisse de Toulouse
- sel et poivre

---

1 Faites tremper les haricots pendant 6 heures au moins dans un récipient d'eau froide, en changeant l'eau plusieurs fois. Dans un autre récipient, faites tremper la couenne.

2 Coupez l'agneau en morceaux. Épluchez et coupez 2 oignons en rondelles, épluchez l'ail. Mettez 50 g de graisse d'oie à chauffer dans une cocotte, et faites bien rissoler l'agneau, puis les oignons et 4 gousses d'ail. Salez, poivrez et versez le bouillon. Couvrez la cocotte et laissez mijoter pendant 40 minutes.

3 Égouttez la couenne, émincez-la en petites lanières. Ébouillantez-la pendant 10 minutes puis égouttez. Détaillez la viande de porc en gros cubes et le jambon en dés. Épluchez et émincez les carottes et l'oignon restant.

4 Dans une cocotte, faites chauffer 50 g de graisse d'oie et faites tout revenir pendant 10 minutes. Salez et poivrez. Égouttez les haricots et ajoutez-les ainsi que la couenne, 6 gousses d'ail et le bouquet garni. Râpez un peu de muscade. Faites chauffer de l'eau et recouvrez-en les haricots (3 cm au-dessus environ). Couvrez et laissez cuire à petits frémissements, en écumant souvent, pendant 45 à 50 minutes.

5 Ajoutez éventuellement l'agneau et mélangez doucement. Débarrassez le confit de sa graisse et mettez-le dans la cocotte. Couvrez et laissez cuire pendant 30 minutes.

6 Piquez la saucisse avec une fourchette. Faites chauffer 50 g de graisse d'oie dans une poêle et faites bien rissoler la saucisse, puis égouttez-la et coupez-la en six.

7 Préchauffez le four à 200 °C (th. 6-7). Frottez un plat en terre avec la dernière gousse d'ail. Avec une écumoire, prélevez des morceaux de viande et disposez-les dans le plat en une couche, puis recouvrez d'une couche de haricots et répétez l'opération jusqu'à ce qu'il ne reste plus rien dans la cocotte. Ajoutez les morceaux de saucisse en les enfonçant bien dans le plat. Passez le bouillon de cuisson et versez-en 2 louches bien pleines. Répandez le reste de graisse d'oie sur le plat. Enfournez et laissez cuire de 30 à 45 minutes. Servez brûlant.

Les cassoulets

C'est principalement le choix des viandes qui différencie les cassoulets. Celui de Castelnaudary ne comprend que du porc et, éventuellement, du confit d'oie. Dans celui de Carcassonne, on ajoute volontiers gigot de mouton et perdrix en période de chasse. Enfin, certains prônent la chapelure pour obtenir une belle croûte, d'autres considèrent cela comme une hérésie !

ESTOUFFAT DE BŒUF *toulousain*

POUR 6 PERSONNES

* * *

PRÉPARATION : **15 MIN** - CUISSON : **3 H**

* 5 morceaux de couenne
* 1,5 kg de collier ou de joue de bœuf
* 3 carottes
* 3 oignons
* 3 cuill. à soupe de graisse de porc
* 2 cuill. à soupe de farine
* 50 cl de vin rouge
* 1 bouquet garni
* sel et poivre

---

1 Tapissez le fond d'une cocotte avec la couenne. Coupez la viande en gros cubes. Épluchez les carottes et les oignons et coupez-les en rondelles.

2 Dans une poêle, faites chauffer 2 cuillerées de graisse et faites dorer légèrement les morceaux de bœuf ; salez un peu. Égouttez-les et disposez- les dans la cocotte.

3 Mettez à chauffer le reste de graisse dans la poêle. Quand elle est bien chaude, faites dorer les carottes et les oignons, puis saupoudrez-les de farine et remuez bien. Salez. Versez alors le vin et portez à ébullition en remuant.

4 Versez le contenu de la poêle dans la cocotte, ajoutez le bouquet garni. Rectifiez l'assaisonnement. Dès que l'ébullition commence, baissez le feu. Posez une feuille de papier sulfurisé ou d'aluminium avant de mettre le couvercle pour que la cuisson se fasse de façon hermétique. Laissez cuire tout doucement pendant 3 heures.

On ajoute parfois à l'estouffat quelques tomates fraîches coupées en deux. Ce plat se prépare aussi avec des haricots blancs et de la saucisse de Toulouse cuite à la poêle. Faites tremper les haricots la veille. Laissez-les dans un bouillon, puis mettez-les avec la saucisse dans l'estouffat et prolongez la cuisson de 30 minutes.

Le bœuf de Chalosse

La Chalosse est un petit pays au sud des Landes. Le bœuf de Chalosse, jadis excellente bête de trait, fêtée au carnaval, est aujourd'hui reconnu pour la qualité de sa viande. Sous cette appellation, sont regroupées plusieurs races de bœufs : la limousine, la blonde d'Aquitaine et les croisements de ces dernières. Les animaux sont élevés en pâturage puis engraissés grâce à une alimentation à base de farine de maïs et de foin. La viande de bœuf de Chalosse, bien persillée, se prête à toutes les préparations.

L'ail rose de Lautrec

L'ail rose de Lautrec est réputé pour sa saveur marquée et pour la conservation exceptionnelle de ses bulbes séchés. Un marché spécialisé se tient dans ce village, chaque vendredi, de fin juillet à fin mars. Très prisé dans le Sud-Ouest, l'ail se prête à de nombreux usages : entier, pour accompagner viandes et poissons ; pilé au mortier dans les sauces et l'aïoli ; finement haché, dans les salades ; frotté sur des croûtons de pain huilés ou encore dans « l'aigu bushido », soupe à l'ail.

Le pruneaux d'Agen

C'est la prune d'ente, à la chair dorée qui, une fois séchée, devient du pruneau. Il faut entre 3 kg et 3,5 kg de prunes pour produire 1 kg de pruneaux. Autrefois, les prunes séchaient simplement au soleil. Aujourd'hui, elles sont déshydratées dans un tunnel de séchage, à l'air chaud, ce qui préserve le fruit et favorise la qualité gustative du pruneau. Si l'on parle du pruneau « d'Agen », alors que sa terre d'élection se situe autour de Villeneuve-sur-Lot, c'est parce que les prunes d'ente, appréciées des Anglais, partaient autrefois vers Londres via Bordeaux en descendant la Garonne depuis le port d'Agen. Les Britanniques auraient ainsi donné au fruit le nom du port de départ.

ES SAVEURS DES LANDES,
DU TARN ET DU LOT

GIGOT D'AGNEAU
à la couronne d'ail

POUR 8 PERSONNES

* * *

PRÉPARATION : **30 MIN** - CUISSON : **45 MIN**

- 300 g de gousses d'ail
- 4 filets d'anchois à l'huile
- gigot d'agneau ou de mouton raccourci de 1,8 à 2 kg
- 1 cuill. à soupe d'huile
- 10 cl de bouillon de bœuf
- sel et poivre

---

1 Épluchez 6 gousses d'ail. Coupez-les en lamelles. Rincez les filets d'anchois sous le robinet et coupez-les en morceaux.

2 Préchauffez le four à 250 °C (th. 8-9). Avec la pointe d'un couteau, faites des incisions dans le gigot et introduisez les lamelles d'ail et les morceaux d'anchois. À l'aide d'un pinceau, badigeonnez le gigot d'huile. Salez et poivrez. Mettez le gigot dans la lèchefrite. Enfournez et laissez cuire pendant 15 minutes.

3 Baissez la température du four à 200 °C (th. 6-7). Versez alors 10 cl d'eau dans la lèchefrite, retournez le gigot et laissez-le cuire encore 20 à 25 minutes. Éteignez le four, couvrez le gigot avec une feuille d'aluminium et laissez-le reposer pendant 10 minutes.

4 Pendant ce temps, faites cuire les autres gousses d'ail non épluchées dans de l'eau bouillante, pendant 15 minutes. Mettez-les dans une passoire et rincez-les à l'eau froide.

5 Déposez le gigot dans le plat de service. Versez le jus de la lèchefrite dans une casserole, ajoutez le bouillon et les gousses d'ail. Faites réduire d'un tiers environ, à feu bien vif. Découpez la viande, versez le contenu de la casserole dans le plat et disposez les gousses d'ail autour des tranches de gigot.

Ce gigot s'accompagne de pommes de terre sautées et d'une bonne salade de pissenlit ou bien d'une purée de fèves ou de haricots.

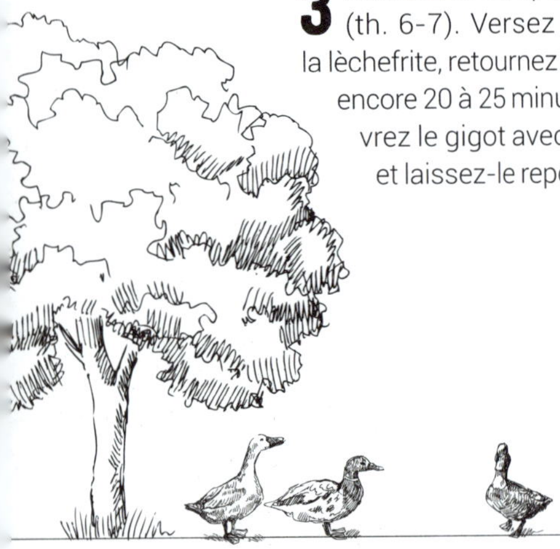

FRICANDEAUX

POUR 6 FRICANDEAUX

* * *

PRÉPARATION : **30 MIN** - CUISSON : **50 MIN**

- 1 grande crépine
- 400 g de viande de porc maigre (échine ou filet)
- 350 g de gorge de porc
- 300 de foie de porc
- 1 œuf
- 3 cuill. à soupe de cognac ou d'armagnac
- 1 grosse pincée de quatre-épices
- 3 petites feuilles de laurier
- sel et poivre

---

1 Mettez la crépine à tremper dans un récipient d'eau froide fréquemment renouvelée. Égouttez-la et épongez-la avec soin.

2 Hachez grossièrement les viandes. Mettez-les dans un saladier avec l'œuf, le cognac et le quatre-épices. Salez, poivrez et mélangez bien pour que l'ensemble soit parfaitement homogène.

3 Préchauffez le four à 180 °C (th. 6) et huilez légèrement la plaque. Étalez la crépine sur le plan de travail et découpez-y 6 carrés d'environ 18 cm de côté. Partagez la farce en six et façonnez à la main des boules de la taille d'une orange. Posez une demi-feuille de laurier à la surface et enveloppez chacune d'elles dans un morceau de crépine.

4 Rangez les fricandeaux sur la plaque, enfournez et faites cuire environ 50 minutes. Laissez bien refroidir dans le four entrouvert avant de mettre dans le réfrigérateur. Dégustez froid avec du pain de campagne.

Il est important de ne pas hacher trop finement les viandes pour conserver aux fricandeaux leur caractère rustique. N'utilisez qu'un hachoir à grosse grille ou, mieux encore, coupez une partie au couteau.

ACHOA
d'Espelette

POUR 4 PERSONNES

* * *

PRÉPARATION : **30 MIN** - CUISSON : **1 H**

- 1 gros oignon
- 2 gousses d'ail
- 12 piments verts et doux de pays ou 3 poivrons
- 1 kg d'épaule de veau
- 100 g de jambon de Bayonne avec du gras
- 1 bouquet garni
- 15 cl de bouillon
- 1 ou 2 pincées de piment d'Espelette
- sel

---

1 Pelez et hachez l'oignon. Écrasez grossièrement l'ail pelé. Lavez, essuyez et épépinez les piments, coupez-les en lanières.

2 Coupez la viande en petits cubes. Faites fondre le gras de jambon (s'il n'y en a pas suffisamment, ajoutez un petit morceau de lard gras) dans une sauteuse. Mettez à dorer la viande et le jambon coupé en petits dés. Ajoutez l'oignon haché puis les piments doux. Faites revenir pendant 7 ou 8 minutes en remuant régulièrement. Ajoutez l'ail écrasé et le bouquet garni. Salez.

3 Mouillez avec le bouillon et laissez mijoter à couvert pendant 45 minutes. Une dizaine de minutes avant la fin de la cuisson, ajoutez le piment d'Espelette et retirez le couvercle pour faciliter la réduction.

Ce plat s'accompagne généralement de pommes de terre sautées.

Le jambon de Bayonne

C'est Henri de Navarre, le futur Henri IV, qui fit connaître le jambon basque à Paris. Les porcs étaient alors élevés en troupeaux dans les forêts de chênes ou de hêtres. Aujourd'hui, le jambon de Bayonne, produit dans tout le Sud-Ouest, est toujours doucement salé au sel gemme du bassin de l'Adour. Le jambon est d'abord massé, puis maturé pendant 2 mois, graissé et séché de 7 à 12 mois, ce qui lui confère son moelleux caractéristique.

PIMENTS « PIQUILLOS » *farcis à la morue*

POUR 6 PERSONNES

* * *

PRÉPARATION : **45 MIN** - DESSALAGE DE LA MORUE : **12 H**
CUISSON : **10 MIN ENVIRON (+ 10 MIN POUR LES POIVRONS)**

- 1 kg de morue
- 2 gros oignons
- 1 gousse d'ail
- 24 piments piquillos (ou 6 poivrons rouges)
- 2 cuill. à soupe d'huile d'olive
- 1 pincée de piment d'Espelette
- 20 cl de coulis de tomates
- sel

---

1 La veille, coupez la morue en gros morceaux. Faites-la dessaler pendant 12 heures dans un grand récipient d'eau froide, en changeant l'eau plusieurs fois.

2 Mettez la morue dans une marmite, recouvrez-la largement d'eau froide. Démarrez la cuisson à feu vif et, au premier frissonnement, éteignez le feu et couvrez. Laissez la morue encore 5 minutes dans son bouillon.

3 Égouttez la morue, débarrassez-la de sa peau et de ses arêtes, puis effeuillez-la.

4 Pelez et émincez les oignons. Écrasez l'ail au presse-ail après avoir ôté son germe. Équeutez les piquillos et enlevez les graines. Si vous utilisez des gros poivrons rouges, faites-les griller entiers sous le gril du four. Quand leur peau se boursoufle, sortez-les du four et enveloppez-les chacun dans du papier mouillé. Laissez refroidir, puis ôtez la peau.

5 Faites revenir doucement les oignons avec l'huile d'olive. Ajoutez la morue effeuillée, l'ail écrasé et la pincée de piment. Couvrez et laissez cuire à tout petit feu pendant 15 minutes. Versez ce mélange dans un plat creux et écrasez-le en purée à l'aide d'une fourchette. Salez (très modérément) si nécessaire.

6 Farcissez les piments (ou les poivrons) avec la purée de morue. Servez aussitôt avec le coulis de tomates tiède ou froid.

Au Pays basque, on utilise pour ce plat des piquillos, petits piments rouges en forme de cœur. Ils sont difficiles à trouver à l'état frais en dehors du Sud-Ouest, mais ils sont vendus en conserve dans les grandes surfaces ou dans les épiceries fines.

MARMITAKO

POUR 6 PERSONNES

* * *

PRÉPARATION : **30 MIN** - CUISSON : **45 MIN**

- 1 tranche de thon de 1 kg environ
- 30 petits piments verts doux ou 6 poivrons
- 2 gousses d'ail
- 2 gros oignons
- 1 kg de pommes de terre à chair ferme
- 80 g de gras de jambon ou de ventrèche
- 1 cuill. à café rase de piment d'Espelette
- 35 cl de vin blanc sec
- sel et poivre

---

1 Enlevez la peau et les arêtes du thon et détaillez-le en gros dés. Coupez les piments en deux. Émincez-les après avoir ôté les graines. Hachez l'ail et les oignons épluchés. Épluchez les pommes de terre, puis coupez-les en cubes

2 Dans une cocotte, mettez à fondre le gras de jambon (ou la ventrèche). Ajoutez l'ail et les oignons puis les piments verts et faites revenir. Retirez-les et mettez à leur place les cubes de thon. Remettez l'ail et les oignons, ajoutez les pommes de terre.

3 Salez et poivrez. Saupoudrez de piment d'Espelette et mouillez avec le vin blanc. Ajoutez de l'eau si nécessaire pour parvenir à hauteur. Couvrez et laissez mijoter 30 minutes. En fin de cuisson, faites réduire à grand feu, en remuant, si la sauce est trop aqueuse. Servez bien chaud.

Le porc noir du Pays basque

Ce porc à l'aspect particulier – tête et arrière-train noirs sur fond rose, oreilles tombantes sur le groin – peuplait autrefois une grande partie des forêts pyrénéennes et contribuait à la réputation du fameux jambon de Bayonne. Mais les déboisements successifs et la recherche de productivité menaient cette race vers la disparition. Grâce à un plan de sauvegarde, l'élevage du porc noir prit un nouvel essor, notamment dans la vallée des Aldudes (Pyrénées-Atlantiques). Ce porc vit exclusivement en plein air. Durant sa courte vie (15 à 18 mois), il passe deux hivers en forêt, où il se nourrit de faines, de châtaignes et de glands, puis il reçoit une alimentation complémentaire d'engraissement. Il entre dans la fabrication de la charcuterie traditionnelle : jambon de la vallée des Aldudes, ventrèche, boudin basque, etc.

La confiture de cerises d'Itxassou

La cerise d'Itxassou concerne trois variétés locales du Pays basque, la peloa, la plus précoce, la xapata et la beltxa, la plus tardive. Les producteurs, regroupés en GIE (groupement d'intérêt économique), ont relancé sa culture qui déclinait vers la fin des années 1980, en plantant de nouveaux cerisiers autour du village d'Itxassou. La confiture de cerises noires d'Itxassou est prisée pour enrichir le gâteau basque ou accompagner la tomme de brebis.

Le piment d'Espelette

Ce piment conique rouge, long de 7 à 14 cm, issu d'une seule variété, est produit dans dix communes des Pyrénées-Atlantiques. Il se présente sous trois formes : frais et entier, en corde (sorte de guirlande comportant 20, 30, 40 et jusqu'à 100 piments) ou en poudre. Depuis 2000, le piment d'Espelette est la seule épice française à bénéficier d'une AOC. Il possède sa fête annuelle (qui se tient le dernier week-end d'octobre), mais aussi sa confrérie.

LES SAVEURS DU PAYS BASQUE

CHIPIRONS *farcis à l'encre*

POUR 4 PERSONNES

* * *

PRÉPARATION : **40 MIN** - CUISSON : **45 MIN**

- 1 kg de chipirons (petits calamars)
- 3 cuill. à soupe d'huile d'olive
- 150 g de jambon de Bayonne
- 3 oignons
- 2 gousses d'ail
- 2 cuill. à soupe de persil haché
- 100 g de mie de pain
- 10 cl de lait
- 1 bouquet garni
- 1 l de fumet de poisson
- 1 ou 2 pincées de piment d'Espelette
- sel et poivre

---

1 Nettoyez les chipirons : séparez les têtes des corps, récupérez soigneusement les poches d'encre ; réservez celles-ci. Videz les tubes des chipirons, rincez-les bien sous l'eau courante en retirant délicatement la fine membrane extérieure. Ôtez les nageoires. Coupez les têtes, retirez les becs cornés en exerçant une légère pression des doigts. Hachez ensemble les nageoires, les têtes et les tentacules. Videz les poches d'encre dans un bol et réservez.

2 Préparez la farce : dans une poêle, chauffez 1 cuillerée à soupe d'huile et mettez à dorer le jambon coupé en tout petits dés, 1 oignon et 1 gousse d'ail hachés ainsi que le hachis de chipirons. Faites cuire pendant 7 ou 8 minutes en remuant régulièrement. Salez et poivrez, ajoutez le persil haché.

3 Humectez la mie de pain avec le lait. Pressez-la bien et incorporez-la au hachis, hors du feu. Remplissez le corps des chipirons de cette farce et fermez avec un petit bâtonnet en bois.

4 Préchauffez le four à 180 °C (th. 6). Dans une cocotte, faites dorer les chipirons farcis avec 2 cuillerées à soupe d'huile. Ajoutez 2 oignons hachés. Lorsqu'ils sont transparents ajoutez 1 gousse d'ail écrasée, le bouquet garni et le piment d'Espelette. Mouillez avec le fumet et l'encre. Couvrez le plus hermétiquement possible (versez de l'eau dans le couvercle, si possible), enfournez et faites cuire pendant 1 h 30.

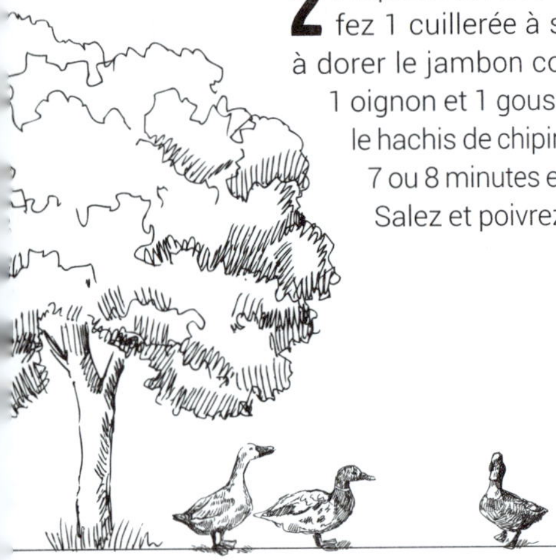

PASTIS *landais*

POUR 2 PASTIS

* * *

PRÉPARATION : **20 MIN** - REPOS : **7 H** - CUISSON : **45 MIN**

- 30 g de levure de boulanger fraîche
- 3 ou 4 cuill. à soupe de lait + pour badigeonner
- 175 g de beurre
- 5 œufs
- 200 g de sucre en poudre
- 1 pincée de sel
- 3 cuill. à soupe de rhum
- 500 à 750 g de farine
- 50 g de sucre en grains

---

1 Délayez la levure dans le lait tiède. Divisez 125 g de beurre en morceaux et faites-les ramollir.

2 Préchauffez le four à 180 °C (th. 6). Cassez les œufs dans un saladier, battez-les légèrement puis ajoutez le sucre, le sel, le rhum et le beurre. Mélangez bien, puis ajoutez la levure délayée. Mélangez à nouveau et ajoutez peu à peu de la farine en travaillant la pâte avec les mains jusqu'à ce qu'elle soit homogène et ne colle plus aux doigts.

3 Pétrissez cette pâte pendant 2 ou 3 minutes. Roulez-la en boule, mettez-la dans le saladier, couvrez et laissez-la monter pendant 6 heures en la pétrissant brièvement toutes les 2 heures pour la rompre.

4 Beurrez 2 moules à brioche avec le reste du beurre. Partagez la pâte en deux morceaux, déposez-les dans les moules et laissez lever encore de 30 minutes à 1 heure. La pâte doit atteindre le haut du moule. Badigeonnez de lait la surface des brioches à l'aide d'un pinceau et parsemez-les de sucre en grains.

5 Mettez au four pendant 45 minutes. Dégustez tiède ou froid.

Il existe deux sortes de pastis en Gascogne : le pastis landais, gâteau de pâte levée, et le pastis d'armagnac (ou pastis gascon), qui est une sorte de couronne feuilletée qui porte le nom de « croustade » ou de « tourtière » dans les Landes.

MILHASSOU
au potiron

POUR 8 PERSONNES

* * *

PRÉPARATION : **30 MIN** - CUISSON : **1 H**

- 500 g de chair de potiron
- 80 g de beurre
- 200 g de farine de maïs
- 150 g de sucre en poudre
- 5 œufs
- 50 cl de lait
- 5 cl de rhum
- extrait de vanille
- sel

---

1 Débarrassez le potiron des filandres et des graines et coupez-le en morceaux. Dans une casserole, mettez 20 cl d'eau et les morceaux de potiron, couvrez et faites cuire à feu doux jusqu'à ce qu'il s'écrase. Égouttez-le puis passez-le au moulin à légumes ou au mixeur. Faites ramollir le beurre.

2 Versez la purée de potiron dans un récipient. Ajoutez la farine de maïs. Quand elle est incorporée, versez le sucre, le beurre ramolli, puis les œufs un par un et 1 pincée de sel. Mélangez bien chaque fois. Mettez le lait peu à peu, puis le rhum et quelques gouttes d'extrait de vanille.

3 Préchauffez le four à 200 °C (th. 6-7). Beurrez une tourtière. Versez-y la pâte, enfournez et laissez cuire pendant 1 heure. Démoulez le gâteau avec précaution et servez-le tiède ou froid.

Nombreuses sont les façons de faire le milhassou (ou millassou). Il est plus ou moins sucré, différemment parfumé (armagnac, eau de fleur d'oranger, rhum, etc.) et confectionné parfois avec des pruneaux.

NAVETTES *tarnaises*

POUR 1 KG ENVIRON DE NAVETTES

* * *

PRÉPARATION : **30 MIN** - CUISSON : **10 À 15 MIN**

- 200 g d'amandes mondées
- 230 g de sucre en poudre
- 400 g de farine
- 200 g de beurre ramolli
- 2 œufs
- 5 cl de rhum

---

1 Dans un saladier ou, mieux encore, dans un mortier, pilez les amandes avec 50 g de sucre.

2 Versez la farine dans un récipient. Creusez une fontaine et ajoutez 150 g de sucre, le beurre, les œufs, le rhum et les amandes pilées, en mélangeant chaque fois que vous mettez un nouvel ingrédient. Travaillez la pâte jusqu'à ce qu'elle soit bien homogène et lisse.

3 Préchauffez le four à 180 °C (th. 6). Séparez la pâte en petites boules et, à la main, façonnez ces boules en navettes. Disposez-les sur la plaque du four recouverte d'un papier sulfurisé. Saupoudrez-les avec le reste du sucre. Enfournez et laissez cuire pendant 10 à 15 minutes, jusqu'à ce qu'elles soient bien dorées.

Ce petit sablé qui prend la forme d'une navette de tisserand est une spécialité de plusieurs villes du Midi, de Castelnaudary jusqu'à Marseille.

FLAUGNARDE *aux pruneaux*

POUR 6 À 8 PERSONNES

* * *

MACÉRATION : **3 À 12 H** - PRÉPARATION : **20 MIN** - CUISSON : **30 MIN**

- 8 à 12 pruneaux d'Agen
- 4 abricots secs
- 100 g de raisins secs
- 10 cl de rhum
- 4 œufs
- 100 g de sucre en poudre
- 100 g de farine
- 1 l de lait
- 40 g de beurre
- sel

---

1 Dénoyautez les pruneaux, coupez les abricots en petits morceaux. Mettez-les, avec les raisins secs, dans un bol, arrosez de rhum et laissez macérer pendant au moins 3 heures, 12 heures si possible.

2 Préchauffez le four à 220 °C (th. 7-8). Cassez les œufs dans un récipient, ajoutez le sucre et fouettez jusqu'à ce que le mélange soit bien mousseux. Incorporez la farine peu à peu puis 1 pincée de sel. Versez doucement le lait, toujours en remuant. Ajoutez le contenu du bol, fruits macérés et rhum, et mélangez jusqu'à obtenir un appareil bien homogène.

3 Beurrez un plat à gratin. Mettez-y la pâte. Lissez bien le dessus et parsemez avec le beurre restant en noisettes. Enfournez et laissez cuire 30 minutes. Servez la flaugnarde tiède dans le plat de cuisson.

On peut ne pas ajouter d'abricot sec et mettre seulement des pruneaux et des raisins secs. Un pruneau à l'armagnac accompagne bien cette flaugnarde.

GÂTEAU
basque

POUR 6 À 8 PERSONNES

* * *

PRÉPARATION : **30 MIN** - REPOS DE LA PÂTE : **1 H** - CUISSON : **45 MIN**

* 300 g de farine
* 150 g de sucre en poudre
* 1 pincée de sel
* 1/2 sachet de levure chimique
* 1 œuf entier
* 3 jaunes d'œufs
* 150 g de beurre ramolli
* 1 ou 2 cuill. à soupe de rhum
* 400 g de confiture de cerises noires d'Itxassou

---

1 Préparez la pâte. Dans un saladier, mélangez la farine, le sucre, le sel et la levure. Faites un puits, mettez-y l'œuf entier et 2 jaunes d'œufs, le beurre coupé en petits morceaux ainsi que le rhum. Commencez par amalgamer les ingrédients en partant du centre à l'aide d'une cuillère en bois, puis pétrissez la pâte à la main jusqu'à ce qu'elle soit homogène. Roulez-la en boule et laissez reposer 1 heure au frais.

2 Divisez la pâte en 2 portions inégales (deux tiers, un tiers). Beurrez généreusement un moule à manqué e 26 cm de diamètre. Étalez la plus grosse portion au fond de ce moule en faisant largement remonter la pâte sur les bords.

3 Préchauffez le four à 200 °C (th. 6-7). Répartissez confiture de cerises noires sur la pâte. Étalez le reste de pâte pour former le couvercle. Mettez-le en place et soudez les bords en les mouillant. Dorez la surface avec 1 jaune d'œuf battu dans 1 cuillerée de lait.

4 Enfournez le gâteau et laissez cuire 20 minutes, puis baissez la température à 180 °C (th. 6) et poursuivez la cuisson encore 20 minutes. Sortez le gâteau du four et laissez-le tiédir avant de le démouler. Servez tiède ou froid.

Le gâteau basque se fait aussi avec de la crème pâtissière à la place de la confiture de cerises noires.

MASSIF CENTRAL ET LYONNAIS

LIMOUSIN · AUVERGNE
BOURBONNAIS
VIVARAIS · LYONNAIS
ROUERGUE · AUBRAC · GÉVAUDAN

PÂTÉ
aux pommes de terre

POUR 6 À 8 PERSONNES

* * *

PRÉPARATION : **40 MIN** - REPOS DE LA PÂTE : **2 H** - CUISSON : **45 MIN**

POUR LA PÂTE

- 300 g de farine
- 150 g de beurre
- 1 pincée de sel
- 1 œuf
- 20 cl d'eau

POUR LA GARNITURE

- 800 g de pommes de terre à chair ferme
- 1 l de lait
- 2 oignons
- 150 g de poitrine fumée
- 1 cuill. à soupe de beurre
- 1 cuill. à soupe d'huile
- 2 cuill. à soupe de ciboulette et persil hachés
- 1 jaune d'œuf
- 2 cuill. à soupe de lait
- 20 cl de crème fraîche

---

1 Versez la farine dans une terrine. Faites un puits, mettez-y le beurre ramolli coupé en morceaux, le sel, l'œuf et l'eau. Travaillez l'ensemble du bout des doigts de façon à obtenir une pâte ferme. Façonnez cette dernière en boule et laissez-la reposer 2 heures.

2 Épluchez les pommes de terre, coupez-les en rondelles assez fines. Faites bouillir le lait dans une casserole. Hors du feu, plongez-y les pommes de terre. Laissez-les tremper 30 minutes environ. Pelez et émincez les oignons. Détaillez la poitrine fumée en lardons.

3 Faites dorer les lardons dans une poêle avec le beurre et l'huile, puis réservez-les. Mettez à la place les oignons, faites cuire sans les laisser colorer. Versez-les dans une terrine, ajoutez les fines herbes, les pommes de terre égouttées et les lardons. Salez un peu, poivrez et mélangez le tout.

4 Préchauffez le four à 200 °C (th. 6-7). Divisez la pâte en deux parts (1 tiers, 2 tiers). Faites-en deux abaisses de 2 mm d'épaisseur. Beurrez une tourtière à hauts bords et foncez-la avec la plus grande abaisse, en laissant dépasser la pâte de 3 cm sur le pourtour. Garnissez avec le mélange pommes de terre, oignons et lardons. Rabattez la pâte qui dépasse sur le pourtour et badigeonnez-la avec un pinceau trempé dans l'eau. Posez la seconde abaisse découpée au diamètre du moule. Appuyez délicatement sur les bords pour les souder. Dorez toute la surface avec un jaune d'œuf battu dans 2 cuillerées à soupe de lait. Faites un trou au centre et introduisez un petit morceau de carton roulé en cylindre pour former une cheminée.

5 Faites cuire le pâté 45 minutes. Surveillez la coloration et diminuez la température, si nécessaire. En fin de cuisson, versez la crème fraîche par la cheminée. Servez aussitôt.

SALADE
de lentilles vertes du Puy

POUR 6 PERSONNES

* * *

PRÉPARATION : **15 MIN** - CUISSON : **40 MIN**

- 1 gros oignon
- 50 g de jambon d'Auvergne
- 400 g de lentilles vertes du Puy
- 3 cuill. à soupe de graisse de canard ou de saindoux
- 1 bouquet garni
- 250 g de lard de poitrine fumé
- 3 échalotes
- 1 cuill. à soupe de moutarde
- 3 cuill. à soupe de vinaigre de vin
- 9 cuill. à soupe d'huile de noix
- sel et poivre

---

1 Pelez et émincez l'oignon. Coupez le jambon en petits dés.

2 Rincez les lentilles. Mettez-les dans une cocotte et couvrez-les d'eau froide. Portez à ébullition, puis égouttez-les aussitôt.

3 Dans la même cocotte, chauffez la graisse choisie à feu doux. Faites revenir les dés de jambon et l'oignon émincé. Ajoutez les lentilles, 2 fois leur volume d'eau (ou suivez les indications portées sur l'emballage) et le bouquet garni. Salez légèrement et poivrez. Portez au frémissement ; l'eau doit rester frissonnante et surtout ne jamais bouillir à gros bouillons. Lorsque les lentilles sont cuites, en principe au bout de 30 minutes, laissez-les tiédir dans le liquide de cuisson pendant une vingtaine de minutes.

4 Coupez le lard en petits dés. Faites-les dorer dans une poêle. Pelez et hachez les échalotes.

5 Dans un saladier, préparez une vinaigrette avec la moutarde, le vinaigre, le poivre et l'huile de noix. Versez-y les lentilles encore tièdes ainsi que les lardons et les échalotes. Remuez et servez aussitôt.

Cette salade sera plus diététique, mais néanmoins savoureuse, si vous faites cuire les lentilles simplement à l'eau, sans corps gras.

La lentille verte du Puy

Petite, bombée et très savoureuse, la lentille verte du Puy (AOC) fut toujours appréciée pour ses qualités gustatives et la finesse de sa peau. Son terroir s'étend sur une centaine de communes, dans le bassin volcanique du Puy-en-Velay. Cultivée sans irrigation, sans engrais azoté, phosphaté ou potassique, elle se déguste le plus souvent en salade tiède ou avec le petit salé.

CHOU *farci*

POUR 6 À 8 PERSONNES

* * *

PRÉPARATION : **45 MIN** - CUISSON : **2 H 30 ENVIRON**

- 1 gros chou vert
- 400 g de viande maigre cuite (veau, volaille ou bœuf)
- 150 g de jambon cru ou de poitrine demi-sel
- 400 g de petit salé cuit
- 1 gros oignon
- 2 gousses d'ail
- 100 g de vert de bettes
- 2 œufs
- 3 cuill. à soupe d'herbes ciselées en mélange (persil, ciboulette, basilic)
- 2 cuill. à soupe de graisse d'oie
- 1 grande barde de lard assez fine
- sel et poivre

---

1 Parez le chou : retirez les feuilles extérieures et coupez le trognon. Faites-le blanchir pendant 45 minutes dans une grande marmite d'eau bouillante légèrement salée. Égouttez-le bien, laissez un peu refroidir puis séparez les feuilles en les détachant l'une après l'autre de la tige.

2 Préparez la farce. Hachez finement la viande, le jambon et le petit salé. Épluchez et émincez finement l'oignon et l'ail. Hachez les feuilles de bettes au couteau. Mettez tous les ingrédients dans un saladier, ajoutez les œufs et les fines herbes. Salez, poivrez et mélangez bien.

3 Préchauffez le four à 160 °C (th. 5-6). Enduisez une cocotte de graisse d'oie et tapissez le fond de barde de lard. Étalez une couche de feuilles de chou puis une de farce et continuez de remplir la cocotte en alternant chou et farce. Terminez par une couche de chou, couvrez, enfournez et laissez cuire environ 2 h 30.

4 En fin de cuisson, le chou doit être compact et bien doré. Démoulez-le comme un gâteau sur un plat creux bien chaud et coupez-le en tranches. Servez-le chaud en l'accompagnant éventuellement d'un coulis de tomate.

Cette façon de préparer le chou farci, sans lui redonner sa forme initiale, est particulière à l'Auvergne. S'il vous en reste, réchauffez simplement les tranches froides à la poêle.

COUSINA
ou soupe de châtaignes

POUR 6 PERSONNES

* * *

PRÉPARATION : **40 MIN** AVEC DES MARRONS FRAIS, **15 MIN** AVEC DES MARRONS EN CONSERVE
CUISSON : **1 H AVEC** DES MARRONS FRAIS, **35 MIN** AVEC DES MARRONS EN CONSERVE

- 1 kg de marrons frais ou en conserve sous vide
- 7 ou 8 branches de céleri
- 1,5 l de bouillon de volaille
- noix muscade râpée
- 50 cl de crème fraîche
- sel et poivre

---

1 Si vous utilisez des marrons frais, épluchez-les et faites-les cuire : pratiquez une petite incision dans l'écorce avec un couteau bien tranchant, en ayant soin de ne pas entamer la pellicule du dessous.

2 Plongez-les dans de l'eau bouillante pendant 5 minutes. Retirez-les au fur et à mesure afin de les éplucher à chaud. Les deux enveloppes, écorce et pellicule, s'enlèvent alors aisément. Mettez-les à nouveau dans une casserole. Recouvrez-les d'eau. Portez à ébullition et laissez cuire pendant 25 minutes, puis égouttez-les.

3 Réservez une douzaine de marrons. Passez le reste au mixeur ou au moulin à légumes. Dans un faitout, versez la purée obtenue, les feuilles de céleri hachées et le bouillon de volaille. Mélangez bien et faites mijoter pendant 30 minutes. Salez, poivrez et ajoutez la muscade.

4 En fin de cuisson, vous devez obtenir un potage épais. Incorporez alors la crème fraîche. Rectifiez l'assaisonnement. Donnez un bouillon, puis mettez les marrons entiers. Laissez cuire encore 1 ou 2 minutes. Versez le potage dans une soupière et servez aussitôt.

On confond souvent marron et châtaigne. Tous deux sont issus du châtaignier, mais la châtaigne comporte deux fruits jumeaux dans la même bogue, alors que le marron n'en a qu'un seul.

La châtaigne et la crème de marron

Le châtaignier est connu dans l'Ardèche depuis plus d'un millénaire. Parce que son fruit était la base de la nourriture paysanne, on l'a appelé « l'arbre à pain » ; quand Jules César entreprit la conquête de la Gaule en 58 avant J.-C., il comprit vite qu'il suffisait de brûler les châtaigniers pour affamer les populations. Durant des siècles, la châtaigne a constitué la nourriture de base du paysan ardéchois et de ses animaux. Elle porte aujourd'hui une AOC et une AOP. Elle a donné aussi naissance à des délices fort appréciés de nos jours, tels les marrons glacés ou la crème de marrons. Si les marrons glacés existaient depuis le XVIIe siècle, c'est seulement au XIXe que leur production est devenue industrielle grâce à Clément Faugier, ingénieur des Ponts et Chaussées, qui en imagina le processus de fabrication.

CRIQUES *ardéchoises*

POUR 4 PERSONNES

* * *

PRÉPARATION : **15 MIN** - CUISSON : **20 MIN PAR CRIQUE**

- 2 gousses d'ail
- 4 grosses pommes de terre
- 4 œufs
- 4 cuill. à soupe de crème fraîche
- 3 cuill. à soupe de persil haché
- 120 g de beurre
- sel et poivre

---

1 Pelez l'ail, hachez-le. Épluchez les pommes de terre et râpez-les à la main au-dessus d'un saladier.

2 Battez les œufs et ajoutez-les dans le saladier ainsi que la crème fraîche, l'ail et le persil. Salez, poivrez. Mélangez bien le tout.Divisez la préparation en 4 parts égales.

3 Dans une petite poêle, faites fondre à feu modéré 30 g de beurre. Versez-y un quart de l'appareil. Laissez cuire pendant 10 minutes. Retournez à l'aide d'une spatule et laissez dorer de l'autre côté. La crique doit être bien croustillante. Réservez-la au chaud.

4 Procédez de la même façon pour cuire les autres criques. Vous pouvez les servir avec des saucisses grillées et une salade verte.

CERVELLE de canut

POUR 4 PERSONNES

* * *

PRÉPARATION : **10 MIN** - ÉGOUTTAGE : **12 H**

- 400 g de fromage blanc frais
- 1 gousse d'ail
- 1 échalote
- 100 g d'herbes fraîches (ciboulette, cerfeuil, persil…)
- 2 cuill. à soupe de crème fraîche épaisse
- 2 cuill. à soupe de vin blanc sec
- 2 cuill. à soupe de vinaigre de xérès

---

1 La veille, disposez le fromage blanc dans une étamine au-dessus d'une passoire. Laissez s'égoutter toute une nuit.

2 Le jour même, hachez l'ail et l'échalote, ciselez les herbes.

3 Dans un saladier, fouettez le fromage égoutté et la crème fraîche, salez et poivrez.

4 Ajoutez les herbes, l'ail et l'échalote. Versez le vin et le vinaigre, remuez bien.

5 Réservez la cervelle de canut au réfrigérateur jusqu'au moment de servir. Dégustez avec du pain grillé par exemple.

Les Lyonnais consomment beaucoup de fromage blanc et l'agrémentent souvent de fines herbes, comme le faisaient autrefois les canuts, ouvriers spécialisés dans le tissage de la soie.

SAUCISSON *brioché*

POUR 6 PERSONNES

* * *

PRÉPARATION : **15 MIN** - REPOS DE LA PÂTE : **20 MIN** - CUISSON : **40 MIN**

- 1 saucisson de Lyon à cuire
- 3 œufs
- 250 g de farine
- 1 sachet de levure chimique
- 15 cl de crème fraîche épaisse
- sel

---

1 Portez de l'eau à ébullition dans une casserole. Faites-y pocher le saucisson 15 minutes, puis égouttez-le et ôtez la peau.

2 Dans un saladier, mélangez les œufs avec la farine et la levure tamisées. Incorporez la crème fraîche.

3 À l'aide d'une spatule, travaillez la préparation jusqu'à obtention d'une pâte lisse et homogène.

4 Beurrez et farinez un moule à cake. Versez-y la moitié de la pâte. Déposez le saucisson, puis recouvrez-le de pâte.

5 Couvrez le moule d'un linge et laissez reposer 20 minutes.

6 Préchauffez le four à 200 °C (th. 6-7). Enfournez le saucisson brioché pour 40 minutes. Servez tiède, en tranches.

GRATINÉE *lyonnaise*

POUR 4 PERSONNES

* * *

PRÉPARATION : **20 MIN** - CUISSON : **1 H 10 ENVIRON**

- 1 kg d'oignons
- 50 g de beurre
- 2 cuill. à soupe de farine
- 1 l de bouillon de bœuf ou de volaille
- 1 bouquet garni
- 300 g d'emmental
- fines tranches de pain
- 10 cl de porto rouge
- sel et poivre

---

1 Épluchez et émincez finement les oignons. Faites-les suer à feu modéré pendant 20 minutes environ dans un faitout avec le beurre. Puis faites-les colorer à feu vif. Saupoudrez de farine, mélangez et faites cuire 2 ou 3 minutes sans cesser de remuer. Versez ensuite le bouillon en tournant toujours, ajoutez le bouquet garni et portez à ébullition. Salez, poivrez et laissez cuire 30 minutes à feu doux.

2 Râpez la moitié de l'emmental et détaillez le reste en fines lamelles. Faites griller le pain. Disposez successivement une couche de pain, une de lamelles d'emmental, une de pain et une de gruyère râpé dans 4 bols individuels. Terminez avec une couche de pain et une de lamelles de gruyère.

3 Préchauffez le four à 200 °C (th. 6-7). Mélangez le porto au bouillon, versez dans les bols de manière à bien recouvrir le pain et enfournez. Faites mijoter pendant 10 minutes puis ajoutez du bouillon et laissez gratiner encore 5 minutes. Servez brûlant.

C'est le Forez, une région dans le Massif central, qui a donné l'oignon aux Lyonnais. Ceux-ci en ont fait leur légume favori, le déclinant à travers de multiples préparations. La gratinée est la plus emblématique, à côté de la fondue d'oignon servie avec une grillade de bœuf ou en accompagnement du gras-double.

TABLIER
de sapeur

POUR 4 PERSONNES

* * *

PRÉPARATION : **20 MIN** - MARINADE : **3 H** - CUISSON : **8 À 10 MIN**

- 10 cl de vin blanc sec
- 1 citron
- 5 cuill. à soupe d'huile
- 1 cuill. à café de moutarde forte de Dijon
- 4 tranches de gras-double de 7 à 8 cm de côté
- 1 œuf
- mie de pain fraîche
- 50 g de beurre

---

1 Préparez une marinade avec le vin, le jus de citron, 1 cuillerée à soupe d'huile et la moutarde. Salez et poivrez. À l'aide d'une fourchette, mettez les morceaux de gras-double dans la marinade. Retournez-les pour bien les imprégner et laissez mariner pendant environ 3 heures dans le réfrigérateur.

2 Battez l'œuf avec 1 cuillerée à soupe d'huile et 1 d'eau froide, salez et poivrez. Égouttez les tabliers et plongez-les dans ce mélange. Passez-les ensuite dans la mie de pain en pressant légèrement pour bien la faire adhérer.

3 Faites chauffer le reste d'huile et le beurre à feu vif dans une poêle. Mettez-y les tabliers, réduisez un peu la flamme et faites cuire pendant 3 ou 4 minutes de chaque côté ; il doit se former une croûte dorée et croustillante.

4 Dressez les tabliers dans une assiette et servez. Vous pouvez les accompagner d'une sauce gribiche ou tartare.

Le bœuf d'Aubrac

Animal de labour originellement, le bœuf d'Aubrac était aussi apprécié pour sa viande. Élevé en plein air en Lozère et en Aveyron, marchant beaucoup mais nécessitant peu de surveillance, il supporte une alimentation irrégulière et de grands écarts climatiques. Le croisement aubrac-charolais, alliant les qualités des deux races, convient bien à la production de veaux lourds. Il était de coutume de manger à Pâques un bœuf engraissé pendant l'hiver.

Le roquefort et le bleu des Causses

Ces deux fromages ont en commun leur zone de production (le Rouergue et les Causses), leur forme cylindrique, leur méthode de fabrication (ensemencement du caillé par *Penicillium roqueforti*), les lieux de leur affinage (des caves creusées dans les éboulis calcaires et ventilées naturellement par les « fleurines ») et l'aspect de leur pâte veinée de bleu. Mais une différence fondamentale les éloigne : le roquefort est un fromage de brebis, le bleu des Causses, lui, est fait au lait de vache. Mondialement connu, le roquefort fut, en 1925, le premier fromage à recevoir une AOC.

La charcuterie lyonnaise

Triperie et charcuterie sont de très ancienne tradition à Lyon. Le saucisson de Lyon (maigre haché fin et gras haché gros), la rosette, l'andouillette de veau, le gras-double (tripes sautées et relevées de vinaigre), « le tablier de sapeur » (tripes panées et grillées) sont tous des plats bien spécifiques de la ville plus encore que de la région. Avec les charcuteries, les pieds de mouton (« clapotons » du saladier lyonnais), les paquets de couennes sautés en persillade et le museau de bœuf figurent aussi au menu du « mâchon », ce casse-croûte typiquement lyonnais. Il faut ajouter une charcuterie de fête, le cervelas lyonnais, abondamment truffé ou pistaché, enfoui dans une brioche.

LES SAVEURS DU PAYS LYONNAIS ET DU ROUERGUE

RÔTI DE VEAU FERMIER
aux noix

POUR 4 PERSONNES

* * *

PRÉPARATION : **20 MIN** - CUISSON : **1 H 20**

- 2 échalotes
- 1 oignon
- 2 carottes
- 30 g de saindoux
- 15 cl de crème fraîche
- 1 rôti de veau fermier de 1 kg environ (de préférence dans le quasi ou la longe)
- 20 cl de vin blanc sec
- 1 bouquet garni
- 100 g de cerneaux de noix
- sel et poivre

---

1 Pelez les échalotes et l'oignon, puis émincez-les finement. Épluchez les carottes et détaillez-les en fine brunoise (très petits dés).

2 Faites fondre le saindoux dans une cocotte, puis faites revenir le rôti, en le tournant souvent, jusqu'à ce que sa surface soit bien dorée.

3 Retirez-le et remplacez-le par les échalotes, les carottes et l'oignon. Faites revenir pendant 2 minutes en remuant pour les colorer très légèrement. Remettez le rôti dans la cocotte, ajoutez le vin, le bouquet garni, salez et poivrez. Couvrez et laissez mijoter pendant 1 heure, en retournant le rôti de temps à autre.

4 Quand le rôti est cuit, retirez-le de la cocotte et tenez-le au chaud.

5 Passez le fond de cuisson au chinois, en écrasant au pilon les légumes, afin d'obtenir un jus bien concentré. Reversez-le dans la cocotte. Ajoutez les cerneaux de noix, que vous aurez pilés ou passés grossièrement au mixeur, ainsi que la crème fraîche. Donnez un bouillon, goûtez et rectifiez l'assaisonnement.

6 Découpez le rôti en tranches. Disposez-les sur le plat de service et nappez-les avec la sauce aux noix. Servez aussitôt.

Vous pouvez accompagner ce rôti de pâtes fraîches ou de riz, et, en saison, d'une fricassée de cèpes.

Le veau sous la mère

Le veau « fermier élevé sous la mère » provient de races bovines allaitantes traditionnellement répandues dans le sud-ouest de la France : limousine, blonde d'Aquitaine ou bazadaise. L'animal « élevé au pis » est nourri exclusivement au lait, celui de sa mère ou d'une autre vache, et offre une viande pâle appréciée pour son onctuosité.

POULET BOURBONNAIS *au vin blanc*

POUR 4 À 6 PERSONNES

* * *

PRÉPARATION : **30 MIN** - CUISSON : **1 H 15**

- 1,2 kg de carottes
- 1 poulet fermier de 1,6 à 1,8 kg
- 4 ou 5 gousses d'ail
- 3 cuill. à soupe d'huile
- 1 cuill. à soupe de beurre
- 2 cuill. à soupe de persil haché
- 20 cl de vin blanc
- 20 cl de crème fraîche liquide
- sel et poivre

---

1 Préchauffez le four à 180 °C (th. 6). Épluchez, lavez et émincez les carottes. Salez et poivrez l'extérieur et l'intérieur du poulet après l'avoir farci avec les gousses d'ail non épluchées.

2 Dans une cocotte, faites-le revenir avec l'huile et le beurre, sans hâte et sur toutes ses faces.

3 Lorsqu'il est bien doré, enfournez la cocotte. Laissez cuire 1 heure environ. Arrosez régulièrement la volaille avec son jus.

4 Faites cuire les carottes à l'eau bouillante salée pendant une vingtaine de minutes : elles doivent rester un peu fermes. Égouttez-les et réservez.

5 Lorsque le poulet est cuit, sortez-le de la cocotte et laissez-le en attente, recouvert d'une feuille d'aluminium.

6 Pour vérifier s'il est cuit, il faut l'enlever de la cocotte et l'incliner pour faire couler un peu de son jus : il est à point lorsque le jus est transparent et ne présente aucune trace de sang.

7 Faites revenir les carottes dans la cocotte. Retirez-les, saupoudrez-les de persil haché et tenez-les au chaud dans le plat de service. Jetez l'excédent de graisse de la cocotte. Mouillez avec le vin blanc et faites réduire de moitié à feu vif. Ajoutez la crème liquide, donnez deux ou trois bouillons jusqu'à ce que la sauce soit bien onctueuse. Rectifiez l'assaisonnement.

8 Découpez la volaille, dressez les morceaux sur le plat de service. Servez les carottes et la sauce à part.

TRUFFADE

POUR 6 PERSONNES

* * *

PRÉPARATION : **30 MIN** - CUISSON : **50 MIN**

- 400 g de tomme fraîche
- 1,2 kg de pommes de terre (BF 15 ou charlotte)
- 200 g de lard de poitrine demi-sel
- 6 cuill. à soupe de saindoux
- 2 gousses d'ail
- sel et poivre

---

1 Coupez la tomme fraîche en petites lamelles et réservez-la. Épluchez les pommes de terre et coupez-les en fines rondelles.

2 Détaillez le lard en petits lardons. Mettez-les dans une casserole avec de l'eau froide. Portez à ébullition et égouttez-les. Dans une grande poêle à fond épais, faites-les dorer avec 2 cuillerées à soupe de la graisse choisie. Retirez-les et mettez-les en attente.

3 Ajoutez le reste de graisse dans la poêle. Lorsqu'elle grésille, mettez-y les pommes de terre. Égalisez de façon à former une galette d'environ 4 cm d'épaisseur. Faites dorer à feu modéré, secouez la poêle de temps en temps pour éviter que les pommes de terre n'attachent. Ne remuez pas : il faut que la galette se forme.

4 Lorsque le fond est bien doré, posez un couvercle ou une assiette avec un objet lourd dessus afin d'exercer une pression sur les pommes de terre.

5 Laissez cuire très doucement pendant 30 minutes environ. À mi-cuisson, ajoutez les lardons et l'ail haché. Salez et poivrez.

6 Lorsque les pommes de terre sont cuites, étalez dessus les lamelles de fromage. Avec une fourchette, soulevez délicatement les pommes de terre afin que le fromage pénètre bien à l'intérieur du gâteau. Couvrez et laissez cuire à feu très doux, pendant 1 ou 2 minutes, le temps que le fromage fonde. Dès que vous entendez un léger grésillement, éteignez le feu et retournez la truffade sur un plat chaud.

Appelée ici « truffe », la pomme de terre est reine en Auvergne : on la prépare sautée à la poêle avec un hachis de lard maigre, en galette, en gratin ou agrémentée de tomme fraîche, comme pour cette truffade.

POTÉE *auvergnate*

POUR 8 PERSONNES

* * *

PRÉPARATION : **30 MIN** - CUISSON : **3 H ENVIRON**

* 500 g de poitrine demi-sel
* 1 palette de porc demi-sel
* 10 grains de poivre
* 1 oignon
* 2 clous de girofle
* 2 gousses d'ail
* 1 bouquet garni
* 800 g de carottes
* 800 g de pommes de terre
* 3 navets ou raves
* 4 poireaux
* 1 chou vert pommé
* 1 saucisson à cuire
* gros sel
* poivre du moulin

---

1 Mettez dans un faitout la poitrine et la palette. Couvrez d'eau. Chauffez et laissez bouillir 5 minutes. Retirez les viandes, égouttez-les, videz l'eau du faitout.

2 Remettez les viandes dans le faitout et recouvrez-les entièrement d'eau froide. Portez à ébullition. Écumez avant d'ajouter le poivre, l'oignon pelé, piqué des clous de girofle, l'ail épluché et le bouquet garni. Couvrez et laissez cuire à petits frémissements.

3 Pelez les carottes, les pommes de terre et les navets. Épluchez et lavez les poireaux, ficelez-les en bottes.

4 Ôtez les premières feuilles du chou, coupez-le en quatre, supprimez le trognon. Faites blanchir les quartiers de chou pendant 3 minutes dans l'eau salée. Égouttez-les, rafraîchissez-les sous l'eau froide et réservez-les.

5 Après 1 h 30 de cuisson des viandes, ajoutez les quartiers de chou, les poireaux, les carottes et les navets ou les raves. Laissez cuire encore 1 h 30. Poivrez, ne salez qu'après avoir goûté, les viandes étant déjà salées.

6 Piquez le saucisson à cuire avec une fourchette pour éviter qu'il n'éclate. Environ 30 minutes avant la fin de la cuisson, ajoutez-le dans la potée ainsi que les pommes de terre. Servez viandes et légumes égouttés, disposés dans un grand plat creux.

ALIGOT

POUR 6 PERSONNES

* * *

PRÉPARATION : **30 MIN** - CUISSON : **20 MIN ENVIRON**

- 1 gousse d'ail
- 500 g de tomme fraîche de laguiole
- 1 kg de pommes de terre
- 100 g de beurre
- 25 à 30 cl de crème fraîche
- sel

---

1 Pelez et écrasez la gousse d'ail. Coupez le fromage en fines lamelles.

2 Lavez les pommes de terre soigneusement et faites-les cuire, avec leur peau, à l'eau bouillante salée, pendant 20 à 30 minutes. Égouttez-les puis épluchez-les encore chaudes et passez-les au moulin à légumes à grille fine. Incorporez le beurre et la crème fraîche pour obtenir une purée épaisse mais souple. Ajoutez l'ail et salez légèrement.

3 Mettez la purée dans une cocotte et maintenez une chaleur douce. Ajoutez le fromage en une seule fois et remuez vigoureusement avec une spatule en bois, sans tourner mais en soulevant la masse par le dessous. Brassez ainsi sans cesse, avec énergie, jusqu'à ce que le mélange « file « et forme un ruban bien lisse quand on soulève la spatule. Servez aussitôt car ensuite le fromage « casse « et devient granuleux.

En dehors de sa région d'origine, il est peu fréquent de trouver de la tomme fraîche, irremplaçable pour préparer ce plat de terroir, que l'on coupe avec des ciseaux parfois. On peut également utiliser de la tomme fraîche de cantal.

Le laguiole

Ce fromage de vache qui porte le nom de la ville de Laguiole (prononcer « laïole ») est fabriqué à partir de lait de vache cru et entier. Il bénéficie d'une appellation d'origine contrôlée (AOC) depuis 1961 et son terroir couvre trente communes des départements de l'Aveyron, du Cantal et de la Lozère. Une « pièce » de laguiole est un cylindre d'une quarantaine de centimètres de hauteur et de largeur pour un poids de 45 à 48 kilos. Avec la tomme de Laguiole, on prépare le célèbre aligot, la truffade et la soupe au laguiole.

COUFIDOU

POUR 6 PERSONNES

* * *

PRÉPARATION : **30 MIN** - CUISSON : **3 H AU MOINS**

- 1,2 à 1,5 kg de bœuf à braiser (collier, poitrine, joue)
- 2 oignons
- 300 g de tomates
- 2 gousses d'ail
- 150 g de poitrine demi-sel
- 3 cuill. à soupe de saindoux
- 2 cuill. à soupe de farine
- 1 bouquet garni
- 75 cl de vin rouge
- sel et poivre

---

1 Coupez la viande en gros cubes. Épluchez et émincez les oignons. Pelez les tomates après les avoir rapidement plongées dans de l'eau bouillante, épépinez-les et concassez-les. Épluchez les gousses d'ail. Faites blanchir la poitrine demi-sel pendant 2 ou 3 minutes dans de l'eau bouillante puis égouttez-la et coupez-la en petits lardons après avoir retiré la couenne.

2 À feu modéré, dans une cocotte, faites revenir au saindoux les morceaux de bœuf, en les retournant plusieurs fois jusqu'à ce qu'ils soient bien dorés.

3 Ajoutez les oignons, saupoudrez de farine, mélangez bien et laissez cuire quelques minutes. Ajoutez les tomates, les lardons, l'ail et le bouquet garni. Mouillez avec le vin rouge, salez et poivrez. Portez à ébullition, puis baissez le feu, couvrez et laissez mijoter très doucement pendant au moins 3 heures.

4 Retirez le bouquet garni et servez bien chaud, dans un plat creux.

Plat de fête parce qu'il fallait acheter la viande chez le boucher, le coufidou était servi à Pâques ou à Noël. C'est avec de la joue que cette daube est la plus moelleuse.

ESTOFINADO

POUR 8 À 10 PERSONNES

* * *

PRÉPARATION : **45 MIN** - CUISSON : **20 À 30 MIN**

- 2 kg de stockfisch ou de morue
- 500 g de pommes de terre
- 4 ou 5 gousses d'ail
- 3 cuill. à soupe de persil plat ciselé
- 5 œufs durs
- 5 œufs
- 30 cl d'huile de noix crème fraîche (facultatif)
- sel et poivre

---

1 Faites tremper le stockfisch pendant au moins 4 jours (2 seulement si vous utilisez de la morue) dans un récipient d'eau froide fréquemment renouvelée et maintenez au frais.

2 Le jour de la cuisson, égouttez le stockfisch et épongez-le. Mettez-le dans un faitout, recouvrez-le d'eau froide et portez doucement à ébullition. Faites cuire 20 minutes puis arrêtez le feu. Laissez refroidir un peu le poisson dans le bouillon de cuisson puis égouttez-le et effeuillez-le.

3 Faites cuire les pommes de terre, en même temps que le stockfisch, avec leur peau à l'eau bouillante salée, de 20 à 30 minutes selon leur taille ; égouttez-les et pelez-les. Écrasez-les à la fourchette en purée assez grossière. Pelez et écrasez les gousses d'ail.

4 Mélangez la purée de pommes de terre, le poisson, l'ail et le persil. Salez et poivrez un peu.

5 Écalez les œufs durs, coupez-les en rondelles et réservez. Cassez les autres œufs et battez-les en omelette.

6 Faites chauffer l'huile de noix puis incorporez-la au mélange en purée, en alternance avec les œufs battus, par petites quantités et en attendant, avant de continuer, que ce que vous venez d'ajouter soit bien incorporé. Au besoin, réchauffez à feu très doux.

7 Goûtez, rectifiez l'assaisonnement et ajoutez éventuellement un peu de crème fraîche pour assouplir l'estofinado. Décorez avec les rondelles d'œufs avant de servir.

Typique du patrimoine aveyronnais, l'estofinado était préparé autrefois avec de la morue séchée de Norvège, qui arrivait dans le bassin houiller de Decazeville sur les mariniers qui transportaient le minerai de fer jusqu'à Bordeaux.

La race limousine

Le Limousin produit une viande bovine réputée depuis le XVIIe siècle. Réformés vers l'âge de dix ans, les bœufs de labour de race limousine étaient engraissés à l'herbe, au foin sec, aux raves et aux farines de céréales puis convoyés vers Paris. Aujourd'hui, cette race au pelage roux, dit « froment vif », donnant une chair colorée particulièrement tendre, continue de prospérer en Limousin et reste très appréciée dans toute la France.

Les fromages d'Auvergne

L'Auvergne fabrique des fromages célèbres dont certains entrent dans la composition de nombreux plats. Fromage de vache, le cantal (AOC) est un gros cylindre pouvant peser jusqu'à 45 kg. Le cantal jeune, le plus doux, est affiné 30 jours ; « l'entre-deux », plus épanoui, entre 2 et 6 mois ; le cantal vieux, au goût plus corsé, plus de 6 mois. Le salers (AOC) est un fromage de vache exclusivement fermier, au lait cru. Il doit son nom à la cité médiévale de Salers. Gros cylindre, une fourme peut atteindre 50 kilos. Le saint-nectaire (AOC) est un fromage de vache à pâte pressée, disque plat de 21 cm de diamètre et de 5 cm d'épaisseur. On distingue le saint-nectaire fermier, au lait cru, et le saint-nectaire laitier. Enfin, le bleu d'Auvergne et la fourme d'Ambert (AOC) sont des fromages à pâte persillée, tout deux issus du lait de vache.

Les champignons

Le Limousin offre des conditions idéales pour l'exploitation des champignons : 550 000 hectares de forêts aux essences variées (chênes, châtaigniers, épicéas), douceur du climat et savoir-faire des cueilleurs professionnels. Les champignons, ramassés tôt le matin, sont expédiés le jour même vers l'Europe entière. De janvier à décembre, se succèdent, dans l'ordre : truffes, morilles, mousserons, girolles, cèpes, trompettes-de-la-mort, coulemelles, lactaires et pieds-de-mouton.

La pomme du Limousin

Si l'histoire de la pomme en Limousin remonte à l'antiquité romaine, elle s'accélère à partir de 1950, avec l'arrivée de la golden. Sur les plateaux du Limousin et une partie de la Dordogne, une centaine de communes produit cette variété croquante et juteuse. L'alternance des journées ensoleillées et des nuits froides lui confère sa belle couleur rosée. En 2005, cette golden est devenue l'unique pomme française à recevoir l'AOC.

LES SAVEURS DU LIMOUSIN ET DE L'AUVERGNE

GÂTEAU
aux noisettes

POUR 6 PERSONNES

* * *

PRÉPARATION : **30 MIN** - CUISSON : **45 MIN**

- 100 g de noisettes (fraîches de préférence)
- 1/2 paquet de levure chimique
- 180 g de farine
- 3 œufs
- 180 g de sucre
- 150 g de beurre

---

1 Préchauffez le four à 170 °C (th. 5-6). Concassez les noisettes grossièrement au mixeur. Mélangez la levure avec la farine.

2 Séparez les blancs des jaunes d'œufs. Dans une terrine, fouettez les jaunes avec le sucre et le beurre ramolli mais non fondu. Puis incorporez le mélange farine-levure ainsi que les noisettes concassées.

3 Battez les blancs en neige ferme avec une pincée de sel. Ajoutez-les au mélange en soulevant délicatement la pâte avec une spatule.

4 Beurrez un moule à manqué. Versez-y la pâte, enfournez et faites cuire pendant 45 minutes.

Ce gâteau est une variante du Creusois, spécialité d'Aubusson. Si les noisettes sont fraîches, plongez-les 30 secondes dans l'eau bouillante avant de les monder. Puis faites-les sécher au four pendant quelques minutes, mais sans les laisser prendre couleur.

TARTE
aux myrtilles

POUR 6 PERSONNES

* * *

PRÉPARATION : **30 MIN** - REPOS DE LA PÂTE : **2 H** - CUISSON : **30 MIN**

- 250 g de farine
- 125 g de beurre
- 1 pincée de sel
- 1 œuf
- 10 cl d'eau
- 400 g de myrtilles
- 60 g de sucre en poudre
- 10 g de sucre glace

---

1 Versez la farine dans une terrine. Faites un puits au centre duquel vous mettrez le beurre ramolli et coupé en morceaux, le sel, l'œuf et l'eau. Travaillez l'ensemble du bout des doigts de façon à obtenir une pâte ferme que vous façonnerez en boule. Laissez-la reposer pendant 2 heures.

2 Abaissez ensuite cette pâte sur une épaisseur de 3 mm et foncez un moule à tarte préalablement beurré et légèrement fariné. Piquez le fond avec une fourchette. Préchauffez le four à 220 °C (th. 7-8).

3 Triez les myrtilles. Saupoudrez-les de sucre en poudre et mélangez bien le tout. Répartissez-les sur la pâte.

4 Baissez le four à 200 °C (th. 6-7) et faites cuire pendant 30 minutes. Laissez refroidir avant de démouler sur le plat de service. Poudrez de sucre glace.

TARTE
à l'encalat

POUR 6 PERSONNES

* * *

PRÉPARATION : **30 MIN** - REPOS DE LA PÂTE : **2 H** - CUISSON : **55 MIN**

POUR LA PÂTE

- 150 g de beurre ramolli
- 1/4 de cuill. à café de sel
- 1 cuill. à café de sucre en poudre
- 1 œuf
- 1 cuill. à soupe de lait
- 170 g de farine

POUR LA GARNITURE

- 500 g de fromage blanc en faisselle
- 3 œufs
- 100 g de sucre en poudre
- 1 cuill. à soupe d'eau de fleur d'oranger
- 1 zeste d'orange, finement râpé (facultatif)
- 1/4 de cuill. à café de sel

---

1 Préparez la pâte. Travaillez le beurre à la spatule jusqu'à ce qu'il soit parfaitement onctueux et prenne une consistance crémeuse. Ajoutez ensuite le sel, le sucre, l'œuf et le lait tout en remuant. Quand le mélange est bien homogène, incorporez peu à peu la farine sans cesser d'amalgamer. Travaillez la pâte le moins longtemps possible. Ramassez-la en boule, enveloppez-la dans un film transparent et laissez-la reposer au moins 2 heures au réfrigérateur.

2 Préchauffez le four à 200 °C (th. 6-7). Abaissez la pâte, garnissez-en un moule à tarte de 24 cm de diamètre, beurré. Tapissez le fond d'un papier sulfurisé, recouvrez de légumes secs, enfournez et faites cuire 20 minutes. Sortez du four, laissez refroidir puis retirez les légumes secs et le papier.

3 Mélangez les ingrédients de la garniture en fouettant jusqu'à obtenir un mélange bien lisse et assez liquide. Versez dans le fond de tarte, enfournez et faites cuire pendant 35 minutes environ. Quand la garniture a la consistance d'un flan, sortez la tarte du four et laissez-la refroidir.

Ce dessert au lait caillé de vache est propre au nord de l'Aveyron. Dans le sud du département, on prépare la même tarte avec de la brousse de brebis et l'on y retrouve le même parfum de fleur d'oranger : c'est la flaune (ou flône), qui est de toutes les fêtes régionales.

ÉCHAUDÉS

POUR 8 À 10 PERSONNES

* * *

PRÉPARATION : **45 MIN** - REPOS : **12 H** - CUISSON : **20 MIN ENVIRON**

- 500 g de farine
- 1/2 cuill. à café de sel
- 2 œufs
- 10 g d'anis
- 100 g de beurre
- 20 cl de lait tiède

---

1 Tamisez la farine et le sel, creusez un puits au centre et mettez-y les œufs, l'anis et le beurre coupé en petits morceaux. Mélangez avec le bout des doigts en ramenant la farine vers le centre. Ajoutez progressivement juste assez de lait pour obtenir une pâte très ferme puis pétrissez vigoureusement environ 15 minutes. Roulez la pâte en boule, enveloppez-la dans un linge et laissez-la une nuit au réfrigérateur.

2 Le lendemain, abaissez la pâte sur 8 mm environ, découpez-la en triangles de 10 cm de côté. Repliez les pointes vers le haut pour former de petits tricornes.

3 Jetez les échaudés, par petites quantités, dans une marmite d'eau bouillante et retirez-les avec une écumoire au fur et à mesure qu'ils remontent à la surface. Égouttez-les sur du papier absorbant, rangez-les sur une ou plusieurs plaques à pâtisserie recouvertes de papier sulfurisé.

4 Préchauffez le four à 220 °C (th. 7-8). Enfournez les échaudés et faites cuire 20 minutes environ : ils doivent être juste dorés. Laissez-les refroidir et conservez-les dans un récipient hermétique.

EST ET MASSIF ALPIN

ENTRÉES

PLATS

DESSERTS

SAVOIE · FRANCHE-COMTÉ
LORRAINE · ALSACE
BRESSE · DOMBES · DAUPHINÉ

QUICHE *lorraine*

POUR 4-6 PERSONNES

* * *

PRÉPARATION : **25 MIN** - REPOS DE LA PÂTE : **30 MIN** - CUISSON : **45 À 50 MIN**

- 200 g de lardons fumés
- 5 œufs
- 40 cl de crème fraîche
- noix de muscade
- sel et poivre

POUR LA PÂTE BRISÉE

- 150 g de beurre mou
- 225 g de farine tamisée
- 2 pincées de sel
- 8 cuill. à soupe d'eau froide

---

1 Préparez la pâte brisée. Coupez le beurre en très petits morceaux. Versez la farine dans un saladier, creusez un puits au milieu et ajoutez le sel puis le beurre. Assemblez rapidement les ingrédients en effritant le mélange du bout des doigts. Versez juste assez d'eau (1 cuillerée à soupe à la fois) pour amalgamer l'ensemble, puis travaillez rapidement la pâte jusqu'à ce qu'elle soit bien souple.

2 Étalez-la sur le plan de travail fariné en l'écrasant et en la repoussant avec la paume de la main mais sans trop la pétrir. Rassemblez-la, formez une boule et aplatissez-la. Enveloppez-la d'un film alimentaire et laissez-la reposer 30 minutes au réfrigérateur.

3 Préchauffez le four à 200 °C (th. 6-7). Tapissez de papier sulfurisé une tourtière de 26 cm de diamètre.

4 Étalez la pâte sur 4 mm d'épaisseur et foncez-en la tourtière. Piquez le fond avec une fourchette, tapissez-le de papier sulfurisé, mettez-y des haricots secs. Faites précuire la pâte pendant 10 minutes. Laissez refroidir.

5 Faites rissoler les lardons très légèrement dans une poêle antiadhésive, puis égouttez-les. Répartissez-les sur le fond de pâte.

6 Battez les œufs en omelette avec la crème fraîche. Salez et poivrez le mélange, râpez un peu de muscade puis versez-le sur les lardons.

7 Enfournez pour 35 à 40 minutes. Servez la quiche chaude, avec de la salade verte.

FLAMMENKÜCHE

POUR 4 PERSONNES (2 TARTES)

* * *

PRÉPARATION : **30 MIN** - REPOS : **1 H** - CUISSON : **15 MIN**

- 2 oignons moyens
- 2 ou 3 cuill. à soupe d'huile d'arachide
- 200 g de lard fumé
- 20 cl de crème fraîche

POUR LA PÂTE

- 400 g de farine
- 1 pincée de sel
- 10 g de levure de boulanger
- 5 cuill. à soupe d'huile d'arachide

---

1 Préparez la pâte à pain. Tamisez la farine en fontaine avec le sel et la levure. Versez l'huile et 20 cl d'eau au milieu puis mélangez en ramenant peu à peu la farine vers le centre. Pétrissez pendant quelques minutes jusqu'à ce que la pâte lisse et souple se décolle bien des doigts. Couvrez avec un linge et laissez reposer au frais 1 heure.

2 Épluchez les oignons et émincez-les finement. Faites-les fondre doucement à la poêle avec l'huile jusqu'à ce qu'ils deviennent transparents. Après avoir ôté la couenne, détaillez le lard en petits dés. Mettez ces lardons dans l'eau froide, portez à ébullition puis égouttez-les.

3 Préchauffez le four à 240 °C (th. 8). Divisez la pâte en deux, étalez-la le plus finement possible en deux disques et posez chacun sur une plaque recouverte de papier sulfurisé en l'enroulant autour d'un rouleau à pâtisserie pour le soulever. Humectez le tour, relevez les bords et enroulez-les pour former un bourrelet très plat tout autour. Piquez chaque pâte avec une fourchette, étalez la moitié de la crème fraîche dessus, puis répartissez la moitié des oignons et des lardons sur chaque part. Mettez la plaque au four et faites cuire pendant 10 à 15 minutes.

Flammenküche signifie littéralement « tarte à la flamme ». Les vraies tartes flambées sont cuites dans un four à pain et dégustées brûlantes dans les Winstubs. Pour les réussir chez vous, il faut étaler la pâte le plus finement possible (elle doit être presque transparente) et chauffer le four au maximum.

RISSOLES *du Bugey*

POUR 4 PERSONNES

* * *

PRÉPARATION : **30 MIN** - CUISSON : **20 À 25 MIN**

POUR LA FARCE

- 1 gros oignon
- 150 g de gras-double cuit
- 50 g de chair de volaille cuite (dinde, poulet)
- 30 g de beurre
- 1 branchette de thym
- 1 cuill. à soupe de cerfeuil ciselé
- 30 cl de bouillon de volaille
- 50 g de raisins secs
- 500 g de pâte feuilletée
- 1 œuf pour la dorure
- sel et poivre

---

1 Préparez la farce. Épluchez et hachez finement l'oignon. Coupez le gras-double et la chair de volaille au couteau en très petits dés ou passez-les au hachoir à grosse grille.

2 Faites fondre l'oignon avec le beurre jusqu'à ce qu'il soit transparent. Ajoutez les viandes, le thym effeuillé et le cerfeuil. Salez, poivrez et faites revenir 5 minutes à feu modéré. Mouillez avec le bouillon et laissez mijoter jusqu'à ce que le liquide soit réduit de moitié. Ajoutez les raisins secs, mélangez puis étalez la farce sur un grand plat et laissez refroidir.

3 Préchauffez le four à 200 °C (th. 6-7). Beurrez une ou deux plaques à pâtisserie. Étalez la pâte au rouleau à 4 mm d'épaisseur en un grand rectangle. Redécoupez-la en petits carrés de 7 ou 8 cm de côté. Répartissez la farce sur la moitié des carrés de pâte et posez un second carré sur chacun. Humectez légèrement les bords et soudez-les en pressant avec le bout des doigts.

4 Posez les rissoles sur les plaques au fur et à mesure de leur confection, dorez la surface au pinceau avec un peu d'œuf battu et enfournez. Faites cuire pendant 20 à 25 minutes.

Les rissoles sont un apprêt très courant dans la cuisine ancienne : on faisait jadis des rissoles de poisson, de volaille, de viande, etc., en pâte à foncer, et souvent frites à la poêle.

FARÇON

POUR 6 PERSONNES

* * *

PRÉPARATION : **20 MIN** - CUISSON : **3 H**

- 1 kg de grosses pommes de terre bintje
- 1 oignon
- 1 cuill. à soupe d'huile
- 1 douzaine de pruneaux
- 20 fines tranches de poitrine de porc fumée
- 6 poires séchées
- 5 œufs
- 100 g de raisins de Corinthe
- 4 cuill. à soupe de crème fraîche épaisse

---

1 Pelez les pommes de terre, lavez-les, râpez-les avec une grille moyenne puis laissez-les s'égoutter un peu dans une passoire. Épluchez et émincez l'oignon et faites-le fondre doucement à la poêle avec l'huile et la moitié des tranches de lard coupées en petits morceaux.

2 Dénoyautez les pruneaux et coupez les poires en lamelles. Dans un grand saladier, mélangez-les aux pommes de terre et à la fondue d'oignon et de porc. Ajoutez les œufs battus, les raisins secs et la crème ; assaisonnez.

3 Préchauffez le four à 170 °C (th. 5-6). Beurrez un moule à cake et tapissez le fond avec les 10 autres tranches de poitrine de porc. Versez-y le mélange, couvrez d'une feuille d'aluminium et faites cuire au bain-marie pendant 3 heures.

4 Démoulez le farçon à la sortie du four, coupez-le en tranches et servez-le chaud. S'il a été préparé à l'avance, réchauffez les tranches en les poêlant avec un peu de beurre.

Chaque village savoyard a sa recette de farçon, que l'on appelle aussi « farci » ou « farcement », la plus simple ne comportant que des pommes de terre.

POMMES DE TERRE *au roncin*

POUR 4 PERSONNES

* * *

PRÉPARATION : **10 MIN** - CUISSON : **20 À 30 MIN**

- 1 kg de pommes de terre moyennes à chair ferme
- 400 g de fromage blanc demi-sel bien égoutté
- 2 œufs
- 1 cuill. à soupe de farine

---

1 Lavez soigneusement les pommes de terre sans les éplucher. Faites-les cuire à l'eau bouillante salée pendant 20 à 30 minutes selon leur taille.

2 Mettez le fromage blanc dans une petite casserole et faites chauffer doucement en remuant jusqu'à ce qu'il soit complètement fondu.

3 Cassez les œufs dans un bol et battez-les bien. Saupoudrez de farine et mélangez bien.

4 Versez le contenu du bol, en filet, dans le fromage fondu. Faites cuire sans cesser de remuer pendant une dizaine de minutes pour que le mélange épaississe légèrement.

5 Versez le roncin dans un petit récipient chaud et mettez-le au centre de la table. Égouttez les pommes de terre et servez-les chaudes en même temps. Chacun les pèle, les coupe en morceaux et les trempe dans le fromage blanc.

C'est une recette typique de la montagne des Vosges, préparée en principe avec un géromé frais, un « blanc fromage », dont les Lorrains sont très friands. Dans les Vosges, on l'agrémente de crème fraîche, de poivre, de ciboulette et d'ail : c'est la chique, qui accompagne pain et pommes de terre ; avec des œufs battus, c'est le roncin. En dehors de la région, on peut le remplacer par du fromage blanc bien égoutté.

RÔTI DE PORC
aux quetsches

POUR 6 PERSONNES

* * *

PRÉPARATION : **30 MIN** - CUISSON : **1 H 15**

- 1,5 kg d'échine de porc
- 50 g de beurre
- 1 chou vert
- 50 g de saindoux
- 1 kg de quetsches
- 50 g de cassonade
- sel et poivre

---

1 Préchauffez le four à 180 °C (th. 6). Posez l'échine dans un plat à four largement beurré, salez et poivrez. Répartissez sur la viande le reste de beurre fractionné en petits morceaux et faites cuire pendant 1 h 15. À mi-cuisson, couvrez avec une feuille d'aluminium.

2 Parez le chou et coupez-le en quartiers. Faites-le blanchir pendant 5 minutes à l'eau bouillante légèrement salée puis égouttez-le. Laissez-le cuire à feu doux dans une cocotte avec le saindoux pendant environ 20 minutes, d'abord à couvert, puis en retirant le couvercle à mi-cuisson pour permettre l'évaporation du liquide.

3 Lavez les quetsches et dénoyautez-les. Faites fondre la cassonade avec 20 cl d'eau dans une casserole, ajoutez les quetsches et faites-les cuire doucement jusqu'à ce qu'elles soient bien confites sans se défaire.

4 Coupez le rôti en tranches, disposez-le sur un plat chaud et répartissez les quetsches et le chou tout autour. Servez aussitôt.

Cette recette à l'aigre-doux est d'influence germanique. Si vous souhaitez un rôti un peu plus sucré, saupoudrez-le de cassonade avant de le mettre au four, le sucre caramélisera la surface de la viande.

CHOUCROUTE

POUR 6 PERSONNES

* * *

PRÉPARATION : **30 MIN** – CUISSON : **1 H 30 ENVIRON**

- 1,5 kg de choucroute crue
- 2 oignons
- 4 ou 5 grains de coriandre
- 1 clou de girofle
- 10 baies de genièvre
- 1 jarret de porc salé
- 400 g de poitrine fumée
- 600 g de collier de porc
- 1 gousse d'ail
- 80 g de graisse d'oie ou de saindoux
- 1 feuille de laurier
- 30 cl de vin blanc d'Alsace (riesling ou pinot blanc)
- 6 pommes de terre
- 6 saucisses de Strasbourg
- 3 saucisses de Montbéliard fumées
- sel et poivre

---

1 Lavez plusieurs fois la choucroute à l'eau froide, égouttez-la puis pressez-la dans les mains pour en extraire toute l'eau. Épluchez et émincez les oignons. Enveloppez les épices (sauf les baies de genièvre) dans un petit carré de mousseline pour pouvoir les retirer facilement au moment de servir.

2 Faites cuire les viandes dans une grande casserole d'eau. Mettez d'abord le jarret dans l'eau froide et portez à ébullition. Laissez mijoter à petits frémissements pendant 30 à 40 minutes puis ajoutez les autres viandes. Continuez la cuisson pendant encore 1 heure, toujours à feu doux. Laissez les viandes dans leur bouillon.

3 Préchauffez le four à 180 °C (th. 6). Faites revenir les oignons et l'ail écrasé dans une grande cocotte avec la graisse d'oie.

4 Ajoutez la choucroute, les baies de genièvre, le laurier et les épices. Mouillez avec le vin blanc et une partie du bouillon de cuisson des viandes. Salez très légèrement et démarrez la cuisson sur le feu. Couvrez, enfournez et faites cuire 1 h 30 en rajoutant un peu de liquide de temps en temps si l'évaporation est trop rapide.

5 Pendant ce temps, faites cuire les pommes de terre dans leur peau, à l'eau bouillante salée, pendant 20 à 30 minutes selon leur taille. Quelques minutes avant la fin de la cuisson de la choucroute, pochez les saucisses dans une casserole d'eau chaude sans faire bouillir pour qu'elles n'éclatent pas. Faites doucement réchauffer les viandes dans ce qui reste de leur bouillon de cuisson.

6 Sortez la cocotte du four, goûtez et rectifiez l'assaisonnement. Dressez la choucroute et les viandes sur un grand plat chaud. Servez avec des pommes de terre.

Le plat national alsacien a beaucoup évolué. Autrefois parfumée au cumin, aux feuilles de sureau, voire à l'aneth ou au persil, la choucroute l'est aujourd'hui aux baies de genièvre, et les pommes de terre ont remplacé la purée de pois qui l'accompagnait.

Les saucisses alsaciennes

Aujourd'hui, dans la choucroute, c'est la charcuterie qui prime. Il est vrai que l'Alsace en possède une gamme impressionnante, d'origine tant française qu'allemande. On fabriquait déjà des saucisses sur la rive gauche du Rhin avant l'occupation romaine. La *Knackwurst* (knack ou saucisse de Strasbourg) est une saucisse cuite de couleur rose-orangé, constituée d'une pâte fine à base de viande bovine embossée en boyau. La saucisse à frire (*Brotwurst* ou saucisse blanche), de couleur crème en réalité, est généralement composée de veau et de porc. La saucisse *Lewerwurst*, de foie, à base de foie de porc ou de veau, se tartine sur du pain. La *Schwartzwurst*, saucisse noire, est proche du boudin noir.

BAEKENOFE

POUR 6 À 8 PERSONNES

* * *

MARINADE : **12 H** - PRÉPARATION : **20 MIN** - CUISSON : **4 H**

- 500 g d'épaule de mouton
- 500 g d'épaule de porc
- 500 g de bœuf à braiser (gîte ou paleron)
- 5 gros oignons
- 3 clous de girofle
- 2 gousses d'ail
- 50 cl de vin blanc d'Alsace
- 1 bouquet garni
- 200 g de farine
- 1 kg de pommes de terre
- 30 g de saindoux
- sel et poivre

---

1 La veille. Coupez les viandes en gros cubes. Épluchez 2 oignons, piquez-en un avec des clous de girofle et coupez l'autre en fines rondelles. Épluchez et écrasez l'ail. Mettez tous ces ingrédients dans un plat creux avec le vin, le bouquet garni, un peu de sel et du poivre. Faites mariner pendant 12 heures.

2 Le jour même. Versez la farine dans un bol, ajoutez 10 cl d'eau et mélangez pour obtenir une pâte lisse.

3 Préchauffez le four à 160 °C (th. 5-6). Épluchez et coupez en rondelles les pommes de terre et 3 oignons.

4 Graissez une cocotte avec le saindoux, puis mettez-y une couche de pommes de terre, une couche de viandes mélangées, une couche d'oignons et recommencez jusqu'à épuisement des ingrédients. Salez et poivrez chaque couche au fur et à mesure que vous les empilez. Terminez par une couche de pommes de terre.

5 Retirez le bouquet garni et l'oignon piqué de girofle de la marinade, puis versez celle-ci dans la cocotte. Le liquide doit affleurer la dernière couche ; sinon, ajoutez un peu d'eau.

6 Roulez la pâte à la farine en un boudin. Posez le couvercle sur la cocotte et soudez-le avec le ruban de pâte (il s'agit d'empêcher la vapeur de s'échapper pendant la cuisson).

7 Faites cuire 4 heures au four. Servez dans le plat de cuisson.

Servez le baekenofe avec une belle salade verte, et terminez le repas avec une salade de fruits frais.

SPÄTZLES
au beurre noisette

POUR 6 PERSONNES

* * *

PRÉPARATION : **15 MIN** - REPOS DE LA PÂTE : **1 H** - CUISSON : **15 MIN**

- 4 gros œufs ou 5 petits
- 1 pincée de sel
- 1 pincée de noix de muscade
- 5 cl d'eau
- 250 g de farine
- 1 cuill. à soupe de semoule
- 1 cuill. à soupe d'huile
- 60 g de beurre

---

1 Dans un saladier, battez les œufs en omelette avec le sel, la muscade et l'eau. Versez peu à peu la farine et la semoule en travaillant avec une spatule jusqu'à l'obtention d'une pâte homogène assez molle. Laissez reposer au frais 1 heure au moins.

2 Dans une grande marmite, portez à ébullition 5 litres d'eau salée avec l'huile. Maintenez une passoire à gros trous au-dessus, versez la pâte dedans et pressez légèrement avec une cuillère en bois pour la faire tomber dans l'eau bouillante.

3 Les spätzles sont cuits dès qu'ils remontent à la surface : sortez-les au fur et à mesure avec une écumoire, égouttez-les, posez-les sur un papier absorbant puis dans un plat chaud.

4 En même temps, faites fondre le beurre dans une poêle. Quand il devient doré et commence à sentir la noisette, versez-le sur les spätzles et servez.

Les pâtes d'Alsace

Les pâtes d'Alsace (IGP) se caractérisent par une forte proportion d'œufs dans la semoule de blé dur, 7 par kg. Les pâtes ou nouilles étaient autrefois confectionnées dans les fermes. Elles furent ensuite fabriquées par les boulangers avant de faire l'objet, depuis le XIXe siècle, d'une production industrielle encore importante. Très fines, les pâtes d'Alsace sont généralement présentées en forme de nid. Les « Spätzles », autres pâtes traditionnelles, sont pochées à l'eau bouillante avant d'être séchées. Elles se présent sous l'aspect de cordons irréguliers.

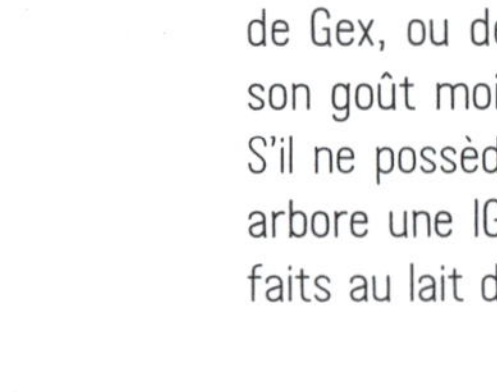

Les fromages du Jura

La Franche-Comté est un pays de fromages. Le comté, AOC à pâte cuite pressée, a un goût de noisette plus ou moins marqué selon les saisons. Le mont-d'or (AOC), appelé aussi vacherin du mont d'Or ou du haut Doubs, est fabriqué quand les vaches sont à l'étable de septembre à mars. Il est si onctueux qu'il peut se déguster à la cuillère. Le bleu de Gex, ou de Septmoncel ou du haut Jura, AOC à pâte persillée, diffère des autres bleus par son goût moins prononcé. Le morbier, AOC aussi, se distingue par une raie de charbon végétal. S'il ne possède pas d'AOC (contrairement à l'emmanteler suisse), l'emmental français Est-Central arbore une IGP et est produit selon un cahier des charges Label Rouge. Ces cinq fromages sont faits au lait de vache cru.

Le munster ou munster-géromé

L'origine de ce fromage remonterait au VIIe siècle, à l'époque des moines de Munster. Son terroir s'étend sur les deux versants des Vosges, alsacien et lorrain. Dans la région de Gérardmer, dans les Vosges, on fabrique le même fromage, mais on lui donne le nom patois de cette ville, Géromé. Le munster ou munster-géromé (selon que l'on se situe en Alsace ou en Lorraine), AOC est un fromage de vache, à pâte molle et à croûte lavée. La couleur de ce disque plat varie du jaune-orangé au rouge-orangé. Sa saveur est relevée et son odeur, typée. En Alsace, traditionnellement, on le saupoudre de cumin.

Les légumes fermentés

Condiment alsacien typique, le raifort provient de la racine de la plante du même nom. Râpé et assaisonné, il accompagne viandes, choucroutes et charcuteries. Le « Süri Ruewe », navet blanc à confire, est une variété de navet que l'on découpe en filaments et que l'on prépare comme la choucroute ; aujourd'hui plusieurs hybrides permettent même l'échelonnement des récoltes. Depuis des siècles, on prépare la « Sûrkrût », c'est-à-dire la choucroute, selon la recette traditionnelle : détaillée en longs filaments, le chou est salé, puis tassé, pour subir une fermentation.

LES SAVEURS DE L'EST

FONDUE *comtoise*

POUR 4 PERSONNES

* * *

PRÉPARATION : **10 MIN**

* 1 gousse d'ail
* 400 g de comté
* 400 g d'emmental
* 10 g de fécule
* 3 ou 4 cuill. à soupe de kirsch
* pain de campagne
* 40 cl de vin blanc sec (chardonnay d'Arbois)
* poivre

---

1 Épluchez la gousse d'ail et frottez-en l'intérieur d'un poêlon à fondue. Coupez le comté et l'emmental en fines lamelles. Délayez la fécule dans le kirsch. Coupez le pain en petits cubes.

2 Versez le vin dans le poêlon et mettez à chauffer doucement. Dès qu'il commence à mousser - il doit être chaud mais non bouillant -, jetez-y les lamelles de fromage en remuant sans arrêt avec une cuillère en bois. Quand il est bien fondu, ajoutez le kirsch et mélangez bien. Donnez quelques tours de moulin à poivre.

3 Posez le poêlon sur le réchaud à fondue placé au centre de la table et maintenez une chaleur douce. Servez les cubes de pain en même temps ; chacun les piquera au bout de sa fourchette à fondue et les trempera dans le fromage en tournant pour éviter les fils.

Les Comtois ont adopté l'emmental des Suisses et la fondue a suivi tout naturellement ; mais, ici, on y met aussi du comté et, bien sûr, du vin d'Arbois.

COQ AU VIN JAUNE
et aux morilles

POUR 8 PERSONNES

* * *

PRÉPARATION : **30 MIN** - CUISSON : **40 MIN + 10 À 15 MIN**

- 1 jeune coq de Bresse de 2 kg environ
- 300 g de morilles fraîches
- 3 cuill. à soupe de farine
- 60 g de beurre
- 30 cl de vin jaune
- 75 cl de crème fraîche
- sel et poivre

---

1 Coupez la volaille en huit morceaux. Ôtez le bout terreux des champignons et nettoyez ces derniers avec soin.

2 Préchauffez le four à 180 °C (th. 6). Salez, poivrez et farinez légèrement chaque morceau de coq. Faites-les revenir de tous côtés dans une cocotte avec le beurre sans les laisser prendre couleur. Couvrez, enfournez et faites cuire environ 40 minutes.

3 Sortez la cocotte du four, videz la graisse de cuisson et déglacez avec le vin jaune. Incorporez la crème, mélangez bien en retournant plusieurs fois les morceaux de volaille puis ajoutez les morilles. Mettez la cocotte sur le feu et laissez cuire doucement, sans couvrir, jusqu'à ce que la sauce épaississe et nappe la cuillère. Goûtez et rectifiez l'assaisonnement. Disposez les morceaux de coq et les morilles dans un plat chaud puis versez la sauce. Servez aussitôt.

Les profondes alvéoles des morilles demandent à être nettoyées avec un soin particulier pour enlever tout le sable qui pourrait s'y trouver. Faites-le avec un petit pinceau pour n'avoir à les rincer qu'un minimum ; vous préserverez ainsi au mieux leur parfum délicat.

Le vin jaune

Le plus original des vins jurassiens est issu du cépage savagnin. Durant les six longues années de son élevage en fût de chêne, un voile de levures se développe à sa surface, contribuant à développer des arômes caractéristiques de noix. Ce vin hors du commun donne du caractère à la cuisine franc-comtoise qui lui réserve les meilleurs produits : les morilles et la volaille de Bresse, pour un coq au vin éclatant de saveurs ; les écrevisses vivement sautées et mouillées de crème épaisse et de vin jaune ; le comté enfin, vieux et fruité, au goût de noisette décuplé par ce vin exceptionnel.

ÉCREVISSES SAUTÉES
au vin jaune

POUR 4 PERSONNES

* * *

PRÉPARATION : **30 MIN** - CUISSON : **4 MIN ENVIRON**

- 200 g d'échalotes grises
- 50 g de beurre
- 32 à 40 écrevisses selon leur taille
- 2 cuill. à soupe d'huile
- 10 cl de vin jaune
- 25 cl de crème fraîche
- sel et poivre

---

1 Épluchez et hachez finement les échalotes. Faites-les fondre doucement avec le beurre jusqu'à ce qu'elles soient transparentes et réservez-les.

2 Rincez les écrevisses et châtrez-les : saisissez l'écaille centrale du bout de la queue, tournez-la un peu et tirez pour entraîner le petit boyau noir qui se trouve sur le dos.

3 Dans une grande poêle, mettez l'huile à chauffer à feu vif et faites revenir les écrevisses quelques instants jusqu'à ce que leur carapace rougisse. Ajoutez la fondue d'échalotes, du sel et du poivre puis mouillez avec le vin et une quantité égale d'eau. Laissez mijoter très doucement pendant 2 ou 3 minutes.

4 Retirez les écrevisses avec une écumoire et disposez-les dans un plat creux maintenu au chaud. Laissez la poêle à feu vif, incorporez la crème et faites réduire quelques minutes pour épaissir la sauce. Rectifiez l'assaisonnement et versez sur les écrevisses. Servez aussitôt.

VOLAILLE DE BRESSE
à la crème

POUR 4 PERSONNES

* * *

PRÉPARATION : **30 MIN** - CUISSON : **40 MIN**

- 1 poulet de Bresse de 1,5 kg environ
- 1 échalote
- 60 g de beurre
- 10 cl de vin blanc très sec
- 25 cl de crème fraîche
- sel et poivre

---

1 Coupez le poulet en 8 morceaux. Pelez et émincez finement l'échalote.

2 Faites revenir le poulet dans une sauteuse à feu vif avec le beurre, en retournant les morceaux pour qu'ils soient dorés de tous côtés. Baissez le feu, ajoutez l'échalote, salez, poivrez, puis couvrez et laissez mijoter doucement pendant 40 minutes.

3 Retirez les morceaux de poulet de la sauteuse, disposez-les sur le plat de service et maintenez-les au chaud.

4 Augmentez le feu et déglacez la sauteuse avec le vin, en raclant le fond avec une cuillère en bois pour récupérer tous les sucs. Ajoutez la crème et laissez cuire à petits bouillons jusqu'à ce que la sauce épaississe et nappe la cuillère. Rectifiez l'assaisonnement, versez sur le poulet et servez aussitôt.

Les volailles de Bresse

Il y a deux siècles, les gastronomes célébraient déjà la qualité des poulardes de Bresse. Mais il fallut attendre les concours agricoles de la fin du XIXe, appelés « les Glorieuses », pour consacrer la réputation de la race bressane. Depuis, la production ne fait que croître. Ces volailles AOC se distinguent par un plumage entièrement blanc, une crête rouge et des pattes bleues, d'où le surnom de « volailles tricolores ». Élevé sur parcours herbeux, le poulet de Bresse est nourri de produits laitiers et de céréales, puis est abattu à l'âge de 4 mois minimum. Élevée de la même manière, la poularde est ensuite mise en épinette, petite cage, et abattue à l'âge de 5 mois. Le chapon de Bresse, mâle sélectionné et castré, est aussi engraissé en épinette avant d'être abattu à 8 mois.

CUISSES DE GRENOUILLE
de la Dombes sautées

POUR 4 PERSONNES

* * *

PRÉPARATION : **20 MIN** - TREMPAGE : **1 H** - CUISSON : **6 À 8 MIN**

- 4 douzaines de cuisses de grenouille
- lait
- 1 gousse d'ail
- farine
- 2 cuill. à soupe de persil plat ciselé
- 300 g de beurre
- sel et poivre

---

1 Coupez l'extrémité des pattes de grenouille au ciseau. Rincez les cuisses de grenouille à l'eau vinaigrée puis faites-les tremper 1 heure dans un saladier rempli de lait. Égouttez-les et épongez-les avec soin. Épluchez l'ail, hachez-le très finement et mélangez-le au persil.

2 Passez les cuisses de grenouille dans la farine et essuyez-les délicatement ; la farine doit former une couche fine.

3 Posez 2 grandes poêles sur un feu vif. Faites fondre 100 g de beurre dans chacune et mettez-y les grenouilles en les répartissant bien. Salez et poivrez. Dès qu'elles commencent à dorer, retournez-les l'une après l'autre et baissez le feu. Poursuivez la cuisson à feu doux pour faire dorer l'autre côté.

4 Disposez les cuisses de grenouille sur un plat chaud et versez le beurre de cuisson dessus. Faites fondre le reste de beurre à feu doux et versez-le également dans le plat dès qu'il commence à mousser. Parsemez de persillade et servez aussitôt.

Cette préparation très simple est néanmoins délicate ; la cuisson nécessite beaucoup d'attention. La chair des grenouilles ne doit pas se dessécher et le beurre ne doit pas noircir. Il est préférable d'utiliser du beurre clarifié.

NOIX DE VEAU *aixoise*

POUR 4 À 6 PERSONNES

* * *

PRÉPARATION : **40 MIN** - CUISSON : **1 H**

- 1 kg de noix de veau
- 1 fine barde de lard
- 2 bottes de carottes nouvelles
- 1 botte de petits oignons
- 4 cœurs de céleri
- 80 g de beurre
- 300 g de marrons au naturel
- bouillon
- sel et poivre

---

1 Demandez à votre boucher de barder et de ficeler la viande en rôti. Épluchez les jeunes carottes en les laissant entières, lavez-les, de même que les petits oignons et les cœurs de céleri.

2 Mettez la moitié du beurre à fondre dans une cocotte, à feu moyen, et faites revenir le rôti en le retournant plusieurs fois pour qu'il soit doré de tous côtés. Retirez-le et jetez la graisse de cuisson.

3 Mettez le reste de beurre dans la cocotte, baissez le feu et ajoutez les légumes. Faites-les revenir également, en remuant souvent, jusqu'à ce qu'ils commencent à prendre couleur.

4 Remettez la viande, versez assez de bouillon pour couvrir les légumes (la viande ne doit être immergée qu'à mi-hauteur), salez et poivrez. Couvrez et laissez cuire à feu très doux pendant 1 heure. À mi-cuisson, retournez le rôti et ajoutez les marrons.

5 Sortez la viande de la cocotte et, après avoir retiré la barde et la ficelle, coupez-la en tranches. Disposez celles-ci sur un plat chaud en répartissant les légumes autour. Faites réduire légèrement le jus de cuisson à feu vif pour le concentrer, rectifiez l'assaisonnement et versez-le dans le plat.

TARTIFLETTE *savoyarde*

POUR 4 PERSONNES

* * *

PRÉPARATION : **30 MIN** - CUISSON : **50 MIN**

- 600 g de pommes de terre
- 1 oignon
- 250 g de reblochon fermier
- 200 g de lardons fumés
- 1 cuill. à soupe d'huile d'arachide
- 30 cl de crème liquide

---

1 Épluchez et lavez les pommes de terre. Faites-les cuire 20 minutes dans de l'eau salée. Égouttez-les, rafraîchissez-les sous l'eau froide puis coupez-les en tranches.

2 Pelez et émincez l'oignon. Coupez le reblochon en deux dans l'épaisseur.

3 Dans une poêle, mettez à chauffer l'huile et faites-y saisir les lardons.

4 Préchauffez le four à 180 °C (th. 6). Répartissez les tranches de pomme de terre, les lardons et l'oignon en couches dans un grand plat à gratin. Recouvrez toute la surface avec les trois quarts du reblochon posé croûte vers le bas.

5 Dans une casserole, faites chauffer la crème avec le reste du reblochon, à feu doux. Mélangez soigneusement pour faire fondre le fromage puis versez la crème au reblochon dans le plat.

6 Faites cuire au four de 25 à 30 minutes. Servez aussitôt, avec une salade verte.

Vous pouvez faire fondre les oignons avec les lardons dans une poêle pendant 5 minutes pour les faire légèrement colorer.
La Savoie est sans doute la province de France qui possède le plus de recettes utilisant les pommes de terre ou « tartifles », comme on les appelle ici.

GRATIN
dauphinois

POUR 4 À 6 PERSONNES

* * *

PRÉPARATION : **15 MIN** - CUISSON : **50 MIN ENVIRON**

- 1 kg de pommes de terre à chair ferme
- 2 gousses d'ail
- 80 g de beurre
- 150 g d'emmental râpé
- noix de muscade
- 50 cl de lait
- 25 cl de crème fraîche épaisse
- sel et poivre

---

1 Épluchez les pommes de terre et coupez-les en fines rondelles. Pelez les gousses d'ail.

2 Préchauffez le four à 220 °C (th. 7-8). Frottez un plat à gratin avec l'ail, puis beurrez-le généreusement.

3 Disposez les pommes de terre en couches régulières dans le plat en recouvrant chaque étage d'emmental râpé, d'un peu de sel, de poivre et de noix de muscade râpée.

4 Portez à ébullition le lait avec la crème fraîche épaisse dans une casserole. Ajoutez un peu de sel.

5 Versez ce mélange sur les pommes de terre, puis parsemez de noisettes de beurre. Enfournez et faites cuire 50 minutes. Servez brûlant.

Le « vrai » gratin dauphinois ne comporte ni œuf, ni fromage, seulement des pommes de terre, du lait et de la crème fraîche. Le gratin savoyard, lui, est toujours préparé avec du beaufort et souvent avec du lard mais sans crème et sans œuf ; en outre, les pommes de terre sont cuites au bouillon.

GRATIN DE BLETTES
à la voironnaise

POUR 4 PERSONNES

* * *

PRÉPARATION : **15 MIN** - CUISSON : **25 MIN + 10 MIN**

- 30 cl de bouillon de bœuf
- 1 kg de côtes de blettes
- 80 g de beurre
- 50 g d'emmental râpé
- 2 œufs
- sel et poivre

---

1 Versez le bouillon dans une petite casserole et faites-le réduire à feu vif pour ne conserver que 3 ou 4 cuillerées à soupe de liquide.

2 Préparez les blettes. Après avoir retiré la partie verte s'il en reste encore, épluchez-les délicatement et coupez les côtes en tronçons de 5 à 6 cm de long : cassez-les d'abord en retirant au fur et à mesure les fils qui dépassent avant d'égaliser les extrémités au couteau. Faites-les cuire 25 minutes à l'eau bouillante salée puis égouttez-les.

3 Préchauffez le four à 190 °C (th. 6-7). Mettez le beurre à fondre dans une poêle et faites revenir les blettes à feu moyen pendant une dizaine de minutes. Ajoutez le bouillon réduit, et mélangez. Rectifiez l'assaisonnement et déposez les blettes dans un plat à gratin.

4 Cassez et battez les œufs dans un bol ; salez et poivrez légèrement. Versez-les sur les blettes, ajoutez le fromage et faites gratiner pendant 10 minutes. Servez aussitôt.

Au contraire de celles du cardon, les feuilles de blettes se consomment également.

CROZETS

POUR 6 PERSONNES

* * *

PRÉPARATION : **30 MIN** - CUISSON : **10 MIN**

- 3 pommes de terre moyennes
- 300 g de farine de froment
- 200 g de farine de sarrasin
- 4 œufs
- 1 cuill. à café d'huile de noix

---

1 La veille, faites cuire les pommes de terre avec leur peau pendant environ 30 minutes puis égouttez-les et réservez-les.

2 Le jour même, pelez-les et passez-les au moulin à légumes à grille fine. Mettez cette purée dans un saladier avec les farines et mélangez bien. Incorporez les œufs l'un après l'autre sans cesser de travailler la pâte, puis ajoutez juste assez d'eau pour qu'elle soit homogène mais très épaisse. Ajoutez l'huile de noix et pétrissez jusqu'à ce que la pâte soit bien souple.

3 Si la quantité de pâte est trop importante, partagez-la en 2 ou 3 morceaux. Étalez-la en grands rectangles de 3 ou 4 mm d'épaisseur et coupez ceux-ci en lanières d'environ 8 mm de large. Recoupez ces lanières en petits carrés.

4 Faites cuire les crozets comme des pâtes, en les plongeant pendant 10 minutes dans une grande quantité d'eau bouillante salée. Égouttez-les puis servez-les dans un plat creux avec un gros morceau de beurre.

Quand ils n'accompagnent pas un plat de viande, les crozets sont fréquemment préparés en gratin. Dans un plat beurré, alternez des couches de crozets et du fromage râpé, versez une louche de bouillon et mettez à four moyen jusqu'à ce que la surface dore.

Les crozets

Fabriqués à base de farine de sarrasin ou de blé, d'œufs, de sel et d'eau, les crozets existent en Savoie (plus précisément en Tarentaise) sous la forme caractéristique que nous leur connaissons depuis le XVIIe siècle. C'est la phase de séchage qui donne aux crozets toute leur saveur. Étalée sur de grandes plaques, la pâte sèche doucement à une température de maximum 70 °C pendant 48 heures.

Les poissons des lacs

La plupart des restaurateurs installés au bord des trois grands lacs alpins – les lacs d'Annecy, du Bourget et Léman – proposent du poisson à leur menu. Les techniques de pêche au filet pratiquées dans ces lacs sont adaptées aux différentes espèces. La lote, poisson d'eau douce différant de la lotte de mer, ou baudroie, se pêche au tramail dans le Léman. La truite des lacs alpins, à la chair saumonée, est recherchée par les pêcheurs professionnels ainsi que par les amateurs, tout comme l'omble chevalier, poisson noble proche du saumon. Autre salmonidé, la féra, dont la chair est très fine, vit dans le Léman et le lac d'Annecy ; le lavaret est son homologue du lac du Bourget. La friture de perchot, jeune perche, est une autre spécialité de ce lac. La perche est pêchée dans les trois lacs et consommée en filets.

La noix de Grenoble

La présence des noyers dans la région remonte à l'époque néolithique. Autrefois, en plus du fruit dont on tirait l'huile, le noyer était cultivé aussi pour son bois. Les techniques mécanisées entraînent de nos jours la culture d'arbres de petite taille. La noix de Grenoble bénéficie d'une AOC, qui s'applique à trois variétés : mayette, franquette et parisienne. Les noix fraîches doivent être consommées dans les quinze jours qui suivent leur récolte. Sèches, elles accompagnent les salades et peuvent être dégustées nature ou en dessert avec du miel.

Les fromages de Savoie

La Savoie est une terre d'alpages réputée pour ses fromages de vache. L'abondance, fabriqué dans la vallée du même nom, et le beaufort, dont le terroir regroupe Beaufortin, Tarentaise et Maurienne, sont tous deux à pâte pressée cuite. Le reblochon, à pâte semi-pressée et à croûte lavée, est né dans la vallée de Thônes. Ces fromages, au lait cru, bénéficient d'une AOC. La tomme de Savoie est une pâte pressée non cuite, qui se décline selon différents taux de matières grasses. Il ne faut pas confondre la raclette de Savoie avec celle du Valais (Suisse), même si cette dernière possède une AOC. Au chapitre des bleus, celui de Termignon, fromage local à pâte persillée,est produit dans le parc de la Vanoise.

LES SAVEURS DU MASSIF ALPIN

MADELEINES

POUR ENVIRON 25 MADELEINES

* * *

PRÉPARATION : **20 MIN** - REPOS DE LA PÂTE : **30 MIN** - CUISSON : **8 À 10 MIN**

- 120 g de beurre
- 3 œufs
- 130 g de sucre en poudre
- 1 pincée de sel
- 150 g de farine
- 5 g de levure chimique

---

1 Faites fondre le beurre et laissez-le tiédir. Cassez les œufs dans un saladier et fouettez-les longuement avec le sucre et le sel jusqu'à ce qu'ils blanchissent et deviennent mousseux.

2 Ajoutez alors la farine tamisée, la levure et le beurre fondu. Quand la pâte est bien homogène, mettez-la au réfrigérateur et laissez-la reposer pendant 30 minutes.

3 Préchauffez le four à 220 °C (th. 6-7). Beurrez et farinez les moules ou les plaques à madeleines. Remplissez-les aux deux tiers et enfournez. Faites cuire pendant 8 à 10 minutes en surveillant la coloration des gâteaux : ils sont cuits quand le tour est bien doré. Démoulez et laissez refroidir sur une grille.

TARTE
aux mirabelles

POUR 8 PERSONNES

* * *

PRÉPARATION : **40 MIN** - REPOS DE LA PÂTE : **2 H + 1 H** - CUISSON : **40 MIN**

POUR LA PÂTE BRISÉE

- 150 g de beurre en pommade
- 1 pincée de sel
- 1 cuill. à café de sucre en poudre
- 1 œuf
- 1 cuill. à soupe de lait
- 170 g de farine

POUR LA CRÈME PÂTISSIÈRE

- 25 cl de lait
- 3 jaunes d'œufs
- 70 g de sucre en poudre
- 20 g de farine
- 5 cl de liqueur de mirabelle
- 1 kg de mirabelles
- sucre en poudre
- nappage abricot (facultatif)

---

1 La veille, préparez d'abord la pâte. Dans un saladier, divisez le beurre en morceaux. Travaillez-le à la spatule jusqu'à ce qu'il prenne une consistance crémeuse. Ajoutez ensuite le sel, le sucre, l'œuf et le lait en continuant à remuer. Quand le mélange est bien homogène, incorporez petit à petit la farine en travaillant la pâte le moins longtemps possible. Ramassez-la en boule, enveloppez-la dans un film alimentaire et laissez-la reposer au moins 2 heures au réfrigérateur ou même une nuit.

2 Le jour même, beurrez largement un moule à tarte de 28 cm de diamètre. Étalez la pâte (3 mm d'épaisseur) et garnissez-en le moule. Piquez le fond avec une fourchette et laissez reposer au réfrigérateur pendant 1 heure.

3 Pendant ce temps, préparez la crème pâtissière. Portez le lait à ébullition dans une casserole puis arrêtez le feu. Fouettez les jaunes d'œufs avec le sucre jusqu'à ce qu'ils blanchissent, incorporez la farine. Versez ensuite le lait bouillant en continuant à remuer, puis remettez le mélange dans la casserole à feu vif. Faites bouillir 1 minute en fouettant vivement contre le fond de la casserole pour éviter que la crème n'attache. Ajoutez la liqueur de mirabelle, versez dans un saladier et laissez refroidir.

4 Préchauffez le four à 180°C (th. 6). Lavez les mirabelles. Séchez-les, coupez-les en deux et ôtez les noyaux. Étalez la crème dans le fond de tarte et disposez les mirabelles en les serrant bien. Saupoudrez de sucre et faites cuire 40 minutes. En fin de cuisson, le dessus des fruits doit être légèrement caramélisé ; sinon, passez la tarte quelques instants sous le gril. Glacez éventuellement avec un nappage abricot. Servez tiède ou froid.

La mirabelle de Lorraine

La mirabelle fut introduite en Lorraine au XVe siècle par le roi René, qui fit venir des pruniers de Mirabeau (Vaucluse). En plein essor pendant des siècles, la culture de ce fruit déclina après la Deuxième Guerre mondiale. À la fin des années 1980, 2 000 hectares de mirabelliers furent replantés sur des vergers abandonnés. Aujourd'hui, la Lorraine fournit 70 % de la production mondiale de la mirabelle. Cette petite prune jaune à chair ferme, qui bénéficie de l'Indication géographique protégée (IGP), se savoure de la mi-août à la fin septembre. La mirabelle donne aussi une eau-de-vie très appréciée.

STRUDEL
aux pommes

POUR 8 À 10 PERSONNES

* * *

PRÉPARATION : **50 MIN** - REPOS DE LA PÂTE : **2 H** - CUISSON : **35 MIN**

POUR LA PÂTE

- 300 g de farine
- 1 cuill. à café de sel
- 1 jaune d'œuf
- 20 cl d'eau
- 2 ou 3 cuill. à soupe d'huile
- 700 g de pommes à cuire
- 160 g de beurre fondu
- 150 g de vergeoise blonde
- 150 g de raisins secs
- 40 g de chapelure
- 100 g de cerneaux de noix grillés et hachés
- 1 cuill. à café de cannelle en poudre

---

1 Faites la pâte. Tamisez la farine dans un saladier. Délayez le sel et le jaune d'œuf dans l'eau tiédie, versez le mélange et l'huile au centre de la farine et incorporez rapidement pour obtenir une boule de pâte molle. Pétrissez ensuite sur le plan de travail légèrement fariné jusqu'à ce que la pâte soit lisse et élastique. Couvrez-la et laissez-la reposer 2 heures.

2 Épluchez les pommes, épépinez-les et coupez-les en petits dés. Faites-les revenir à la poêle avec 100 g de beurre, puis ajoutez les autres ingrédients de la garniture et laissez refroidir.

3 Commencez à étaler la pâte au rouleau puis posez-la sur un grand torchon fariné. Étirez-la ensuite avec les doigts en glissant les mains à plat dessous et en allant du centre vers les bords pour qu'elle soit extrêmement fine : on doit voir les mains à travers. Coupez les bords régulièrement pour obtenir un grand rectangle et enduisez-le avec la moitié du beurre restant.

4 Étalez la garniture sur la pâte jusqu'à 3 cm des bords puis enroulez le strudel dans le sens de la longueur en vous aidant du torchon pour soulever le côté long du rectangle de pâte et former le rouleau.

5 Préchauffez le four à 190 °C (th. 6-7). Beurrez une plaque à pâtisserie. Posez délicatement le strudel sur la plaque, en recourbant les deux bouts s'il est très long et en mettant la jointure en dessous. Badigeonnez la surface avec le reste de beurre fondu, enfournez et faites cuire environ 35 minutes.

KOUGLOF

POUR 6 PERSONNES

* * *

PRÉPARATION : **45 MIN** - REPOS : **30 MIN ENVIRON + 1 H** - CUISSON : **45 MIN ENVIRON**

- 100 g de raisins secs
- 2 cuill. à soupe de kirsch
- 20 g de levure de boulanger
- 20 cl de lait
- 500 g de farine
- 2 œufs
- 100 g de sucre en poudre
- 1 grosse pincée de sel
- 150 g de beurre ramolli
- 2 cuill. à soupe d'amandes effilées
- sucre glace

---

1 Mettez les raisins secs à tremper dans un bol avec le kirsch. Préparez un levain. Délayez la levure dans la moitié du lait tiédi, ajoutez 50 g de farine, mélangez bien et laissez reposer dans un endroit tiède jusqu'à ce que cette pâte double de volume.

2 Tamisez le reste de farine en fontaine dans un grand saladier. Mettez au centre le levain et les œufs battus, le reste de lait, le sucre et le sel. Mélangez le tout et pétrissez la pâte pendant environ 15 minutes. Incorporez le beurre et travaillez encore la pâte jusqu'à ce qu'elle se détache des doigts. Ajoutez enfin les raisins et mélangez bien. Couvrez avec un linge et laissez reposer pendant 1 heure.

3 Préchauffez le four à 180 °C (th. 6). Beurrez largement un moule à kouglof. Répartissez les amandes dans les cannelures. Pétrissez à nouveau la pâte, mettez-la dans le moule et laissez reposer dans un endroit tiède jusqu'à ce qu'elle le remplisse largement. Enfournez et laissez cuire 45 minutes environ, en couvrant éventuellement avec une feuille d'aluminium si la surface prend trop vite couleur. Laissez refroidir sur une grille, démoulez et saupoudrez largement de sucre glace.

CORNIOTTES

POUR 4 PERSONNES

* * *

PRÉPARATION : **45 MIN** - REPOS DE LA PÂTE : **2 H** - CUISSON : **20 MIN**

POUR LA PÂTE BRISÉE

- 300 g de beurre en pommade
- 1/2 cuill. à café de sel
- 2 cuill. à café de sucre en poudre
- 2 œufs
- 2 cuill. à soupe de lait
- 350 g de farine

POUR LA PÂTE À CHOUX

- 30 cl de lait
- 20 cl d'eau
- 170 g de beurre
- 1/2 cuill. à café de sel
- 240 g de farine
- 6 ou 7 œufs
- 65 g de sucre en poudre

---

1 Préparez la pâte brisée. Coupez le beurre en morceaux dans un saladier et travaillez-le à la spatule jusqu'à ce qu'il soit parfaitement onctueux. Ajoutez ensuite le sel, le sucre, les œufs et le lait en continuant à remuer. Quand le mélange est bien homogène, incorporez petit à petit la farine en travaillant la pâte le moins longtemps possible. Ramassez-la en boule, enveloppez-la et laissez-la reposer au moins 2 heures au réfrigérateur.

2 Faites ensuite la pâte à choux. Mettez la moitié du lait, l'eau, le beurre et le sel dans une petite casserole et portez doucement à ébullition. Hors du feu, ajoutez la farine en une seule fois en remuant énergiquement pour obtenir une pâte lisse et homogène puis remettez à feu doux pendant 2 ou 3 minutes, sans cesser de remuer à la spatule, pour dessécher la pâte, jusqu'à ce qu'elle se détache des parois de la casserole. Retirez la casserole du feu et ajoutez les œufs l'un après l'autre en veillant à ce que le précédent soit parfaitement absorbé avant d'incorporer le suivant. La pâte ne doit pas être trop molle : si elle devient humide, n'ajoutez pas le dernier œuf. Laissez refroidir, puis incorporez le reste du lait et le sucre.

3 Préchauffez le four à 200 °C (th. 6-7). Recouvrez 1 ou 2 plaques de papier sulfurisé. Étalez la pâte brisée à 2 ou 3 mm d'épaisseur et découpez à l'emporte-pièce autant de cercles de 10 cm de diamètre que possible. Posez sur chacun 1 boule de pâte à choux de la taille d'une très grosse noix puis enveloppez-la en remontant les bords du cercle entre 3 doigts ; pincez le sommet pour donner au petit gâteau sa forme pyramidale. Rangez les corniottes sur les plaques au fur et à mesure, enfournez et faites cuire environ 20 minutes jusqu'à ce qu'elles soient bien dorées. Servez-les tièdes.

Les corniottes sont originaires de Louhans où on les déguste encore le jour de l'Ascension.

GÂTEAU AUX NOIX
de Grenoble

POUR 6 À 8 PERSONNES

* * *

PRÉPARATION : **30 MIN** - CUISSON : **50 MIN**

- 250 g de cerneaux de noix
- 5 œufs
- 180 g de sucre en poudre
- 5 cl de rhum brun
- 100 g de fécule

POUR LE DÉCOR

- 150 g de sucre glace
- 1 cuill. à soupe d'eau
- 2 cuill. à soupe d'extrait de café
- 50 g de sucre en poudre
- 10 cerneaux de noix entiers pour le décor

---

1 Broyez les noix assez grossièrement en les passant au mixeur. Cassez les œufs et séparez les blancs des jaunes.

2 Mettez les jaunes d'œufs et le sucre dans un saladier et travaillez le mélange à la spatule jusqu'à ce qu'il blanchisse. Ajoutez le rhum.

3 Préchauffez le four à 190 °C (th. 6-7). Beurrez largement un moule à manqué. Tapissez le fond de papier sulfurisé beurré.

4 Battez les blancs en neige ferme puis incorporez-les délicatement au mélange jaunes-sucre. Ajoutez ensuite les noix hachées puis la fécule en mélangeant bien. Versez la préparation dans le moule, enfournez et faites cuire pendant 50 minutes.

5 Sortez le gâteau du four, laissez-le tiédir un peu puis démoulez-le sur une grille pour le faire refroidir. 6. Délayez le sucre glace dans l'eau et l'extrait de café. Étalez ce glaçage à la spatule.

6 Mettez le sucre en poudre dans une petite casserole, mouillez de quelques gouttes d'eau, portez à ébullition et faites cuire quelques minutes. Hors du feu, trempez-y les cerneaux de noix piqués sur une aiguille pour les coller à la surface du gâteau.

BASSIN MÉDITERRANÉEN

ENTRÉES

PLATS

DESSERTS

PROVENCE

PAYS NIÇOIS · CORSE

LANGUEDOC · ROUSSILLON

GRAND *aïoli*

POUR 6 PERSONNES

* * *

PRÉPARATION : **1 H** - DESSALAGE DE LA MORUE : **12 H** - CUISSON : **30 À 40 MIN**

- 6 filets de morue de 150 g chacun
- 2 bottes de petites carottes fines
- 2 bottes de navets à longues fanes
- 1 chou-fleur moyen
- 3 gros artichauts ou 6 artichauts poivrades
- 6 pommes de terre moyennes
- 6 œufs
- 1 l de moules
- 5 cl de vin blanc sec
- 1 échalote
- 2 betteraves cuites
- gros sel
- poivre (facultatif)

POUR L'AÏOLI

- 10 à 12 gousses d'ail
- 3 ou 4 pincées de sel
- 3 jaunes d'œufs
- 75 cl d'huile d'olive

---

1 La veille, mettez les filets de morue à dessaler dans un grand récipient d'eau fraîche. Changez l'eau 2 ou 3 fois.

2 Le jour même, épluchez les carottes et les navets. Cassez la queue des artichauts. Parez le chou-fleur. Lavez tous ces légumes y compris les pommes de terre (ne les épluchez pas).

3 Mettez tous les légumes à cuire séparément dans de l'eau bouillante salée : 10 à 15 minutes pour les carottes et les navets, 20 à 30 minutes pour les artichauts (15 minutes s'ils sont petits), 12 à 15 minutes pour le chou-fleur, 20 minutes pour les pommes de terre. Faites durcir les œufs. Nettoyez les moules et réservez-les.

4 Préparez l'aïoli. Épluchez l'ail, mettez-le dans un mortier et pilez-le avec le sel. Ajoutez les jaunes d'œufs et mélangez pendant 2 minutes environ.

5 Laissez alors reposer 5 minutes. Versez l'huile d'olive goutte à goutte d'abord, en filet ensuite, en tournant avec une cuillère en bois toujours dans le même sens. Poivrez éventuellement. L'aïoli doit être très ferme.

6 Faites chauffer de l'eau et plongez-y, avant qu'elle ne bouille, les filets de morue pendant 3 ou 4 minutes en conservant de légers frémissements. Égouttez-les bien et mettez-les sur le plat de service ; gardez l'eau de cuisson. Mettez les moules dans une casserole, ajoutez le vin et l'échalote ciselée. Couvrez et faites cuire en remuant de temps à autre. Dès que les moules sont ouvertes, jetez la cuisson et réservez-les.

7 Égouttez tous les légumes et disposez-les sur le plat de service, ainsi que les betteraves que vous aurez réchauffées. Si vous avez utilisé des gros artichauts, coupez-les en deux. Ajoutez les œufs durs, les escargots et les moules dont vous aurez retiré une valve. Servez l'aïoli à part.

Pas de règle absolue : autour de la morue, l'abondance de saison est de mise : haricots verts ou plats, fenouil, supions, escargots, bulots...

Les olives

Qu'elle soit récoltée avant maturité (verte) ou à maturité (noire), l'olive doit subir une désamérisation pour être consommée. L'olive noire de Nyons (AOC), de variété tanche, est désamérisée par trempage dans une saumure. L'olive noire de la vallée des Baux (AOC), de variété grossane, est piquée au sel sec ou préparée en saumure. L'olive cassée de la vallée des Baux (AOC) est verte, de variétés salonenque ou berruguette (le cassage a pour but d'enlever l'amertume). On trouve également en Provence des olives vertes de table de variétés picholine et lucques.

RAVIOLIS
à la niçoise

POUR 10 PERSONNES

* * *

PRÉPARATION : **40 MIN** - REPOS : **1 H 30 + 30 MIN** - CUISSON : **10 MIN**

- 2 cuill. à soupe d'huile d'olive
- 200 g de parmesan râpé
- sauce de daube ou sauce tomate ou beurre

POUR LA FARCE

- 1 kg de vert de blettes
- 500 g de reste de daube de bœuf
- 1 oignon
- 1 gousse d'ail
- 2 œufs
- 1 branchette de thym
- noix de muscade

POUR LA PÂTE

- 700 g de farine
- 5 œufs
- 25 g de sel

---

1 Préparez la pâte à raviolis. Tamisez la farine dans un saladier, formez une fontaine, cassez-y les œufs, ajoutez le sel et une cuillerée d'eau. Du bout des doigts, mélangez en incorporant la farine peu à peu. Ajoutez un peu d'eau si cela est nécessaire, mais la pâte ne doit pas coller. Mettez-la en boule, enveloppez-la d'un linge et laissez-la reposer pendant 1 h 30.

2 Découpez ensuite la boule en 8 morceaux et étalez finement chacun d'eux. Laissez sécher ces carrés de pâte pendant 20 à 30 minutes.

3 Préparez la farce. Lavez les feuilles de blettes (réservez les côtes pour une autre utilisation, par exemple un gratin). Plongez le vert dans l'eau bouillante salée pendant 5 minutes, égouttez-le, pressez-le entre les mains puis hachez-le. Hachez aussi le bœuf ainsi que l'oignon et l'ail épluchés.

4 Mélangez tous ces ingrédients, ajoutez les œufs, le thym émietté et une pointe de noix de muscade. Salez, poivrez et malaxez bien cette farce.

5 Avec une petite cuillère, alignez régulièrement, à intervalles de 2 cm environ, des petits tas de farce sur 4 des carrés de pâte. Recouvrez avec les carrés restants. Avec un doigt, faites bien adhérer les deux carrés dans l'intervalle entre les tas de farce. Farinez légèrement le dessus, puis séparez les raviolis avec une roulette et déposez-les sur un linge.

6 Faites bouillir 5 l d'eau salée avec 2 cuillerées d'huile dans une grande marmite. Plongez-y les raviolis et laissez cuire pendant 8 minutes environ : comptez 4 minutes après qu'ils soient tous remontés à la surface. Égouttez-les. Déposez-les sur un linge plié en quatre pour bien éliminer toute l'eau de cuisson.

7 Dans le plat de service chauffé, déposez une couche de raviolis, saupoudrez-la généreusement de parmesan, puis ajoutez la sauce choisie ou des noisettes de beurre. Ajoutez une autre couche semblable sur la première. Servez bien chaud.

Si la daube est la base de la farce des raviolis à la niçoise, certains y ajoutent du veau, de la volaille ou du porc. La pâte est la même pour faire des nouilles ou des cannellonis.

SALADE *niçoise*

POUR 4 À 6 PERSONNES

* * *

PRÉPARATION : **40 MIN** - CUISSON : **10 MIN**

- 5 œufs
- 1 petite laitue
- 6 à 8 tomates
- 1 botte d'oignons nouveaux
- 12 à 18 filets d'anchois salés
- 1 poivron
- 3 branches de céleri
- 1 citron
- 3 ou 4 fonds d'artichauts violets
- 2 cuill. à soupe de vinaigre de vin blanc
- 5 cuill. à soupe d'huile d'olive
- 1 boîte de thon à l'huile ou au naturel
- 100 g de petites olives noires de Nice
- sel et poivre

---

1 Faites durcir les œufs pendant 10 minutes à l'eau bouillante.

2 Lavez la laitue, épongez les feuilles. Coupez les tomates en quartiers. Épluchez les oignons et hachez un peu de vert de la queue (la partie proche de l'oignon).

3 Dessalez les anchois sous le robinet. Rincez le poivron, épépinez-le et coupez-le en fines lanières. Lavez les branches de céleri et coupez-les en tout petits dés. Citronnez les fonds d'artichaut et coupez-les en lamelles. Rafraîchissez et écalez les œufs puis coupez-les en quartiers.

4 Préparez la vinaigrette avec le vinaigre, l'huile, du sel et du poivre.

5 Dans un grand plat creux, disposez quelques feuilles de salade, puis un peu de tomates, des tranches d'artichaut, des lanières de poivron, des miettes de thon, quelques oignons, 2 ou 3 pincées de céleri et de queue d'oignon hachée. Continuez ainsi jusqu'à épuisement des ingrédients.

6 Versez la vinaigrette sur la salade et remuez-la. Disposez les quartiers d'œuf et les anchois par-dessus. Décorez avec les olives.

PISSALADIÈRE

POUR 4-6 PERSONNES

* * *

PRÉPARATION : **15 MIN** - REPOS : **1 H** - CUISSON : **45 MIN**

- 500 g de pâte à pain (à acheter chez votre boulanger)
- 12 cl d'huile d'olive
- 1 kg d'oignons
- 3 gousses d'ail
- 1 branche de thym
- 1/2 feuille de laurier
- 1 cuill. à soupe de câpres
- 25 filets d'anchois salés
- 20 olives noires de Nice
- sel et poivre

---

1 Déposez la pâte à pain sur le plan de travail légèrement fariné, aplatissez-la légèrement, puis versez dessus 4 cuillerées à soupe d'huile d'olive. Pétrissez à la main pour incorporer l'huile, roulez la pâte en boule et laissez-la lever 1 heure à température ambiante.

2 Pelez et émincez les oignons. Pelez et écrasez l'ail. Dans une grande poêle, mettez le reste d'huile d'olive, ajoutez les oignons et faites-les fondre doucement à couvert, pendant 25 minutes environ, avec très peu de sel, un peu de poivre, l'ail écrasé, le thym, le laurier et les câpres.

3 Préchauffez le four à 240 °C (th. 8). Aplatissez la pâte en un disque de 1,5 cm d'épaisseur environ et déposez-la sur la plaque recouverte de papier sulfurisé. étalez la purée d'oignon, sans aller tout à fait jusqu'au bord.

4 Dessalez les filets d'anchois sous le robinet, épongez-les et répartissez-les sur la purée de façon qu'ils forment un quadrillage. Disposez les olives en les enfonçant légèrement.

5 Façonnez tout le tour de la pâte pour former un rebord qui maintienne la garniture. Faites cuire au four pendant 20 minutes. Servez tiède ou froid.

En pays niçois, l'anchois est le poisson roi. Dans la pissaladière, il crée un contraste savoureux avec la douceur des oignons. De façon plus générale, il entre dans la composition du pissalat, une purée de poissons ayant mariné avec sel et aromates, présente dans nombre de préparations locales.

SOCCA

POUR 3 OU 4 PERSONNES

* * *

PRÉPARATION : **15 MIN** - CUISSON : **7 OU 8 MIN**

- 125 g de farine de pois chiches
- 50 cl d'eau
- 4 cuill. à soupe d'huile d'olive
- 3 pincées de sel
- poivre

---

1 Préchauffez le four à 250 °C (th. 8-9) pendant 30 minutes au moins. Dans un grand saladier, versez la farine puis délayez-la avec l'eau et 3 cuillerées d'huile en fouettant vivement. Salez, mélangez bien puis passez la pâte au chinois : il ne doit rester aucun grumeau.

2 Huilez une plaque ronde en fer battu étamé de 50 cm de diamètre ou un plat rond allant au four et mettez cette plaque au four pendant 10 minutes pour bien la chauffer.

3 Versez la pâte sur la plaque chaude, étalez-la sur une épaisseur de 3 mm au maximum. Enfournez la plaque près du gril. Au bout de 2 minutes, éteignez le four et allumez le gril. Laissez cuire jusqu'à ce que la socca soit bien dorée et même un peu brûlée. Si des cloques se forment, percez-les avec la pointe d'un couteau.

4 Sortez la socca du four. Poivrez-la généreusement et coupez-la en lambeaux, que vous dégusterez brûlants.

La socca est vendue sur les marchés niçois. Traditionnellement, on la découpe avec un couteau en forme de demi-lune. Vous pouvez la déguster en apéritif ou en hors-d'œuvre.

STORZAPRETI
à la bastiaise

POUR 4 PERSONNES

* * *

PRÉPARATION : **30 MIN** - CUISSON : **10 À 15 MIN**

- 1 kg d'épinards frais ou 3 bottes de blettes ou 400 g d'épinards et 2 bottes de blettes
- herbes aromatiques (persil, cerfeuil, marjolaine, menthe)
- 3 œufs
- 400 g de brocciu frais
- farine
- 2 cuill. à soupe d'huile d'olive
- 100 g de fromage râpé
- 30 g de beurre
- 20 cl de coulis de tomates
- sel et poivre

---

1 Lavez les épinards ou les blettes. Séparez les cardes et le vert des blettes. Réservez les cardes pour une autre préparation. Faites bouillir de l'eau salée dans un faitout, plongez-y ces légumes et égouttez-les 1 minute après la reprise de l'ébullition. Pressez-les bien entre les mains pour en extraire le maximum d'eau, puis hachez-les le plus finement possible. Hachez aussi les fines herbes. Battez les œufs dans un bol avec sel et poivre.

2 Dans un saladier, mettez le brocciu et écrasez-le bien à la fourchette. Ajoutez les légumes, les fines herbes et les œufs. Mélangez bien, goûtez et rectifiez l'assaisonnement.

3 Faites bouillir de l'eau salée dans une grande casserole. Façonnez des boulettes de la taille d'une petite mandarine en les roulant dans vos mains farinées, puis roulez-les ensuite dans une assiette remplie de farine. Jetez quelques boulettes dans l'eau bouillante. Elles ne doivent pas se toucher. Quand elles remontent à la surface, retirez-les avec une écumoire et déposez-les sur du papier absorbant. Faites cuire ainsi toutes les boulettes.

4 Allumez le gril du four. Huilez un plat, rangez-y les storzapreti, nappez-les de coulis de tomates, puis saupoudrez-les de fromage râpé et de noisettes de beurre. Faites gratiner pendant 10 minutes environ.

En langue corse, « storzapreti » signifie « étouffe-prêtres ». Vous pouvez également gratiner les storzapreti avec du coulis de tomates.

SOUPE
de pois chiches

POUR 4 À 6 PERSONNES

* * *

PRÉPARATION : **10 MIN** - TREMPAGE DES POIS CHICHES : **24 H** - CUISSON : **4 H**

- 500 g de pois chiches
- 1 pied de porc
- 3 gousses d'ail
- 3 feuilles de sauge
- 2 branchettes de romarin
- 125 g de poitrine de porc demi-sel
- 2 cuill. à soupe d'huile d'olive
- 4 à 6 tranches de pain
- gros sel
- poivre

---

1 La veille, faites tiédir une grande casserole d'eau avec une petite poignée de gros sel. Mettez les pois chiches dans un saladier, recouvrez-les de cette eau et laissez-les tremper pendant 24 heures.

2 Le jour même, nettoyez le pied de porc et plongez-le dans de l'eau bouillante. Égouttez les pois chiches, rincez-les à l'eau tiède sous le robinet. Épluchez l'ail.

3 Faites chauffer de l'eau dans une casserole. Quand elle bout, jetez-y les pois chiches, l'ail, la sauge, le romarin, le pied de porc et la poitrine de porc. Poivrez et salez légèrement.

4 Ajoutez l'huile d'olive. Quand l'ébullition est revenue, couvrez et laissez cuire à très petit feu pendant 4 heures. Surveillez la cuisson et ajoutez un peu d'eau si nécessaire.

5 Grillez le pain. Égouttez le pied et la poitrine de porc, et coupez-les en petits morceaux. Mettez du pain dans chaque assiette, ajoutez les morceaux de pied de porc et de poitrine, puis recouvrez de soupe. Servez bien chaud.

La poitrine de porc peut être remplacée par un talon de jambon.

Les charcuteries corses

Base traditionnelle de l'alimentation carnée des paysans, la charcuterie corse doit sa qualité et sa réputation aux spécificités insulaires de l'élevage porcin. Issus d'une race locale améliorée, les porcs sont élevés en liberté. Ils passent l'été en montagne et engraissent, durant l'automne, au pied des chênes et des châtaigniers. Âgés de 14 à 36 mois, ils sont abattus en hiver. La coppa (AOC) est de l'échine de porc, poivrée, embossée et cousue en boyau, puis séchée au frais plusieurs mois. Le ficatellu, saucisse de foie et d'abats très originale, se consomme frais ou sec. Le lonzu (AOC) est de la longe de porc ficelée dans un boyau et séchée ; la panzetta, de la poitrine de porc plate ou roulée. Le salamu est un saucisson sec très maigre, pur porc. Le prisuttu (AOC), le jambon sec corse, est toujours présenté avec l'os.

Le brocciu

C'est le fromage corse par excellence. La fabrication du brocciu (AOC) est liée à celle d'autres fromages de brebis et de chèvre - il n'existe pratiquement pas de vaches laitières en Corse – dont on récupère le lactosérum au cours de leur élaboration. Le brocciu, obtenu après chauffage et écumage de ce lactosérum additionné de lait, est blanc, moelleux et sans croûte. Il se consomme frais, dans les 5 jours qui suivent sa fabrication. Le brocciu pasu, sec et salé, est affiné pendant plus de 15 jours.

Les agrumes

Le climat méditerranéen corse est propice aux agrumes. La production de citrons est faible, bien que le citronnier soit très présent dans les jardins. La clémentine corse, qui a supplanté la mandarine, est commercialisée sur le continent. Les oranges sont surtout produites dans la plaine orientale.

La châtaigne

On dit qu'il existe en Corse vingt-huit façons différentes de consommer les châtaignes. Présent sur l'île quelque 8 000 ans avant notre ère, l'« arbre à pain » permettait, à l'origine, aux insulaires de faire face aux disettes éventuelles. La farine de châtaigne (AOC) remplaçait le froment dans le pain et servait aussi à confectionner la pulenda, boule de pâte que l'on servait découpée en tranches avec la charcuterie ou le fromage. De nos jours, la châtaigne entre encore dans la composition de flans, gâteaux, beignets et confitures. Elle fait également le bonheur des porcs qui vivent en liberté dans le maquis.

LES SAVEURS DE LA CORSE

LAPIN DES CHAMPS
sauté à la provençale

POUR 4 À 6 PERSONNES

* * *

PRÉPARATION : **15 MIN** - MARINADE : **3 OU 4 H** - CUISSON : **40 MIN ENVIRON**

* 1 lapin
* 4 gousses d'ail
* 1 branchette de thym
* 1 feuille de laurier
* 1 branchette de romarin
* 6 cuill. à soupe d'huile d'olive
* 2 échalotes
* 6 tomates
* 80 g de beurre
* 1 cuill. à soupe de farine
* 25 cl de vin blanc sec
* 25 cl de bouillon
* 1 bouquet garni
* 1 branchette d'estragon
* 100 g de champignons de Paris
* sel et poivre

---

1 Coupez le lapin en 8 morceaux. Épluchez les gousses d'ail. Avec 2 d'entre elles, frottez les morceaux de lapin puis mettez ces morceaux dans un plat. Émiettez les aromates (thym, laurier, romarin) dans un bol, ajoutez 4 cuillerées d'huile et mélangez. Versez cette marinade sur le lapin, retournez bien les morceaux. Puis mettez le plat au réfrigérateur pour 3 ou 4 heures en n'oubliant pas de retourner encore le lapin de temps en temps.

2 Épluchez et hachez les échalotes. Hachez le reste de l'ail. Ébouillantez les tomates, pelez-les et coupez-les en petits cubes.

3 Égouttez les morceaux de lapin. Faites fondre 30 g de beurre avec 2 cuillerées d'huile dans une sauteuse et mettez les morceaux de lapin à dorer légèrement. Ajoutez les échalotes et cuisez-les pendant 1 ou 2 minutes sans les laisser roussir.

4 Saupoudrez de farine, mélangez et faites cuire encore 2 minutes, puis versez le vin blanc et le bouillon. Salez et poivrez. Ajoutez le bouquet garni et les feuilles d'estragon. Couvrez, baissez le feu et laissez cuire pendant 15 minutes.

5 Ajoutez alors les tomates et poursuivez la cuisson, en retournant de temps en temps les morceaux de lapin, pendant encore 15 minutes.

6 Nettoyez et émincez les champignons. Mettez à fondre le reste du beurre dans une poêle et faites sauter les champignons, salez.

7 Égouttez les morceaux de lapin et disposez-les dans le plat de service chaud. Passez la sauce dans une casserole. Ajoutez-y les champignons et refaites chauffer pendant 3 ou 4 minutes. Versez la sauce sur le lapin et servez aussitôt, avec des pommes de terre vapeur ou des tagliatelles, par exemple au basilic.

AÏGO
boulido

POUR 4 PERSONNES

* * *

PRÉPARATION : **15 MIN** - CUISSON : **15 À 20 MIN**

- 1,5 l d'eau
- 1 tête d'ail
- 1 cuill. à soupe de graisse d'oie
- 1 bouquet garni
- 4 feuilles de sauge
- 10 à 12 tranches de pain de campagne rassis
- sel et poivre

---

1 Faites bouillir l'eau. Après avoir épluché l'ail, enlevez les germes des gousses si nécessaire. Coupez et écrasez ces dernières.

2 Jetez la purée d'ail dans l'eau bouillante, ajoutez la graisse d'oie, le bouquet garni et les feuilles de sauge. Baissez le feu et laissez frémir pendant 15 à 20 minutes. Salez et poivrez.

3 Tapissez le fond de la soupière avec les tranches de pain. Ôtez le bouquet garni et la sauge. Versez l'aïgo boulido dans la soupière et servez tout de suite.

L'aïgo boulido est très répandu dans tout le sud de la France. Dans la région de Toulouse, on ajoute des blancs d'œufs battus qui se coagulent en fins filaments tandis qu'on lie le potage avec les jaunes. Les tranches de pain sont recouvertes de fromage râpé.

AUBERGINES
à la biterroise

POUR 6 PERSONNES

* * *

PRÉPARATION : **30 MIN** - CUISSON : **30 MIN ENVIRON**

- 6 aubergines moyennes et bien fermes
- 1 poivron rouge
- 3 grosses tomates
- 6 gousses d'ail
- 2 oignons
- 1/2 botte de persil
- 3 tranches de pain de mie
- 6 cuill. à soupe d'huile d'olive
- huile pour la friture (tournesol ou moitié olive-moitié tournesol)
- sel et poivre

---

1 Lavez et épluchez les aubergines. Coupez-les en tranches fines.

2 Préchauffez le four à 250 °C (th. 8-9). Faites bouillir une petite casserole d'eau. Mettez le poivron au four pendant 5 minutes, puis ôtez la peau et les graines. Coupez la chair en carrés. Plongez les tomates quelques instants dans l'eau bouillante, pelez-les, épépinez-les et coupez-les en morceaux. Épluchez et hachez l'ail et les oignons. Effeuillez et hachez le persil. Enlevez la croûte du pain, émiettez la mie et mélangez-la avec le persil.

3 Dans une casserole, mettez 2 cuillerées à soupe d'eau et le hachis d'ail et d'oignon. Faites-le fondre 5 minutes puis ajoutez l'huile d'olive. Laissez blondir en remuant, ajoutez ensuite les tomates, l'ail, le poivron ; salez et poivrez. Couvrez et laissez mijoter de 10 à 15 minutes.

4 Faites chauffer l'huile de friture. Préchauffez le four à 220 °C (th. 7-8). Plongez les aubergines dans la friture. Retirez-les dès qu'elles sont blondes. Égouttez-les sur du papier absorbant.

5 Rangez les aubergines dans un plat allant au four. Versez par-dessus la préparation aux tomates. (Vous pouvez aussi alterner une couche d'aubergines et une couche de sauce tomate.) Saupoudrez avec le mélange au persil. Enfournez et laissez cuire de 5 à 10 minutes, jusqu'à ce que le dessus soit blond et croustillant. Servez aussitôt.

Les aubergines choisies bien fraîches, fermes et brillantes n'ont pas besoin d'être dégorgées. Proposez ce plat en entrée chaude ou en garniture d'une viande. Les Biterrois, c'est-à-dire les habitants de Béziers, l'apprécient également froid.

BOLES
de picolat

POUR 4 À 6 PERSONNES

* * *

PRÉPARATION : **30 MIN** - CUISSON : **1 H ENVIRON**

- 100 g de lard gras
- 50 g de jambon cru
- 1 oignon
- 4 gousses d'ail
- 10 brins de persil
- 2 œufs
- 3 tomates ou 2 cuill. à soupe de sauce tomate
- 300 g environ de viande de veau ou de bœuf
- 700 g environ de chair à saucisse
- 3 cuill. à soupe de farine
- 3 cuill. à soupe d'huile d'olive
- 150 à 200 g d'olives vertes dénoyautées
- 50 g de cèpes séchés réhydratés (facultatif)
- sel et poivre

---

1 Coupez le lard et le jambon cru en dés. Épluchez et hachez l'oignon et les gousses d'ail. Hachez le persil. Mondez, épépinez et coupez les tomates en dés. Hachez la viande, mélangez-la avec la chair à saucisse et déposez-la dans un saladier. Ajoutez les œufs, l'ail, le persil, du sel et du poivre. Travaillez jusqu'à ce que le mélange soit bien homogène.

2 Formez une vingtaine de boulettes. Mettez 2 cuillerées de farine dans une assiette et roulez-y les boulettes.

3 Dans une cocotte, faites chauffer l'huile. Ajoutez le lard. Remuez, laissez-le fondre, puis faites dorer les boulettes par petites quantités, en les retournant. Égouttez-les sur un papier absorbant dès qu'elles sont dorées.

4 Mettez l'oignon haché dans la cocotte et faites-le revenir. Ajoutez le reste de la farine et faites cuire ce roux 2 ou 3 minutes. Versez 25 cl d'eau et mélangez bien.

5 Remettez les boulettes dans la cocotte avec les tomates ou la sauce tomate, le jambon, les olives et les cèpes éventuellement. Vérifiez l'assaisonnement. Ajoutez un peu d'eau si nécessaire : la sauce doit arriver au niveau des boles. Couvrez et laissez mijoter, à feu très doux, 45 minutes environ. Servez avec des haricots blancs.

PA AMB OLI

POUR 4 PERSONNES

* * *

PRÉPARATION : **15 MIN**

- 4 tranches de pain de campagne
- 2 gousses d'ail (facultatif)
- 3 tomates bien mûres
- 4 cuill. à soupe d'huile d'olive
- 4 fines tranches de jambon serrano ou de jambon de pays
- sel

---

1 Faites légèrement griller les tranches de pain. Puis frottez-les éventuellement avec les gousses d'ail épluchées.

2 Coupez les tomates en deux. Faites couler sur chaque moitié un peu d'huile et salez. Répartissez le reste d'huile sur les tranches de pain.

3 Frottez chaque tranche avec les demi-tomates de telle façon que la pulpe soit bien répartie.

4 Ajoutez alors la tranche de jambon coupée au format de la tranche de pain.

Le pa amb oli se sert pour l'apéritif ou en entrée. Il se grignote, en fait, à n'importe quelle heure.

JARRET DE VEAU
à la provençale

POUR 4 À 6 PERSONNES

* * *

PRÉPARATION : **15 MIN** - CUISSON : **1 H 40 ENVIRON**

- 4 ou 6 tranches de jarret de 180 g
- 2 oignons
- 6 ou 8 tomates
- 2 gousses d'ail
- 3 cuill. à soupe d'huile d'olive
- 20 cl de vin blanc
- 1 bouquet garni
- 15 cl de bouillon de veau
- sel et poivre

---

1 Salez et poivrez le jarret. Pelez et hachez les oignons. Plongez les tomates pendant 20 secondes dans de l'eau bouillante, puis rafraîchissez-les à l'eau froide. Pelez-les, épépinez-les, puis coupez-les en morceaux. Pelez et écrasez les gousses d'ail.

2 Faites chauffer l'huile dans une sauteuse et mettez-y à dorer, de chaque côté, les tranches de jarret.

3 Ajoutez l'oignon et faites-le blondir. Puis ajoutez les tomates, le vin blanc et le bouquet garni. Remuez bien et laissez cuire 5 minutes.

4 Ajoutez le bouillon et l'ail. Couvrez et faites cuire pendant 1 h 20 à feu doux. Laissez ensuite réduire la sauce pendant 10 minutes à découvert. Servez bien chaud.

DAUBE
d'Avignon

POUR 6 À 8 PERSONNES

* * *

PRÉPARATION : **30 MIN** - MARINADE : **12 H** - CUISSON : **2 H**

- 2 kg d'épaule d'agneau désossée
- 3 oignons
- 4 carottes
- 2 feuilles de sauge
- 2 brins de persil
- 1 branchette de thym
- 1 feuille de laurier
- 1 zeste d'orange de 5 cm environ
- 10 cl d'huile d'olive
- 50 cl de vin blanc
- 2 gousses d'ail
- 200 g de petit salé
- sel et poivre

---

1 La veille, coupez l'épaule en gros morceaux de 100 g environ. Épluchez et hachez les oignons. Pelez les carottes et détaillez-les en rondelles. Hachez la sauge et le persil.

2 Dans un grand saladier, mettez les morceaux d'agneau, les oignons et les carottes, le thym, le laurier, les herbes hachées et le zeste d'orange. Salez et poivrez. Ajoutez les trois quarts de l'huile environ et imprégnez-en tous les éléments en les tournant à la main. Versez le vin, mélangez encore. Laissez mariner toute la nuit.

3 Le jour même, égouttez la viande. Déposez-la sur du papier absorbant et épongez-la bien. Épluchez et écrasez les gousses d'ail.

4 Coupez le petit salé en lardons. Faites chauffer le reste d'huile dans une poêle et mettez les lardons à dorer. Ajoutez ensuite les morceaux de viande, laissez-les dorer aussi en les retournant plusieurs fois. Égouttez-les et déposez-les dans une cocotte.

5 Versez par-dessus toute la marinade, ajoutez l'ail écrasé et un peu de sel. Couvrez et laissez cuire à feu très doux pendant 2 heures. Retirez les aromates et le zeste d'orange avant de servir.

Appelé aussi « daube du Comta », ce plat emblématique de la cuisine provençale était autrefois réservé aux fêtes « grasses » familiales.

BROUILLADE
de petits violets

POUR 6 PERSONNES

* * *

PRÉPARATION : **20 MIN** - CUISSON : **1 H ENVIRON**

- 30 petits artichauts violets de Provence
- le jus de 1 citron
- 4 tomates vertes
- 2 tomates mûres
- 2 gousses d'ail
- 2 petits oignons blancs
- 200 g de petits lardons maigres
- 5 cuill. à soupe d'huile d'olive
- 1 brin de thym
- 1/2 feuille de laurier
- 10 feuilles de basilic
- sel et poivre

---

1 Coupez le bout des feuilles de chaque artichaut avec des ciseaux. Extrayez le foin puis citronnez les artichauts sur toutes les faces.

2 Lavez les tomates et coupez-les en quartiers. Pelez et hachez finement l'ail et les oignons.

3 Mettez les lardons dans une poêle et faites-les rissoler. Égouttez-les sur du papier absorbant. Mettez ensuite les tomates et l'ail dans la poêle, faites-les sauter ; salez et poivrez. égouttez le tout au bout de 5 minutes.

4 Mettez les artichauts et les oignons dans la même poêle, arrosez-les d'huile et faites-les revenir en remuant. émiettez dessus le thym et le laurier. Au bout de 10 minutes, ajoutez les tomates, l'ail et les lardons. Couvrez et laissez mijoter pendant 20 minutes.

5 Coupez grossièrement les feuilles de basilic et parsemez-en la brouillade. Laissez cuire encore 10 minutes, puis servez.

Cette brouillade accompagne l'agneau grillé, les escalopes de veau ou les tournedos. Elle se mange aussi froide, en entrée, avec une vinaigrette à l'huile d'olive et au citron additionnée d'une pointe d'ail et d'estragon.

TIAN
de légumes

POUR 4 PERSONNES

* * *

PRÉPARATION : **15 MIN** - CUISSON : **1 H 15 ENVIRON**

- 4 courgettes
- 6 tomates
- 2 aubergines
- 2 oignons blancs
- 2 gousses d'ail
- 2 branches de thym
- 1 feuille de laurier
- 3 cuill. à soupe d'huile d'olive
- quelques feuilles de basilic
- sel et poivre

---

1 Préchauffez le four à 160-170 °C (th. 5-6). Lavez les courgettes, les tomates et les aubergines. Coupez-les en rondelles. Pelez les oignons et l'ail, émincez-les.

2 Huilez un plat à four et déposez les rondelles de légumes, à la verticale, en les alternant. Parsemez d'oignon et d'ail. Effeuillez le thym au-dessus du plat et ajoutez la feuille de laurier. Arrosez du reste d'huile, salez et poivrez.

3 Faites cuire au four pendant environ 1 h 15. Parsemez le tian de basilic ciselé et servez directement dans le plat de cuisson avec, par exemple, des côtelettes d'agneau et du riz basmati.

4 Variante Vous pouvez également peler les courgettes avec un Économe en laissant une bande de peau sur deux.

Une autre méthode pour préparer un tian consiste à faire revenir oignons, courgettes et aubergines dans un peu d'huile avant de les ranger dans le plat à gratin. Pour un tian encore plus gourmand, ajoutez quelques lamelles de mozarella ou de feta, et arrosez le plat d'un filet d'huile d'olive au moment de servir.

Le citron de Menton

Chaque année, en février-mars, on célèbre à Menton la fête du Citron. Les défilés de chars et les jardins décorés exhibent des monceaux d'agrumes qui témoignent de la culture des citronniers, pratiquée dans la région depuis des siècles. Le citronnier, dont on fait trois récoltes, fleurit toute l'année. Les variétés cultivées sont l'eureka et le santa-teresa. Fruit de table, le citron sert également à la fabrication de boissons et de confiseries. L'huile essentielle de citron est utilisée en parfumerie et en pharmacie.

La courgette et la blette de Nice

Il existe trois variétés de courgettes de Nice : la demi-longue, la ronde et la longue, qui n'est pas cannelée mais cylindrique. Les fleurs de courgette, de couleur jaune-orangé, sont récoltées sur ces trois variétés. À Nice, on prépare les courgettes en beignets, farcies, à la niçoise et, mélangées à d'autres légumes, en ragoût, dans la ratatouille et le tian. Les fleurs de courgettes sont préparées en beignets ou farcies. La blette, ou bette, ou poirée, est une autre plante cultivée dans le pays niçois. On distingue la poirée verte à cadres blanches de Nice et la petite blette de Nice dont on ne consomme que les feuilles.

L'huile d'olive

Largement utilisée dans la cuisine méditerranéenne, l'huile d'olive jouit d'une grande réputation gastronomique depuis l'Antiquité. Elle peut être qualifiée de « vierge » ou de « vierge extra » selon un taux maximal d'acidité oléique. Certaines huiles bénéficient d'une AOC, comme celles d'Aix en Provence, de Corse, de Haute-Provence, de la vallée des Baux-de-Provence, de Nice, de Nîmes, de Nyons ou de Provence. Techniques de pressage, variétés d'olives, macérations sont autant de spécificités de ces types d'huile d'olive.

Les herbes de Provence

Longtemps cueillies à la main, romarin, origan, sarriette, thym et basilic sont les plantes qui composent ce mélange aromatique si particulier. S'il n'a pas, ou pas encore d'AOC ou d'IGP, des producteurs se sont regroupés et suivent un cahier des charges label rouge, afin de valoriser la production régionale.

La farine de pois chiches

La farine de pois chiches est la base de la socca, spécialité niçoise qui se présente sous la forme d'une grande et fine galette. Cuite au four à pizza, ou au brasero, sur de grandes plaques rondes en cuivre étamées, la socca connaît un vif succès à Nice et dans les environs, où on la déguste sur les marchés, chaude et saupoudrée de poivre.

LES SAVEURS DE LA PROVENCE

BAR ENTIER
au fenouil

POUR 4 PERSONNES

* * *

PRÉPARATION : **15 MIN** - CUISSON : **30 MIN**

- 4 fenouils
- 1 bar de 1,7 à 2 kg vidé par le poissonnier
- 4 cuill. à soupe de graines de fenouil
- 1/2 bouquet d'aneth frais
- 6 cuill. à soupe d'huile d'olive
- 40 g de beurre
- sel et baies roses

---

1 Préchauffez le four à 220 °C (th. 7-8). Lavez les fenouils, coupez leur base, ainsi que les branches vertes et découpez-les en quatre. Portez à ébullition de l'eau salée dans une casserole et faites-y cuire les fenouils pendant environ 10 minutes. Égouttez-les.

2 Lavez le bar et essuyez-le délicatement. Posez-le dans un grand plat ou sur la plaque du four. Salez, parsemez de baies roses, de graines de fenouil, glissez des feuilles d'aneth dans le ventre du poisson et arrosez-le avec l'huile d'olive. Enfournez pour 30 minutes.

3 Pendant ce temps, faites fondre le beurre dans une poêle et faites cuire les fenouils en les retournant régulièrement afin qu'ils soient bien braisés. Poivrez.

4 Dégustez le poisson avec les fenouils poêlés.

Si vous aimez le goût anisé du fenouil et de ses graines, alors vous pouvez encore l'accentuer en ajoutant une cuillerée à café de pastis environ 5 minutes avant la fin de la cuisson.

BOUILLABAISSE
de Marseille

POUR 4 À 6 PERSONNES

* * *

PRÉPARATION : **45 MIN** - CUISSON : **15 MIN ENVIRON**

- 2 kg de poissons variés (rascasse, grondin, lotte, congre, dorade, saint-pierre, merlan)
- 10 étrilles (petits crabes)
- 2 oignons
- 3 gousses d'ail
- 2 blancs de poireau
- 3 branches de céleri
- 15 cl d'huile d'olive
- 3 tomates
- 1 bulbe de fenouil
- 1 bouquet garni
- 2 mesures de safran
- 1 baguette de pain
- sel et poivre

POUR LA ROUILLE

- 3 gousses d'ail
- 1 pincée de gros sel
- 2 pincées de poivre blanc
- 1 pointe de safran
- 2 pointes de piment de Cayenne
- 2 jaunes d'œufs à température ambiante
- 25 cl d'huile d'olive

---

1 Écaillez, videz et étêtez les poissons variés entiers. Coupez-les en gros morceaux. Brossez les étrilles.

2 Hachez 1 oignon, 1 gousse d'ail, les poireaux et le céleri. Faites-les dorer dans 10 cl d'huile d'olive ; salez et poivrez. Ajoutez les têtes et les parures des poissons. Couvrez d'eau, portez à ébullition et laissez mijoter 20 minutes. Passez et recueillez le jus de cuisson.

3 Pendant cette cuisson, ébouillantez et pelez les tomates et coupez-les en morceaux. Épluchez et hachez le deuxième oignon, les gousses d'ail restantes et le bulbe de fenouil.

4 Préparez la rouille. Pelez l'ail, puis pilez-le ou hachez-le. Dans un mortier ou un bol, mélangez-le avec sel et poivre, safran, cayenne et jaunes d'œufs. Versez l'huile peu à peu en fouettant énergiquement.

5 Faites revenir les légumes hachés dans l'huile restante. Versez le bouillon, les tomates et le bouquet garni. Ajoutez la rascasse, puis le grondin, la lotte, le congre, la dorade, les étrilles et le safran. Faites cuire 8 minutes à feu vif. Mettez alors le saint-pierre et le merlan et poursuivez la cuisson pendant 5 ou 6 minutes. Gardez la bouillabaisse au chaud sans continuer de la cuire.

6 Coupez la baguette en rondelles et grillez-les au four.

7 Égouttez avec une écumoire les poissons et les étrilles et disposez-les dans un grand plat. Versez, sans le passer, le bouillon dans une soupière, et servez accompagné de la rouille et des croûtons.

Vous pouvez utiliser une sauce rouille toute prête.

La bouillabaisse

Ce célèbre plat tirerait son nom du *bouillepeisse* – « bouillon de poissons » en provençal – ou de l'expression « quand la marmite bout, baisse le feu ». Il en existe de nombreuses variantes. Les Marseillais prétendent qu'il ne saurait y avoir de bouillabaisse digne de ce nom sans galinette, girelle, rascasse, vive ou saint-pierre... Une seule chose semble probable : à l'origine, la bouillabaisse serait un plat de pêcheurs cuisiné au retour de la pêche et composé des poissons, comme la rascasse, qui ne pouvaient être vendus sur le marché.

SARDINES
à l'escabèche

POUR 4 PERSONNES

* * *

PRÉPARATION : **30 MIN** - CUISSON : **20 MIN ENVIRON** - MARINADE : **24 H**

- 16 sardines
- 1 oignon
- 2 gousses d'ail
- 1 carotte
- 5 cuill. à soupe d'huile d'olive
- 2 ou 3 cuill. à soupe de farine
- 1 bouquet garni
- 1 branchette de thym
- 15 cl de vinaigre
- 1 cuill. à soupe de graines de coriandre
- sel et poivre

---

1 Écaillez, étêtez et videz les sardines en retirant l'arête centrale de façon à laisser les 2 filets attachés. Passez-les sous le robinet, puis épongez-les dans du papier absorbant. Épluchez l'oignon, l'ail et la carotte et émincez-les le plus finement possible.

2 Faites chauffer 3 cuillerées d'huile dans une poêle. Salez et farinez les sardines, secouez-les pour enlever l'excédent. Puis mettez-les à dorer de chaque côté. Égouttez-les et rangez-les dans un plat.

3 Dans une casserole, faites chauffer le reste de l'huile. Jetez-y l'oignon, l'ail et la carotte et faites-les dorer légèrement. Retirez la casserole du feu, ajoutez le bouquet garni et le thym, le vinaigre, 15 cl d'eau et les graines de coriandre. Salez et poivrez.

4 Couvrez et cuisez à feu moyen pendant 15 minutes environ. Versez la préparation bouillante sur les sardines. Laissez mariner pendant 24 heures au frais.

On accommode en escabèche toutes sortes de petits poissons : rougets, anchois, etc.

FRICASSÉE DE CALMARS *aux olives*

POUR 4 PERSONNES

* * *

PRÉPARATION : **30 MIN** - CUISSON : **1 H ENVIRON**

- 1,5 kg de calmars frais, parés, ou 1 kg de calmars surgelés
- 10 cl d'huile d'olive
- 6 tomates
- 3 gousses d'ail
- 1 oignon
- 25 cl de vin blanc
- 3 branches de thym citron
- 120 g d'olives noires dénoyautées
- sel et poivre

---

1 Lavez les calmars si vous les achetez frais. Faites-les décongeler dans une passoire si vous les achetez congelés. Dans une grande poêle, faites-les saisir pendant 3 minutes avec 1 cuillerée à soupe d'huile d'olive pour qu'ils rejettent le maximum d'eau. Égouttez-les dans une passoire.

2 Plongez les tomates pendant 20 secondes dans de l'eau bouillante, puis rafraîchissez-les à l'eau froide. Pelez-les, coupez-les en deux, retirez les graines puis concassez grossièrement la pulpe.

3 Pelez et hachez l'ail et l'oignon. Dans une cocotte, faites-les fondre avec 5 cl d'huile d'olive (soit 3 cuillerées à soupe environ) pendant 5 minutes. Ajoutez la pulpe de tomate, le vin blanc, le thym, du sel et du poivre. Laissez cuire 10 minutes à feu moyen.

4 Saisissez de nouveau les calmars dans une poêle avec l'huile d'olive restante. Mettez-les dans la cocotte. Laissez cuire de 30 à 40 minutes à feu moyen, sans couvrir. Environ 10 minutes avant la fin de cuisson, ajoutez les olives. Servez bien chaud.

Vous pouvez remplacer les tomates fraîches par 30 cl de coulis de tomates en conserve.

SOUPE
au pistou

POUR 4 À 6 PERSONNES

* * *

PRÉPARATION : **1 H** - CUISSON : **1 H 30**

- 400 g de haricots blancs et rouges avec leurs cosses
- 250 g de gros haricots verts plats de préférence
- 1 poireau
- 2 petites courgettes
- 1 oignon
- 5 gousses d'ail
- 1 carotte
- 4 pommes de terre moyennes, vieilles de préférence
- 1/2 botte de persil
- 2 grosses tomates bien mûres
- 5 cl d'huile d'olive
- 150 à 200 g de coquillettes (facultatif)
- 2 feuilles de sauge ou de basilic

POUR LE PISTOU

- 5 gousses d'ail
- 1 gros bouquet de basilic
- 75 g de parmesan râpé
- 10 cl d'huile d'olive
- sel et poivre

---

1 Écossez les haricots. Effilez puis équeutez les haricots verts et coupez-les en cubes. Coupez le vert du poireau (gardez-le pour une autre utilisation), fendez les blancs dans la longueur et passez-les sous le robinet pour bien les nettoyer. Coupez-les en fines rondelles ou hachez-les. Essuyez les courgettes, coupez les extrémités, puis détaillez-les en cubes. Épluchez l'oignon et l'ail et hachez-les. Épluchez la carotte et les pommes de terre, et coupez-les en dés. Effeuillez le persil.

2 Faites bouillir de l'eau dans une petite casserole. Plongez-y les tomates pendant quelques instants pour mieux les peler. Coupez-les en quartiers et épépinez-les soigneusement.

3 Faites chauffer 2,5 l d'eau. Dans une grande cocotte, mettez l'huile à chauffer puis faites blondir les oignons.

4 Ajoutez ensuite le poireau, l'ail puis les tomates. Laissez réduire un peu pendant 10 minutes. Ajoutez alors tous les légumes, le persil et la sauge, mélangez bien et versez l'eau bouillante. Laissez cuire pendant 1 heure à petits frémissements. Goûtez le bouillon, salez et poivrez. Écrasez grossièrement les pommes de terre avec une fourchette pour lier la soupe. Si vous le souhaitez, ajoutez les pâtes et continuez la cuisson.

5 Préparez le pistou. Épluchez les gousses d'ail, hachez-les et mettez-les dans le mortier. Effeuillez le basilic, lavez-le, séchez-le bien puis coupez-le avec des ciseaux au-dessus du mortier. Pilez bien le tout avec un pilon jusqu'à obtenir une pommade. Ajoutez ensuite le parmesan et malaxez-le avec les dents d'une fourchette. Versez alors l'huile d'olive goutte à goutte d'abord puis en filet, en tournant comme pour monter une mayonnaise.

6 Versez le pistou dans une soupière. Délayez-le avec une louche de bouillon, puis ajoutez le reste de la soupe. Mélangez et servez aussitôt.

La soupe au pistou est une soupe de légumes d'été dont il existe plusieurs variantes. On y met aussi des fèves et (ou) des petits pois. En hiver, vous la ferez avec des haricots secs préalablement trempés.

MORUE
à la tomate

POUR 6 PERSONNES

* * *

PRÉPARATION : **30 MIN** - DESSALAGE DE LA MORUE : **12 H** - CUISSON : **45 MIN**

- 1 kg de morue
- 2 gros oignons
- 1 kg de tomates
- 2 gousses d'ail
- 15 cl d'huile d'olive
- 1 branchette de thym
- 1/2 feuille de laurier
- farine
- sel et poivre

---

1 La veille, coupez la morue en gros morceaux. Mettez-les à dessaler dans un grand saladier rempli d'eau.

2 Épluchez les oignons et coupez-les finement. Plongez les tomates dans de l'eau bouillante, pelez-les, coupez-les en morceaux, épépinez-les puis hachez-les grossièrement. Épluchez et écrasez l'ail.

3 Faites chauffer 2 cuillerées à soupe d'huile dans une sauteuse et mettez les oignons à fondre. Ils doivent devenir juste dorés. Ajoutez ensuite les tomates, l'ail, le thym et le laurier. Mélangez, couvrez et faites cuire doucement pendant 30 minutes environ.

4 Faites chauffer le reste d'huile dans une poêle. Égouttez la morue et séchez-la dans un papier absorbant. Étalez de la farine dans une assiette, roulez-y les morceaux de morue puis mettez-les dans la poêle et faites-les frire pendant 3 ou 4 minutes. Égouttez-les sur un papier absorbant.

5 Ajoutez la morue dans la sauteuse, mélangez bien et laissez cuire tout doucement pendant 15 minutes.

Ce plat originaire de la région de Bastia se sert avec de la polenta bien chaude.

GARDIANE
de taureau

POUR 4 PERSONNES

* * *

PRÉPARATION : **10 MIN** - MARINADE : **24 H** - CUISSON : **3 H ENVIRON**

- 1 kg de viande de taureau
- 1 l de vin rouge, type costières
- 5 cuill. à soupe de vinaigre (facultatif)
- 1 branchette de thym
- 1 branchette de romarin
- 1 pincée de gros sel
- 1 pincée de poivre
- 2 oignons piqués de 1 clou de girofle chacun
- 2 cuill. à soupe d'huile d'olive
- 2 cuill. à soupe de farine

---

1 La veille, préparez la marinade. Coupez la viande de taureau en morceaux de 60 à 80 g environ. Versez le vin et, éventuellement, le vinaigre dans un grand saladier. Émiettez le thym et le romarin. Ajoutez sel, poivre et oignons. Mélangez bien, puis mettez les morceaux de taureau et laissez mariner pendant 24 heures.

2 Le jour même, égouttez et épongez la viande. Farinez-la légèrement. Filtrez la marinade et hachez les oignons grossièrement.

3 Dans une cocotte, mettez l'huile à chauffer et faites revenir les morceaux de taureau ainsi que les oignons pendant 10 minutes environ. Versez la marinade, mélangez bien et laissez cuire doucement à découvert pendant 45 minutes, puis à tout petit feu et à couvert pendant 2 heures.

4 Passez la sauce dans un tamis fin en écrasant bien la pulpe d'oignon. Servez bien chaud avec du riz de Camargue.

La gardiane est le plat emblématique de la Camargue.

BOURRIDE
sétoise

POUR 4 À 6 PERSONNES

* * *

PRÉPARATION : **30 MIN** - CUISSON : **40 MIN ENVIRON**

- 1,2 à 1,5 kg de queue de lotte (ou baudroie terme employé dans le bassin méditerranéen), pelée et coupée en tronçons par le poissonnier
- 1 blanc de poireau
- 2 oignons
- 2 carottes
- 1 tomate
- 3 brins de persil
- 6 gousses d'ail
- 20 cl d'huile d'olive
- 25 cl d'eau
- 25 cl de vin blanc
- 1 jaune d'œuf
- sel et poivre

---

1 Épluchez et détaillez en rondelles le blanc de poireau, les oignons et les carottes. Mondez la tomate et coupez-la en morceaux. Hachez le persil. Pelez toutes les gousses d'ail et hachez 2 d'entre elles.

2 Dans une cocotte, faites fondre à feu doux le poireau, les oignons, les carottes et la tomate avec 2 cuillerées d'huile. Ajoutez le persil et l'ail hachés. Mélangez puis versez l'eau, salez et poivrez. Couvrez et laissez cuire pendant 15 minutes en remuant souvent. Puis ajoutez le vin.

3 Dans une poêle, faites chauffer 2 cuillerées d'huile. Salez les tronçons de poisson et faites-les cuire à feu doux pendant 3 ou 4 minutes de chaque côté. Égouttez-les et recueillez l'eau qu'ils ont rendue.

4 Écrasez les légumes de la cocotte ou passez-les au moulin à légumes. Remettez la cocotte sur le feu et ajoutez le poisson, puis l'eau rendue.

5 Baissez le feu et laissez mijoter à couvert de 10 à 15 minutes.

6 Préparez l'aïoli. Dans un mortier, pilez l'ail restant avec 1 pincée de sel. Ajoutez le jaune d'œuf et mélangez environ 2 minutes. Laissez reposer pendant 5 minutes. Versez l'huile goutte à goutte d'abord, en filet ensuite, en tournant avec une cuillère toujours dans le même sens comme pour une mayonnaise. Poivrez légèrement.

7 Égouttez les morceaux de poisson, mettez-les dans le plat de service et gardez au chaud. Rectifiez l'assaisonnement de la sauce et faites-la réduire un peu si elle est trop longue. Retirez du feu et ajoutez l'aïoli en fouettant vivement. Nappez le poisson de cette sauce. Servez avec des pommes de terre cuites à l'eau, coupées en grosses rondelles, ou avec des croûtons de pain grillé.

Certaines cuisinières mettent directement les légumes et le poisson à cuire ensemble. D'autres ajoutent un petit verre de vermouth avec le vin blanc. Parfois, on pile aussi le foie de la lotte et on l'incorpore à la sauce en fin de cuisson.

BRANDADE
de Nîmes

POUR 4 À 6 PERSONNES

* * *

DESSALAGE : **24 H ENVIRON** - PRÉPARATION : **15 MIN** - CUISSON : **15 À 20 MIN**

- 1 kg de filets de morue (ou de miettes)
- 45 cl d'huile d'olive
- 40 cl de lait
- poivre blanc

---

1 La veille, faites dessaler la morue en la laissant pendant 24 heures au moins dans un grand récipient d'eau fraîche que vous changerez deux ou trois fois.

2 Le jour même, mettez les filets de morue dans un faitout ou une grande casserole, recouvrez-les largement d'eau et portez doucement à ébullition. Puis laissez-les pocher pendant 8 minutes à très petits frémissements. Égouttez la morue et, après avoir retiré la peau et les arêtes, effeuillez-la avec les doigts. Mettez-la dans une casserole et pilez-la un peu à l'aide d'une cuillère en bois pour l' écraser.

3 Dans 2 casseroles différentes, faites chauffer 40 cl d'huile et tout le lait.

4 Mettez la casserole contenant la morue à feu très doux. Versez alternativement 1 cuillerée d'huile chaude et 1 cuillerée de lait chaud en travaillant le mélange avec une cuillère en bois et en tournant comme pour une mayonnaise. Elle va prendre la consistance d'une purée de pomme de terre. Poivrez. En principe, on n'a pas besoin de ressaler.

Vous pouvez parfumer la brandade avec un peu d'huile de truffe noire d'Uzès.

Le riz de Camargue

Les premières cultures du riz en Camargue datent du XIXe siècle. La riziculture débuta réellement avec l'endiguement du Rhône, qui permit d'éviter la remontée de la salinité du sous-sol. En fait, la zone de production du riz de Camargue (IGP) s'étend au-delà du delta du fleuve. En Languedoc, on distingue deux aires de production : l'une dans le Gard à l'ouest du Petit Rhône, l'autre dans l'Aude à l'est de Carcassonne sur l'étang asséché de Marseillette. Le riz de type long grain représente la majorité des semis.

L'anchois de Collioure

La pêche, la salaison et le commerce des poissons constituaient au Moyen Âge la principale activité de Collioure. Exempté de gabelle par Louis XI, ce petit port se consacra par la suite exclusivement à l'anchois. De nos jours, la pêche s'est déplacée vers Port-Vendres, mais la conservation par la saumure se pratique toujours à Collioure, avec l'apport de poissons pêchés dans l'Atlantique. Les anchois (IGP) sont vendus salés ou à l'huile, entiers ou sous forme de filets.

L'abricot rouge du Roussillon

Les Latins appelaient ce fruit venu de Chine par l'Arménie « prune d'Arménie » ou « fruit précoce ». C'est ce praecoquum qui, après son passage par le grec tardif puis par l'arabe, est devenu « abricot » en français au XVIe siècle. Comme le pêcher, l'abricotier a longtemps poussé dans les vignes. Cultivé en verger, l'abricot rouge du Roussillon représente la moitié de la production régionale. Il se consomme cru ou transformé (conserves, jus, liqueurs).

Les huîtres de Bouzigues

Sur le bassin de Thau (Hérault) se situe l'activité ostréicole la plus importante de Méditerranée. Dans ce bassin ou l'on exploitait jadis une implantation naturelle d'huîtres plates, l'élevage de Bouzigues relève d'une technique particulière, du fait de l'absence de marée. Collées au ciment sur des cordes de Nylon, les jeunes huîtres sont immergées, accrochées en surface à des tables métalliques plantées au fond du bassin. Les huîtres de Bouzigues, très majoritairement creuses, se dégustent nature.

LES SAVEURS DU LANGUEDOC ET DU ROUSSILON

POMPE
de Noël

POUR 8 PERSONNES

* * *

PRÉPARATION : **30 MIN** - REPOS DE LA PÂTE : **2 H** - CUISSON : **15 MIN**

- 2 oranges
- 4 cuill. à soupe de lait
- 35 g de levure de boulanger
- 530 g de farine
- 1 cuill. à soupe de miel
- 7 cuill. à soupe d'huile d'olive
- 2 cuill. à soupe de grains d'anis
- 2 pincées de sel
- 1/2 tasse de café
- 20 g de sucre en poudre

---

1 Râpez le zeste d'une orange et pressez le jus des deux fruits. Faites tiédir le lait puis versez-le dans un saladier. Ajoutez la levure en l'émiettant, mélangez bien pour la dissoudre. Ajoutez ensuite 3 cuillerées de farine, mélangez, pétrissez et mettez cette pâte en boule. Remplissez le saladier d'eau tiède et laissez ce levain pendant une dizaine de minutes : il va doubler de volume.

2 Sur le plan de travail, tamisez la farine et creusez une fontaine. Versez le miel, l'huile d'olive, le zeste et le jus des oranges, les grains d'anis et le sel, et pétrissez le tout du bout des doigts. Quand tout est mélangé, égouttez le levain et ajoutez-le. Pétrissez jusqu'à ce que la boule de pâte soit ferme, mais souple au toucher.

3 Étalez la pâte sur une épaisseur de 1 cm, en un disque de 30 à 40 cm de diamètre. Tapissez la plaque du four de papier sulfurisé et déposez-y la pompe. Avec la pointe d'un couteau, 6 incisions en étoile et étirez-les doucement avec les mains pour créer des ouvertures en forme de gouttes.

4 Mettez la plaque dans un endroit tiède et laissez lever pendant 2 heures environ.

5 Préchauffez le four à 200 °C (th. 6-7). Faites le café et sucrez-le. À l'aide d'un pinceau, badigeonnez la pompe de café sucré. Enfournez pour 15 minutes.

Ce dessert fait partie des 13 desserts de Noël, tout comme les fruits confits. On raconte qu'il faut rompre la pompe et non pas la couper au couteau...

FIADONE

POUR 4 PERSONNES

* * *

ÉGOUTTAGE DU BROCCIU : **3 H** - PRÉPARATION : **20 MIN** - CUISSON : **35 MIN**

- 250 g de brocciu frais
- 1/2 citron ou 1 cuill. à soupe d'acquavita (eau-de-vie de marc ou de fruit)
- 3 œufs
- 100 g de sucre
- 1 pincée de sel
- 20 g de beurre

---

1 Enveloppez le brocciu dans une mousseline et mettez-le à égoutter dans une passoire.

2 Prélevez un zeste de citron de 7 ou 8 cm de long et faites-le blanchir pendant 3 minutes dans de l'eau bouillante. Égouttez-le et hachez-le finement.

3 Cassez les œufs en séparant les blancs des jaunes. Mettez les jaunes d'œufs dans un saladier, ajoutez le sucre et mélangez jusqu'à ce que la préparation soit lisse et crémeuse. Ajoutez le brocciu et le zeste de citron ou l'acquavita.

4 Préchauffez le four à 180 °C (th. 6). Battez les blancs en neige avec le sel, puis très délicatement incorporez-les au mélange brocciu-œufs, en tournant toujours dans le même sens.

5 Beurrez un moule à manqué, versez-y la préparation, égalisez la surface, enfournez et laissez cuire pendant 35 minutes environ. La lame d'un couteau plantée au centre du gâteau doit ressortir sèche quand il est cuit. Laissez le fiadone refroidir avant de le démouler.

CRÊPES DE FARINE *de châtaigne au cédrat*

POUR 24 CRÊPES ENVIRON

* * *

PRÉPARATION : **15 MIN** - REPOS DE LA PÂTE : **2 À 3 H** - CUISSON : **20 À 25 MIN**

- 185 g de farine de châtaigne
- 65 g de farine de blé
- 50 cl de lait
- 20 g de beurre
- 1 zeste de cédrat
- 5 œufs
- 20 g de sucre
- 1 pincée de sel
- 2 cuill. à soupe d'huile

---

1 Tamisez les deux farines dans un saladier. Creusez une fontaine et versez le lait peu à peu en mélangeant avec une spatule jusqu'à obtenir une pâte bien lisse.

2 Faites fondre le beurre. Râpez finement le zeste de cédrat. Cassez les œufs en séparant les blancs des jaunes. Mélangez ces derniers avec le sucre, le beurre fondu et le zeste. Ajoutez-les dans la pâte.

3 Battez les blancs en neige avec le sel puis ajoutez-les avec précaution dans la pâte, sans fouetter et en tournant toujours dans le même sens avec une spatule. Couvrez le saladier d'un torchon et laissez reposer 2 ou 3 heures à température ambiante.

4 Faites cuire les crêpes de façon habituelle en graissant la poêle avec un pinceau trempé dans l'huile. Ne mettez qu'une petite louche de pâte pour avoir une crêpe assez fine. Servez-les avec du sucre ou de la confiture.

Le cédrat corse

Le cédratier est le premier agrume cultivé sur l'île de Beauté. Apporté par les Grecs et les Romains au Ier siècle, ce fruit, à l'aspect peu avantageux et mal aimé à son arrivée, a fait les riches heures du cap Corse. Ainsi, au XIXe siècle, alors que l'Europe entière s'enflamme pour cette « pomme d'or » confite, la production était essentiellement italienne, jusqu'à ce qu'une maladie en ravage les plantations. Profitant du fait que son cédratier est issu d'une mutation, le cap Corse devient alors le premier producteur mondial : pâtissiers, confiseurs et parfumeurs du monde entier se l'arrachent. Sur l'île, en 1885, Mattei crée sa Cédratine, liqueur équivalente au limencello. Aujourd'hui, la production s'est déplacée aux Antilles. Cependant, le cap cherche à redévelopper la culture du cédratier, véritable produit de luxe, recherché autant par les laboratoires de la cosmétique de luxe que par les grands noms de la pâtisserie parisienne.

OREILLETTES

POUR 3 DOUZAINES ENVIRON

* * *

PRÉPARATION : **ET ÉTIRAGE 30 MIN** - RÉFRIGÉRATION : **12 H** - CUISSON : **30 MIN ENVIRON**

- 300 g de farine
- 1/2 cuill. à café de sel
- 80 g de beurre ramolli
- 50 g de sucre en poudre
- 4 jaunes d'œufs
- 2 cuill. à soupe d'eau de fleur d'oranger (ou le zeste de 1 citron)
- huile de friture (tournesol ou arachide)
- sucre glace pour saupoudrer

---

1 La veille, préparez la pâte. Mettez la farine taine sur le plan de travail, ajoutez le sel, le beurre, le sucre et les jaunes d'oeufs dilués dans l'eau de fleur d'oranger. Pétrissez en ajoutant juste ce qu'il faut d'eau pour obtenir une pâte bien souple qui ne colle plus aux doigts, pendant 10 minutes environ (on peut utiliser un robot muni d'un crochet pétrisseur).

2 Enveloppez la pâte de film alimentaire et mettez au réfrigérateur pour une nuit.

3 Le jour même, étalez la pâte sur un plan de travail huilé, le plus finement possible, au rouleau ou à l'aide d'une machine à pâtes. Elle doit être translucide.

4 Faites chauffer l'huile : elle doit être bien chaude mais non fumante. Découpez la pâte à l'aide d'une roulette en formes régulières ou aléatoires. Faites-les frire au fur et à mesure. Idéalement une personne les étire pendant que l'autre les fait cuire.

5 Faites cuire les oreillettes par deux ou trois à la fois ; elles doivent cuire en une douzaine de secondes seulement et doivent être blondes et cassantes. Maintenez-les sous l'huile à l'aide d'une écumoire et retournez-les à mi-cuisson. Égouttez-les aussitôt sur du papier absorbant. Servez saupoudré de sucre glace, tiède ou froid.

Merveilles, bugnes, oreillettes... De Lyon jusqu'à la Côte d'Azur et au Sud-Ouest, on retrouve des variantes de ce dessert, que l'on prépare à Noël et surtout à Pâques. Plus elles sont fines et cassantes, plus elles sont réussies.

CRÈME BRÛLÉE *catalane*

POUR 4 PERSONNES

* * *

PRÉPARATION : **15 MIN** - REPOS : **12 H** - CUISSON : **10 À 15 MIN** - RÉFRIGÉRATION : **2 H ENVIRON**

- 1 l de lait
- 1 écorce de cannelle
- 1 zeste de citron
- 1 cuill. à café de grains d'anis vert
- 1 gousse de vanille
- 2 œufs
- 5 jaunes d'œufs
- 150 g de sucre
- 25 g de farine
- 25 g de fécule

---

1 La veille, faites chauffer le lait avec la cannelle, le zeste de citron, l'anis et la gousse de vanille ouverte et grattée. Arrêtez au premier bouillon, retirez du feu et laissez infuser toute la nuit en gardant la casserole couverte.

2 Le jour même, cassez les œufs dans une casserole, ajoutez les jaunes et mélangez. Versez 3 cuillerées à soupe de sucre puis fouettez énergiquement jusqu'à ce que la préparation blanchisse. Ajoutez ensuite la farine et la fécule, mélangez.

3 Filtrez le lait et ajoutez-le au mélange doucement, sans cesser de remuer. Mettez la casserole à feu doux et faites cuire la crème, en tournant sans arrêt, jusqu'à ce qu'elle épaississe. Elle doit bouillir juste 1 minute. Retirez la casserole du feu et fouettez.

4 Versez la crème dans des ramequins individuels peu profonds ou des plats à œufs en porcelaine. Mettez-les au réfrigérateur jusqu'à leur utilisation. Une pellicule assez épaisse doit se former dessus.

5 Répartissez le reste de sucre sur la surface des ramequins et caramélisez-le avec une lampe à souder, ou passez les plats sous le gril pendant 2 minutes. Servez aussitôt.

ENTRÉES

PLATS

DESSERTS

OUTRE-MER

LA RÉUNION ANTILLES GUYANE

LES ROUGAILS

* * *

POUR LE ROUGAIL MANGUE
- 400 g de mangues vertes
- 1 oignon
- 5 ou 6 piments oiseaux
- 10 g de gros sel
- 20 cl d'huile

POUR LE ROUGAIL TOMATE
- 1 oignon
- 2 tomates
- 5 ou 6 piments oiseaux
- 10 g de gros sel
- 2 zestes de citron vert

POUR LE ROUGAIL CITRON
- 200 g de citrons verts
- 1 oignon
- 4 à 5 piments oiseaux
- 10 g de gros sel
- 20 cl d'huile

LE ROUGAIL MANGUE

1 Épluchez les mangues et hachez-les.
2 Pelez l'oignon et émincez-le.
3 Écrasez au pilon les petits piments et le sel.
4 Mélangez le tout avec l'huile.

LE ROUGAIL CITRON

1 Épluchez à vif les citrons et hachez la chair.
2 Pelez l'oignon et émincez-le.
3 Écrasez au pilon les petits piments et le sel.
4 Mélangez le tout avec l'huile.

LE ROUGAIL TOMATE

1 Épluchez et émincez finement l'oignon.
2 Mondez les tomates et coupez-les en petites lanières.
3 Dans un mortier ou dans un bol, écrasez bien au pilon les piments et le sel.
4 Hachez les zestes de citron.
5 Mélangez le tout.

Les rougails sont des sauces très fortes qu'on consomme en petite quantité en accompagnement. Le rougail tomate et le rougail mangue sont les plus connus : le premier accompagne de nombreuses viandes, le second se marie plutôt avec les poissons.

BONBONS *piment*

POUR 6 PERSONNES

* * *

PRÉPARATION : **20 MIN** - TREMPAGE : **12 H** - CUISSON : **8 MIN**

- 250 g de pois cassés jaunes
- 2 gousses d'ail hachées
- 2 cuill. à café de cumin en poudre
- 1 cuill. à café de curcuma
- 30 g de gingembre râpé
- 1 à 2 piments oiseaux selon vos goûts
- 1/2 botte de ciboule émincée
- 1/2 botte de coriandre hachée
- huile de friture
- 1 citron vert
- sel

---

1 La veille, faites tremper les pois dans de l'eau froide.

2 Le jour même, égouttez les pois, mixez avec l'ail, les épices et les piments. Salez généreusement. Ajoutez la ciboule et la coriandre. Mélangez bien.

3 Formez des petites boulettes de la taille d'une noix.

4 Mettez à cuire dans un bain de friture à 180°C jusqu'à ce que les bonbons soient bien dorés. Égouttez-les sur du papier absorbant et servez avec un filet de citron vert.

DAUBE
de bananes

POUR 4 PERSONNES

* * *

PRÉPARATION : **15 MIN** - CUISSON : **30 MIN ENVIRON**

- 6 bananes plantains jaunes
- 1 citron
- 200 g de lard demi-sel
- 6 échalotes
- 2 gousses d'ail
- 1 morceau de piment frais
- 4 brins de persil plat
- 6 ou 7 cuill. à soupe d'huile
- 2 branchettes de thym
- 1 pincée de cannelle
- sel et poivre

---

1 Épluchez soigneusement les bananes en enlevant tous les filaments. Coupez-les en gros morceaux et arrosez-les de jus de citron.

2 Détaillez le lard en petits dés. Épluchez et hachez les échalotes, l'ail et le piment, à doser selon votre goût. Effeuillez et hachez le persil.

3 Dans une cocotte, chauffez l'huile puis, pendant 3 ou 4 minutes, faites rissoler le lard d'abord, les bananes ensuite. Ajoutez alors les échalotes, l'ail, le thym et le piment. Mélangez bien et laissez cuire pendant 2 ou 3 minutes.

4 Versez 20 cl d'eau chaude, ajoutez la cannelle et mélangez bien. Couvrez à demi et faites mijoter pendant 15 à 20 minutes. Versez dans le plat de service et parsemez de persil.

Les bananes plantains se prêtent aussi à la préparation de chips. Il faut choisir des bananes peu mûres, les couper finement et les frire à 175 °C pendant 5 minutes.

La banane plantain

Dotée d'une peau jaune clair à maturité et d'une chair jaune et sucrée, assez ferme, la banane plantain est plus grosse que la banane fruit et contient davantage d'amidon et moins de sucre que cette dernière. En ragoût, frite ou en purée, elle accompagne de nombreux plats de la cuisine antillaise.

ACRAS
de morue

POUR 4 PERSONNES

* * *

PRÉPARATION : **15 MIN** - TREMPAGE : **12 H** - CUISSON : **20 MIN**

- 150 g de morue salée
- 1/2 bouquet de persil
- 2 gousses d'ail
- 1 petit piment rouge
- 3 ciboules
- 200 g de farine
- 1 cuill. à café de levure
- 2 œufs
- 15 cl d'eau
- 1 cuill. à café de thym
- huile de friture

---

1 Faites dessaler la morue une nuit à l'eau fraîche (pour gagner du temps, vous pouvez aussi trouver de la morue déjà dessalée au rayon surgelés).

2 Mettez-la ensuite dans une casserole d'eau froide, amenez-la à ébullition, puis coupez le feu et laissez la morue pocher 15 minutes. Laissez tiédir, retirez la peau et les arêtes, et émiettez-la.

3 Rincez et épongez le persil, épluchez l'ail. Ouvrez le piment et retirez-en les graines. Hachez ensemble l'ail, les ciboules, le piment et le persil, à la main ou au mixeur.

4 Dans un saladier, mélangez la farine et la levure, rajoutez les œufs et délayez la pâte petit à petit avec l'eau. Rajoutez le hachis, la morue et le thym.

5 Faites chauffer l'huile, déposez-y des cuillerées de pâte et faites frire 3 minutes environ. Égouttez les accras sur du papier absorbant et servez bien chaud.

Importée d'Europe, la morue est préparée aux Antilles de multiples façons : en beignet appelé acra ; en « chiquetaille », en « féroce » avec de l'avocat ou en brandade aux pommes de terre.

CALALOU

POUR 4 À 6 PERSONNES

* * *

PRÉPARATION : **30 MIN** - CUISSON : **1 H 10 ENVIRON**

- 1 grosse botte d' « herbages » ou 750 g de fanes de radis ou de navet ou 750 g d'épinards ou d'oseille
- 4 oignons pays ou cive ou ciboule
- 2 gousses d'ail
- 1 bouquet de persil plat
- 12 gombos
- 250 g de lard de poitrine fumée
- 2 cuill. à soupe d'huile
- 1 petit piment frais
- 2 branchettes de thym
- 2 citrons verts

---

1 Triez les herbages, enlevez les nervures, lavez-les bien. Puis hachez-les grossièrement. Pelez et hachez les oignons pays. Épluchez et écrasez l'ail. Effeuillez le persil et hachez-le. Lavez les gombos, équeutez-les puis coupez-les en rondelles. Détaillez le lard en petits cubes.

2 Faites bouillir 50 cl d'eau dans une casserole. Dans une cocotte, chauffez l'huile puis faites-y revenir les oignons, l'ail, les lardons et le thym émietté.

3 Au bout de 2 ou 3 minutes, ajoutez les herbages, les gombos, le persil et le piment. Mélangez et cuisez pendant 5 à 10 minutes. Versez l'eau bouillante, mélangez, couvrez et laissez mijoter 20 minutes, jusqu'à ce que les légumes soient tendres.

4 Éteignez le feu. Enlevez les lardons et le piment et réservez-les. Passez le contenu de la cocotte au moulin à légumes. Mettez les lardons et le piment dans la purée obtenue ainsi qu'un peu d'eau si elle est trop épaisse, et laissez mijoter 20 minutes environ sans faire bouillir ; salez. Enlevez le piment. Ajoutez le jus de 1 ou 2 citrons éventuellement. Versez dans un plat creux et servez bien chaud.

Le fruit de l'arbre à pain

L'arbre à pain fut introduit dans les Caraïbes vers la fin du XVIIIe siècle. Son fruit ovoïde, à la peau verdâtre marquée d'un dessin en damier, pèse jusqu'à 2 kg. Sa pulpe, blanche et charnue quand il est immature, a une saveur proche de celle de l'artichaut ; c'est à ce stade qu'elle se consomme. Elle est très riche en amidon, et sa valeur nutritive est proche de celle du pain de froment. Le fruit à pain se mange cuit à l'eau salée, ou rôti, ou encore sous forme de frites ou de croquettes. Sa fleur mâle, appelée « totote » ou « popote », en forme d'épi spongieux jaunâtre, est à l'origine d'une confiserie prisée des Antillais.

Les piments

Ce condiment de la famille des solanacées fut introduit en Europe par Christophe Colomb lors de son retour des Amériques. Il en existe plus de 200 variétés, vendus frais ou séchés. Aux Antilles, les piments sont généralement forts et portent des noms imagés : « piment zozio » ou « piment oiseau » ou « langue de perroquet », « piment lampion » ou « piment sept-courts-bouillons ».

L'ananas bouteille

Cette variété d'ananas, dont la forme allongée explique le nom, n'existe qu'en Guadeloupe. C'est peut-être ce fruit que dégusta Christophe Colomb, qui découvrit l'île en 1493. L'ananas bouteille, appelé également « z'annana », est cultivé au nord de Basse-Terre, en particulier autour de Sainte-Rose et de Lamentin. Il est vendu dans les magasins et sur les marchés locaux. Très sucré, il se consomme frais, nature ou servi dans du vin.

Le crabe de terre

Selon son espèce, son âge, sa taille et le lieu où il est capturé, le crabe terrestre des Antilles se nomme crabe blanc, « boko », crabe soleil, dos rouge, « krab a bab » ou « touloulou ». Ce crabe, qui vit en terrier, ne rejoint la mer qu'en période de reproduction. Jadis complément de nourriture pour les esclaves ou réserve vivante en période de restriction, le crabe de terre est, de nos jours, surtout consommé traditionnellement les lundis de Pâques et de Pentecôte. On le prépare farci ou selon différentes recettes créoles.

LES SAVEURS DES ANTILLES

OUASSOUS
aux tomates et aux cives

POUR 8 PERSONNES

* * *

PRÉPARATION : **30 MIN** - MARINADE : **20** - CUISSON : **25 MIN**

- 8 citrons verts
- 2 kg d'ouassous
- 1 kg de tomates
- 4 oignons
- 1 morceau de gingembre frais de 2 cm
- 1 petit piment
- 4 cuill. à soupe d'huile d'olive
- 10 cl de rhum vieux
- 1 cuill. à soupe de concentré de tomate
- 1 brin de thym
- 1 feuille de bois d'Inde
- 4 gousses d'ail
- 1 bouquet de cives
- 10 brins de persil plat
- sel et poivre

---

1 Pressez les citrons. Lavez les ouassous, égouttez-les. Disposez-les dans un plat, arrosez-les de jus de citron et laissez-les mariner 20 minutes en les retournant.

2 Plongez les tomates 1 minute dans de l'eau bouillante, pelez-les, épépinez-les et concassez-les. Pelez et émincez les oignons. Grattez le gingembre, coupez-le en lamelles. Lavez le piment, fendez-le en deux, ôtez le pédoncule et les graines. Coupez la chair en morceaux.

3 Faites chauffer l'huile et le gingembre dans une cocotte. Mettez les oignons et les ouassous. Faites revenir 5 minutes. Chauffez le rhum dans une casserole, versez-le dans la cocotte et flambez.

4 Diluez le concentré de tomate dans 2 cuillerées à soupe d'eau. Mélangez-le avec les tomates, le thym, le piment, le bois d'Inde. Salez et poivrez. Ajoutez la préparation dans la cocotte. Couvrez et laissez mijoter 20 minutes.

5 Pelez et écrasez l'ail. Épluchez et émincez les cives. Lavez, équeutez et hachez le persil. Parsemez d'ail, de cives et de persil. Servez.

Les ouassous, ou « z'habitants », sont les grosses crevettes d'eau douce.

JAMBON
au rhum

POUR 6 PERSONNES

* * *

PRÉPARATION : **20 MIN** - MARINADE : **24 H** - CUISSON : **3 H**

- 1 jambon frais à cuire de 2 kg
- 1 gousse d'ail
- 1 oignon
- 6 clous de girofle
- 2 cm de bâton de cannelle
- 1 cuill. à soupe de vinaigre
- 2 cuill. à soupe de graines de moutarde
- 40 cl de rhum blanc
- 1 ananas

---

1 Demandez à votre charcutier d'enlever la couenne du jambon. Tracez un quadrillage sur toute la surface avec un couteau pointu. Mettez-le dans un plat.

2 Pelez et écrasez l'ail. Pelez l'oignon, coupez-le en rondelles. Mélangez l'ail, l'oignon, les clous de girofle, la cannelle, le vinaigre, les graines de moutarde et le rhum. Versez sur le jambon. Laissez mariner 24 heures, en retournant souvent la viande pour qu'elle soit bien imprégnée. Badigeonnez-la régulièrement avec la marinade.

3 Préchauffez le four à 170 °C (th. 5-6). Sortez le jambon de la marinade, épongez-le avec du papier absorbant. Retirez le bâton de cannelle de la marinade. Posez le jambon sur la plaque du four. Enfournez-le et faites-le cuire pendant 3 heures en arrosant souvent avec la marinade.

4 Épluchez l'ananas, découpez-le en morceaux. Placez-les autour du jambon au moins 1 heure avant la fin de la cuisson. Sortez le jambon du four. Découpez-le en tranches. Déglacez la plaque du four. Mettez la sauce dans une saucière. Décorez avec les morceaux d'ananas et servez.

Le rhum agricole

Le rhum agricole, obtenu par distillation du vesou, jus de la canne à sucre, se distingue du rhum industriel, fabriqué à partir de la mélasse, sous-produit de la fabrication du sucre de canne. Le vesou, additionné d'eau, est filtré puis mis à fermenter. Le « vin alcoolique » est ensuite distillé. Le rhum brut, alors pratiquement incolore, est mis à vieillir en cuve d'aluminium ou en fûts de chêne. C'est ainsi que l'on fait le rhum blanc, le rhum paille et le rhum vieux, le plus foncé et qu'on déguste en digestif. Ces différents rhums titrent entre 40 et 60 % vol. Le rhum agricole de la Martinique bénéficie d'une AOC. Les usages du rhum sont nombreux : grog, pâtisserie, cocktails (daïquiri, ti-punch, planteur)...

PÂTÉ
créole

POUR 4 À 6 PERSONNES

* * *

PRÉPARATION : **45 MIN** - REPOS DE LA PÂTE : **1 H 30** - CUISSON : **1 H 30**

POUR LA GARNITURE
- 200 g de porc ou de poulet
- 1 oignon
- 1 tomate
- 6 gousses d'ail
- 10 cl d'huile
- 1 branchette de thym
- 5 g de poivre
- 5 clous de girofle
- 10 cl de vermouth
- 1 cuill. à café de curcuma

POUR LA PÂTE
- 200 g de beurre ou de saindoux
- 1 gousse de vanille
- 500 g de farine
- 5 jaunes d'œufs
- 1 sachet de levure chimique
- 150 g de sucre
- 15 cl de Marie-Brizard
- 1 jaune d'œuf
- sel et poivre

---

1 Coupez la viande en petits morceaux. Épluchez et coupez finement l'oignon. Mondez la tomate, épépinez-la, puis coupez-la en dés. Épluchez et hachez l'ail.

2 Chauffez l'huile dans une cocotte, faites-y colorer les morceaux de viande, puis les oignons. Ajoutez ensuite l'ail, le thym émietté, le poivre, les clous de girofle et le curcuma. Salez et faites rissoler. Mettez alors la tomate, et laissez cuire 5 minutes environ. Versez 5 cl d'eau, mélangez, couvrez à demi, baissez le feu et faites mijoter 15 minutes. Ajoutez le vermouth, mélangez, faites cuire pendant 1 ou 2 minutes. Retirez la cocotte du feu. Versez le tout dans une passoire. Recueillez le jus et mettez la viande de côté.

3 Préparez la pâte. Divisez le beurre ou le saindoux en parcelles et laissez-le ramollir. Coupez la gousse de vanille en petits morceaux.

4 Tamisez la farine sur le plan de travail. Creusez un puits, mettez-y beurre ou saindoux et pétrissez du bout des doigts. Reformez le puits et ajoutez alors les jaunes d'œufs, la levure, le sucre, la vanille et la Marie-Brizard. Mélangez et versez le jus de cuisson de la viande. Pétrissez alors la pâte jusqu'à ce qu'elle soit souple et n'adhère plus aux doigts. Formez-la en boule, enveloppez-la d'un linge et laissez-la reposer 1 h 30 au moins.

5 Préchauffez le four à 180 °C (th. 6). Beurrez un moule ovale et chemisez-le de papier sulfurisé beurré. Étalez la pâte. Disposez les morceaux de viande dans le fond du moule. Recouvrez avec la pâte en soudant bien les bords. Façonnez les chutes de pâte selon votre goût et décorez-en le dessus du pâté. Dorez-le, au pinceau, avec le jaune d'œuf. Faites cuire au four pendant 1 h 30. Servez chaud ou froid.

TOUFFÉ D'ESPADON
au citron vert

POUR 4 PERSONNES

* * *

PRÉPARATION : **15 MIN** - MARINADE : **1 H** - CUISSON : **30 MIN**

- 800 g d'espadon
- 4 citrons verts
- 2 feuilles de bois d'Inde ou de laurier
- 4 gousses d'ail
- 4 oignons
- 4 échalotes
- 3 tomates
- 2 cuill. à soupe d'huile d'olive
- 1/2 cuill. à café de roucou (facultatif)
- sel et poivre

---

1 Lavez l'espadon et coupez-le en gros morceaux. Pressez 2 citrons et mettez leur jus dans un saladier ainsi qu'une feuille de bois d'Inde émiettée. Épluchez et hachez l'ail puis ajoutez-en la moitié au jus. Déposez les morceaux d'espadon, mélangez bien et laissez mariner au frais pendant 1 heure en retournant les morceaux de temps en temps afin qu'ils s'imprègnent bien des parfums.

2 Épluchez et émincez les oignons et les échalotes. Mondez les tomates et coupez-les en petits morceaux. Égouttez les morceaux d'espadon.

3 Dans une cocotte, chauffez l'huile et faites-y d'abord revenir les oignons et les échalotes puis les morceaux de poisson en les faisant dorer de tous les côtés. Mettez enfin les tomates, le reste d'ail et la deuxième feuille de bois d'Inde. Couvrez, baissez le feu et laissez mijoter ainsi pendant 15 minutes en mélangeant régulièrement.

4 Pressez les autres citrons et versez leur jus dans la sauce ainsi que le roucou. Mélangez et faites cuire encore doucement 5 minutes. Servez bien chaud avec du riz créole.

CARI
de poulet

POUR 4 PERSONNES

* * *

PRÉPARATION : **15 MIN** - CUISSON : **50 MIN ENVIRON**

- 1 poulet fermier de 1,4 kg
- 4 oignons
- 6 gousses d'ail
- 300 g de tomates olivettes
- 3 cuill. à soupe d'huile d'olive
- 1 cuill. à café de curcuma
- sel et poivre

---

1 Coupez le poulet en 8 morceaux. Pelez les oignons et l'ail. Hachez finement les oignons et écrasez l'ail. Coupez les tomates en fines tranches.

2 Dans une cocotte, chauffez l'huile et faites-y dorer le poulet. Retournez les morceaux plusieurs fois. Mettez les oignons et l'ail et faites-les aussi rissoler. Ajoutez ensuite les tomates et le curcuma et faites cuire de même pendant 2 ou 3 minutes.

3 Baissez le feu et couvrez la cocotte. Laissez mijoter à feu très doux pendant 45 minutes en remuant de temps en temps. Ajoutez au besoin un peu d'eau pour que le cari n'attache pas. Servez bien chaud.

Le cari, plat très populaire, se sert généralement avec du riz blanc et un rougail tomate.

BRIANI

POUR 4 À 6 PERSONNES

* * *

PRÉPARATION : : **30 MIN** - MACÉRATION : **3 H** - CUISSON : **50 MIN**

- 1 poulet de 1,5 kg
- 400 g de pois mange-tout
- 2 pommes de terre
- 2 carottes
- 4 gros oignons
- 3 gousses d'ail
- 6 cuill. à soupe d'huile
- 100 g de beurre
- 3 piments achards (gros piments assez doux)
- 40 g de gingembre
- 1 yaourt
- 2 cuill. à soupe de coriandre en grains
- 2 cuill. à soupe de cumin
- 50 g de menthe fraîche
- 300 g de riz basmati
- 1 cuill. à soupe de cannelle en poudre
- 3 clous de girofle
- 1 cuill. à soupe de cardamome
- 1 pincée de colorant jaune
- sel et poivre

---

1 Coupez le poulet en gros morceaux. Épluchez tous les légumes. Coupez les pommes de terre et les carottes en gros morceaux. Émincez les oignons, hachez l'ail et détaillez les piments en lanières.

2 Dans une poêle, chauffez 3 cuillerées d'huile puis faites dorer les morceaux de poulet. Déposez-les ensuite dans une grande marmite. Faites de même avec les carottes et les pommes de terre et ajoutez-les dans la marmite. Mettez à fondre le beurre dans une casserole, jetez-y les oignons et faites-les suer pendant 5 minutes. Versez-les dans la marmite.

3 Coupez finement le gingembre. Dans un mortier, pilez-le avec l'ail, du sel et du poivre. Versez le mélange dans la marmite. Ajoutez-y le yaourt, les piments, la coriandre et le cumin.

4 Faites chauffer le reste d'huile dans une petite casserole, jetez-y la menthe, laissez-la frire 1 ou 2 minutes puis versez le contenu de la casserole dans la marmite. Mélangez bien, couvrez, puis laissez macérer 3 heures au moins.

5 Mettez le riz dans une casserole et ajoutez deux fois son volume d'eau, la cannelle, les clous de girofle, la cardamome et le colorant jaune. Couvrez et laissez cuire 10 minutes doucement jusqu'à ce que l'eau soit absorbée. Ajoutez alors le riz dans la marmite. Tassez bien. Couvrez et faites cuire à feu doux pendant 40 minutes.

MASSALÉ *de cabri*

POUR 4 PERSONNES

* * *

PRÉPARATION : **15 MIN** - CUISSON : **1 H 15 ENVIRON**

- 1 kg d'échine de cabri (chevreau) ou d'agneau
- 2 oignons
- 5 gousses d'ail
- 3 tomates
- 600 g de pommes de terre
- 3 piments oiseaux
- 20 g de gingembre
- 50 cl d'huile
- 3 feuilles de caloupilé séché ou 2 feuilles de laurier
- 5 ou 6 brins de coriandre fraîche
- sel et poivre

---

1 Coupez le cabri en morceaux de 3 ou 4 cm. Pelez les oignons et émincez-les. Épluchez l'ail et écrasez-le. Mondez les tomates, épépinez-les et coupez-les en morceaux. Épluchez les pommes de terre et coupez-les aussi en morceaux. Écrasez les piments et le gingembre.

2 Dans une cocotte, chauffez bien l'huile. Faites-y colorer d'abord les morceaux de cabri sur toutes leurs faces, puis les oignons et les feuilles de caloupilé. Quand tout est bien doré, ajoutez l'ail, le piment et le gingembre.

3 Mélangez bien et mettez enfin les tomates et les pommes de terre. Faites-les aussi revenir en remuant. Salez et poivrez. Versez 25 cl d'eau, couvrez et faites cuire à feu doux pendant 1 heure environ. Mélangez de temps en temps, ajoutez un peu d'eau si nécessaire. Hachez la coriandre.

4 Disposez le massalé dans un plat de service, saupoudrez de coriandre et servez bien chaud.

Les pommes de terre se remplacent parfois par des chayotes ou des bringelles, aubergines du pays. Le massalé est servi généralement dans des feuilles de bananier.

ACHARDS
de légumes

POUR 6 PERSONNES

* * *

PRÉPARATION : **20 MIN** - CUISSON : **5 MIN**

- 150 g de carottes
- 150 g de chou blanc
- 50 g de haricots verts
- 1 oignon
- 150 g de chouchoux (ou cristophines)
- 1 cm de racine de gingembre
- 2 gousses d'ail
- 3 cuill. à soupe d'huile de friture
- 1 cuill. à soupe de curcuma
- 1 petit piment rouge ou vert
- 2 cuill. à soupe de vinaigre blanc

---

1 Rincez les légumes. Épluchez les carottes et les chouchoux. Taillez tous les légumes en lanières assez fines. Réservez.

2 Épluchez, puis émincez les oignons. Épluchez le gingembre et l'ail. Écrasez-les finement à l'aide d'un pilon ou bien aidez-vous d'un mixeur.

3 Dans une grande poêle, faites chauffer l'huile, puis faites revenir les oignons, l'ail, le gingembre, le curcuma et le piment épépiné et coupé en petites lanières. Toujours sur feu vif, ajoutez les lanières de légumes. Laissez cuire 2 minutes en remuant souvent. Retirez du feu. Ajoutez le vinaigre et servez en accompagnement d'une viande ou d'un poisson.

Vous pouvez précuire les haricots 5 minutes dans de l'eau salée frémissante si vous ne les aimez pas trop croquants.

La vanille Bourbon

Originaire du Mexique, la vanille est arrivée à La Réunion au début du XVIIIe siècle. C'est la seule orchidée qui soit comestible, et la variété Bourbon qui est cultivée sur l'île, Vanilla fragrans, en est la plus parfumée. Elle s'épanouit sur un sous-sol volcanique et sous un climat chaud et humide. Pour obtenir les gousses, il est nécessaire de féconder les fleurs, éphémères. Cette opération se fait toujours manuellement. Après la récolte, les gousses sont de couleur verte. L'aspect, d'abord chocolaté, puis complètement brun s'obtient tout au long du traditionnel processus de maturation, après l'échaudage et l'étuvage. Il faut alors compter au moins six mois pour laisser s'éveiller le parfum de la vanilline naturelle, présent parmi les 200 composants aromatiques de la plante.

Le rhum traditionnel de sucrerie

Poussant autrefois dans l'île à l'état sauvage, la canne à sucre fait l'objet de plantation depuis le XVIIe siècle. De son jus, appelé « vesou », on obtient le rhum par distillation. Dès le XIXe siècle, époque d'une activité sucrière intensive, on commença à produire du rhum à partir de mélasse de la canne, résidu sirupeux de la cristallisation du sucre. Cet autre rhum, moins délicat, fut appelé « tafia » et continue d'être fabriqué à la Réunion. Le rhum traditionnel, ou agricole, peut être vieilli en fût de chêne, ce qui lui confère une couleur ambrée et un goût plus délicat. Il est commercialisé avec un titre alcoométrie de 45 et 50 % vol. À la Réunion, il est consommé sous forme de grogs et de punchs ; il parfume aussi de nombreuses préparations pâtissières.

La chayote

Courge grimpante de la famille des cucurbitacées, appelée « cristophine » aux Antilles, « chouchou » à La Réunion et « chouchoute » ou « soseti » à Madagascar ou en Polynésie, on consomme la chayote comme un légume. Avant maturité, elle peut se manger crue, en salade, pelée, débarrassée de son noyau et réduite en purée pour confectionner des acras, des gratins très fins et des plats épicés.

Le riz

Les influences malgache, indienne et chinoise ont contribué à faire du riz une base de la cuisine réunionnaise. Pourtant, il est peu cultivé dans l'île et doit être importé de métropole, d'Italie ou d'Asie. Il existe différentes préparations : riz blanc, « riz maïs » (mélangé à du maïs), « ris jaune » (aromatisé au curcuma, dit safran pays), « riz chauffé » (cuit puis revenu dans l'huile avec ail et piment), zembrocal, plat assaisonné au curcuma, mélangeant du riz et des « grains », haricots ou lentilles.

La noix de coco

Dans la cuisine antillaise, la noix de coco est largement mise à contribution dans de nombreuses confiseries : doucelette à base de lait de coco, cratché, caramel enrobant des lamelles de coco, « tablettes coco ». Lointain cousin du flan à la noix de coco, le « blanc-manger » est un dessert très apprécié. Également très populaire, la confiture de coco est surtout utilisée pour fourrer certains gâteaux, en particulier le fameux « tourment d'amour », inventé, dit-on, par les femmes de pêcheurs de la Guadeloupe pour tromper... leur attente !

LES SAVEURS DE LA RÉUNION

COLOMBO *de porc*

POUR 6 PERSONNES

* * *

PRÉPARATION : **20 MIN** - MARINADE : **30 MIN** - CUISSON : **35 MIN**

- 1,2 kg d'échine de porc
- 2 oignons nouveaux
- 1 mangue verte
- 3 aubergines moyennes
- 3 pommes de terre
- 3 cuill. à soupe d'huile d'arachide
- 3 cuill. à soupe de poudre de colombo
- le jus de 1 citron

POUR LA MARINADE

- 2 gousses d'ail
- 1 petit piment
- 3 cuill. à soupe de vinaigre
- sel et poivre

---

1 Préparez la marinade. Pelez et écrasez les gousses d'ail, ou hachez-les finement. Coupez le piment en fines lamelles. Mélangez l'ail et le piment dans un plat creux avec le vinaigre, du sel et du poivre.

2 Coupez la viande en cubes. Mettez-la dans la marinade ; roulez les cubes dedans. Laissez mariner 30 minutes.

3 Pendant ce temps, pelez les petits oignons et hachez-les finement. Pelez la mangue, ouvrez-la pour retirer le noyau et coupez-la en morceaux. Épluchez les aubergines et les pommes de terre, rincez-les et coupez-les en cubes.

4 Dans une cocotte, faites chauffer l'huile à feu modéré. Égouttez la viande, mettez-la dans la cocotte avec la mangue et le hachis d'oignon. Faites dorer le tout doucement 5 minutes environ en remuant.

5 Délayez la poudre de colombo dans un peu d'eau et versez-la dans la cocotte. Ajoutez les aubergines et les pommes de terre. Salez, poivrez et mélangez. Versez juste assez d'eau pour recouvrir les ingrédients et portez à ébullition. Baissez ensuite le feu, couvrez la cocotte et laissez cuire 50 minutes.

6 Environ 5 minutes avant la fin de la cuisson, ajoutez le jus de citron. Goûtez et rectifiez l'assaisonnement, puis versez le colombo dans le plat de service. Servez bien chaud avec du riz à la créole.

RAGOÛT
de papaye verte

POUR 4 À 6 PERSONNES

* * *

PRÉPARATION : **30 MIN** - DESSALAGE : **12 H** - CUISSON : : **1 H 30**

- 500 g de poisson boucané ou fumé
- 3 papayes vertes
- 250 g de lard fumé
- 2 oignons
- 3 tomates
- 3 cuill. à soupe d'huile
- 2 gousses d'ail
- 1 bouquet garni
- sel et poivre
- 3 branches de persil

---

1 Après avoir coupé le poisson en morceaux, mettez-le dans un saladier d'eau fraîche. Faites-le dessaler toute une nuit, en renouvelant l'eau une fois.

2 Épluchez et épépinez les papayes, puis coupez-les en cubes. Détaillez la queue de porc et le lard en morceaux. Épluchez et hachez les oignons. Mondez les tomates.

3 Chauffez l'huile dans une cocotte. Faites dorer d'abord les morceaux de queue de porc, puis le lard et les oignons. Retournez plusieurs fois. Ajoutez alors les tomates et les papayes. Couvrez d'eau et faites cuire doucement, à petits frémissements et à couvert, pendant 1 heure. Ajoutez de l'eau si nécessaire pour que cela n'attache pas.

4 Épluchez les gousses d'ail. Égouttez le poisson et ajoutez-le dans la cocotte ainsi que le bouquet garni et l'ail. Rectifiez l'assaisonnement et laissez cuire encore pendant 10 minutes. Parsemez de persil haché. Servez avec du riz.

La papaye verte

Lorsqu'elle est encore verte, la papaye est un légume proche de la courge : elle se décline alors râpée en salade mais aussi en gratin ou soupe. Fraîches ou séchées puis broyées, ses graines servent aussi d'épice. Le latex qu'elle produit également, riche en enzyme papaïne, a la faculté d'attendrir la viande, et intervient dans la fabrication du chewing-gum. Mûre, elle se déguste en salade de fruits, avec du rhum, en compote, en confiture, en sorbet.

GÂTEAU
de patates douces

POUR 6 PERSONNES

* * *

PRÉPARATION : **20 MIN** - CUISSON : **1 H 05** - REPOS : **12 H**

- 750 g de patates douces
- 100 g de farine
- 1/2 sachet de levure chimique
- 100 g de beurre
- 120 g de cassonade
- 10 cl de crème fraîche liquide entière
- 2 cuill. à soupe de rhum vieux ou de rhum « arrangé »
- 2 œufs
- 1/2 gousse de vanille
- 2 pincées de cannelle
- 2 pincées de muscade
- 2 pincées de gingembre
- beurre et farine pour le moule

---

1 Épluchez les patates douces, coupez-les en dés et faites-les cuire 20 minutes dans une casserole d'eau bouillante. Égouttez-les bien et mixez-les en une purée fine.

2 Préchauffez le four à 180 °C (th. 6). Tamisez la farine avec la levure. Dans un saladier ou le bol du mixeur, fouettez le beurre avec la cassonade, puis rajoutez la crème, le rhum et les œufs. Fendez la gousse de vanille en deux, grattez l'intérieur pour récupérer les graines et rajoutez-les au mélange, ainsi que les épices. Incorporez ensuite la purée de patates douces puis le mélange farine-levure jusqu'à obtenir une préparation bien homogène.

3 Versez le tout dans un moule à manqué beurré et fariné, ou un moule en silicone, et mettez à cuire 45 minutes. Démoulez le gâteau sur une grille et laissez-le reposer jusqu'au lendemain.

Ne vous inquiétez pas de l'aspect « raté » de ce gâteau lorsqu'il est chaud. Il va gonfler, puis dégonfler, c'est normal. Il faut compter une nuit pour qu'il prenne son aspect compact et fondant.

BLANC-MANGER
coco

POUR 4 PERSONNES

* * *

PRÉPARATION : **10 MIN** - CUISSON : **3 MIN** - RÉFRIGÉRATION : **3 H**

* 3 feuilles de gélatine
* 50 cl de de coco
* 125 g de lait concentré sucré
* 1 zeste de vert non-traité
* 1 bâton de cannelle
* 2 pincées de muscade

---

1 Mettez la gélatine à ramollir dans un bol d'eau froide.

2 Dans une casserole, amenez à ébullition les deux laits avec le zeste et les épices.

3 Arrêtez le feu et laissez infuser 5 minutes, puis retirez le zeste et le bâton de cannelle.

4 Rajoutez la gélatine égouttée et mélangez bien.

5 Versez la préparation dans des coupelles et laissez prendre au moins 3 heures au réfrigérateur.

LES PUNCHS

* * *

POUR 1 VERRE DE TI-PUNCH
- 1 cuill. à café de sucre roux de canne ou de sirop de sucre
- 1 citron vert
- 6 cl de rhum

POUR 1 LITRE DE PUNCH-COCO
- 3 grosses noix de coco bien sèches
- 1 l de rhum
- sirop de canne

POUR 2 VERRES DE PLANTEUR
- 1 kg d'oranges
- 1 citron
- sirop de canne
- 2 verres de rhum vieux angostura

LE TI-PUNCH

1 Râpez le zeste du citron.
2 Écrasez-le avec le sucre et une rondelle de citron.
3 Ajoutez le rhum. Allongé ensuite d'eau ou additionné de glace, le ti-punch prend le nom de « parisien ».

LE PUNCH-COCO

1 Cassez les noix de coco, détachez la pulpe.
2 Supprimez la peau brune puis passez la pulpe dans une centrifugeuse (ou râpez-la, enfermez-la dans une mousseline et extrayez le lait de coco).
3 Mélangez la pulpe pressée avec le rhum et passez au tamis au-dessus d'un récipient.
4 Dans le rhum aromatisé, ajoutez le lait decoco et du sirop de canne selon votre goût.
5 Transvasez le punch dans les bouteilles, fermez hermétiquement et mettez au frais.

LE PLANTEUR

1 Pressez les oranges et le citron, mélangez les deux jus.
2 Ajoutez du sirop de canne selon votre goût, le rhum et quelques gouttes d'angostura.
3 Secouez ce mélange dans un shaker avec quelques glaçons et servez.

SORBET
coco

POUR 6 À 8 PERSONNES

* * *

PRÉPARATION : **30 MIN** - REFROIDISSEMENT : **30 À 40 MIN**

- 1 noix de coco
- 1 l de lait demi-écrémé
- 1 gousse de vanille
- 100 g de sucre
- 1 citron vert non traité
- 1 pincée de noix muscade
- 1 bâton de cannelle
- 2 gouttes d'extrait d'amande amère

---

1 Cassez la noix de coco et enlevez toute la pulpe. Râpez-la le plus finement possible.

2 Faites chauffer le lait en y ajoutant la gousse de vanille ouverte et grattée. Versez-le sur la pulpe, mélangez bien et laissez infuser 15 minutes environ. Placez un linge fin sur une passoire, mettez la passoire sur un saladier et passez le mélange. Appuyez bien pour extraire le plus possible de jus de la pulpe.

3 Dans ce lait de coco, versez le sucre et mélangez. Râpez le zeste de citron au-dessus du saladier. Ajoutez la noix muscade, un peu de cannelle et l'extrait d'orange amère. Mélangez bien le tout.

4 Versez dans la sorbetière et faites-la fonctionner. Si vous ne consommez pas le sorbet tout de suite, mettez-le au congélateur. Sortez-le 30 minutes environ avant de le consommer car il ne doit pas être trop dur.

On remplace souvent le sucre par 10 cl de lait concentré sucré. Vous pouvez aussi faire un sorbet avec de la pulpe séchée. Laissez-la alors infuser 30 minutes dans le lait chaud.

INDEX
par ingrédient

INDEX *alphabétique*

A

B

C

D

E

F

G

J

K

L

M

N

O

P-Q

R

S

T

V-W

CRÉDITS *photographiques*

PHOTOS DES RECETTES

Martin Balme (stylisme Lucie Dauchy) © coll. Larousse : pages 125, 127, 131, 133, 135, 137, 139, 143, 145, 147, 149, 151, 153, 155, 161, 163, 165, 167, 279, 281, 283, 287, 289, 291, 295, 299, 301, 303, 305, 307, 309, 311, 315, 317, 319, 321. | **Fabrice Besse** (stylisme Audrey Cosson) © coll. Larousse : page 327. | **Fabrice Besse** (stylisme Sabine Paris) © coll. Larousse : pages 233, 421. | **Emanuela Cino** (stylisme Anne Loiseau) © coll. Larousse : pages 175, 177, 181, 189, 191, 193, 195, 197, 199, 201, 203, 205, 209, 211, 213, 215, 217. | **Guillaume Czerw** (stylisme Alexia Janny) © coll. Larousse : pages 35, 49, 101, 117, 361. | **Guillaume Czerw** (stylisme Sophie Dupuis-Gaulier) © coll. Larousse : page 481. | **Caroline Faccioli** (stylisme Corinne Jausserand) © coll. Larousse : page 485. | **Caroline Faccioli** (stylisme Sabine Paris) © coll. Larousse : pages 15, 33, 389, 391, 423. | **Marie-José Jarry** (stylisme Carine Fouchet) © coll. Larousse : page 457. | **Françoise Nicol** (stylisme Manuela Chantepie) © coll. Larousse : page 467. | **Olivier Ploton** (stylisme Bérengère Abraham) © coll. Larousse : page 59. | **Olivier Ploton** (stylisme Blandine Boyer) © coll. Larousse : pages 385, 393, 395, 397, 401, 403, 405, 407, 409, 413, 425, 429, 431, 433, 435, 437, 441, 443, 445, 447, 449, 489, 491. | **Olivier Ploton** (stylisme Catherine Moreau) © coll. Larousse : pages 231, 235, 239, 241, 245, 247, 251, 253, 255, 257, 263, 265, 267, 269, 271, 331, 333, 337, 339, 343, 347, 349, 351, 353, 355, 366, 363, 365, 269, 371, 373, 375, 377, 379. | **Olivier Ploton** (stylisme Valérie Vermeeeren) © coll. Larousse : pages 29, 243, 341. | **Amélie Roche** (stylisme Alexia Janny) © coll. Larousse : page 99. | **Franck Schmitt** © coll. Larousse : pages 71, 73, 77, 79, 81, 83, 87, 89, 91, 93, 95, 97, 105, 107, 109, 111, 113, 115, 119, 225. | **Laetitia Vasseur** © coll. Larousse : pages 13, 17, 21, 23, 25, 27, 31, 37, 39, 41, 43, 51, 53, 57, 61, 63, 65, 459, 463, 471, 473, 475, 479, 493, 495. | **Pierre-Louis Viel** (stylisme Valéry Drouet) © coll. Larousse : pages 47, 227, 359, 411, 417, 427, 469.

Anne Loiseau remercie Révol pour la vaisselle et L'Atelier Perceval pour les couteaux 9.47.

LES AUTRES PHOTOS

© Shutterstock : davidelliottphotos p 8 – Diana Taliun p 19 (dh) – Eduard Kyslynskyy p 44 – catherinka p 45 (dh) – defotoberg p 45 (dc) – Lakeview Images p 45 (db) – Evgeny Shmulev p 66 – DOPhoto p 68 (h) – Vely p68 (bg) – Production Perig p68 (bg) – ostill p69 (hg) – Bertl123 p69 (hd) – StevanZZ p 69 (b) – Pack-Shot p 85 (dh) – Borislav Bajkic p 85 (dc) – PHB.cz (Richard Semik) p 120 – Christian Musat p 122(h) – Pack-Shot p 122 (bg) – Gerard Koudenburg p122 (bg) – Jordi Muray p123 (hg) – FreeProd33 p 123 (hd) – Ivonne Wierink p123 (b) – PHB.cz (Richard Semik) p 172 (h) – stockcreations p 140 (hd) – M.Munoz-Calero p141 (hg) – A_Lein p 158 (hc) – Viachaslau Barysevich p 159 (dc) – PHB.cz (Richard Semik) p 170 – Sternstunden p 172 (bg) – Stephen Farhall p 172 (bd) – khemawattana p 173 (hg) – PHB.cz (Richard Semik) p173 (hd) – Stokkete p 173 (b) – Erni p 182 (hg) – prochasson frederic p 206 (hg) – Wiktory p 206 (hd) – Ivonne Wierink p 218 – Alexander Demyanenko p 220 (bd) – Rrrainbow p 220 (bg) – pedrosala p 221 (hg) – patjo p 221 (hd) – peresanz p221 (b) – petrovichlili p 249 (dh) – skyfish p 249 (dc) – Aleksandrs Samuilovs p 249 (db) — Green Jo p 261 (d)– fullempty p 274 – Alex Emanuel Koch p 276 (bg) – David Hughes p 276 (bd) – Jordi Roy p 277 (hg) –Ivonne Wierink p 277 (hd) – Frederic49 p 277 (b) – Foodpictures p 296 – Risto0 p 313 (hg) – Bokstaz p 313 (dh) – Zoom Team p 313 (dc) – Natasha Breen p 313 (db) – Vaclav Volrab p 322 – Julia Kuznetsova p 324 (bg) – tomy p 324 (bd) – Andrey Grinyov p 325 (hg) – prochasson frederic p 326 (hd)— Mirabelle Picture p 344 (hd)— Elena Elisseeva p 345 (dh)— Kuttelvaserova Stuchelova p 345 (db) — Korolevskaya Natalia p 367 (b)– Zyankarlo p 380 – Dr. J. Beller p 382 (h) – DUSAN ZIDAR p 382 (bg) – Anilah p 382 (bd) – julian elliott p 383 (hg) – Jon Ingall p 383 (hd) – Souchon Yves p 383 (b) – Stephane Bidouze p 398 – aleksandart p 399 (hg) – Delmotte Vivian p 399 (db) – Joerg Beuge p 419 (dh) – Elena Veselova p 419 (db) – B. and E. Dudzinscy P 439 (hg) – HLPhoto p 439 (hd) – PAUL ATKINSON p 439 (dc) – DUSAN ZIDAR p 439 (db) – Anna Jedynak p 452 (h) – infografick p 453 (hg) – Vladimir Melnik p453 (hd) – ChameleonsEye p 464 – BrazilPhotos p 465 (hc) – Sunny Forest p 465 (dh) – macbrianmun p 465 (db) – Monkey Business Images p 482 (hg) – hanmon p 483 (hg) – windu p 483 (dc) – Hywit Dimyadi p 483 (db) | **© Thinkstock :** clopixe p 10 (h) – MIMOHE p 10 (bg) – arenysam p 10 (bd) – Jordan Jose p 11 (hg) – Pixavril p 11 (hd) – A_Lein P11 (b) – vidalidali p 84 (g) – Nolonely p 103 (hg) – piratedub p 103 (db) – Oongnoi p 141 (dh) – Olha_Afanasieva p 207 (hg) – Olgaorly p 220 (h) – olgakr p 237 (hc) – gabe9000c p 237 (dh) – Rafael Laguillo p 237 (dc) – Medioimages/Photodisc p 237 (db) –Mark Yuill p 276 (h) – GIRODJL p 312 (hd) –Goodshoot p 324 (h) – Dmitry Naumov p 326 (b) – Ls9907 p 399 (dh) – Wiktory p 418 (hd) – HandmadePictures p 419 (dc) – KaterynaSednieva p 438 (hc) – sigurcamp p 450 – Fanny Reno p 452 (bg) – Simeon p 452 (bd) – Simeon p 453 (b) – RyanFaas p 465 (dc) – AnjelaGr p 483 (hc) – Yuii639 p 483 (dh). | **© Hemis :** Soberka Richard p 18 – Jean-Daniel Sudres p 158 – Jean-Daniel Sudres p 248 – Jean-Daniel Sudres p 260 – Jean-Daniel Sudres p 344 (g) — Jean-Daniel Sudres p 367 (hd) – Felix Alain p 439 (dh). | **Martin Balme** (stylisme Laetitia Dauchy) © coll. Larousse : p 140 (hg) – p 141 (hc, dc) – p 237 (c) – p 297 (hc, hd) – p 399 (dc) – p 482 (hd) – p504 (bd) – p 509 (hd) – p 509 (bg). | **Emanuela Cino** (stylisme Anne Loiseau) © coll. Larousse : p 366 – p 496 (mg) – p 504 (hc) – p 509 (hg) – p 509 (hc) – p 509(mg) – p 509 (md) – p 509 (bc) – p509 (bd). | **Olivier Ploton** © coll. Larousse : p 45 (hg, hc) – p 85 (db) – p 159 (hg) – p 182 (hd) – p 183 (hg, dh, dc, db) – p 206 (hd, b) – p 297 (hg) – p 312 (hg) – p 313 (hc) – p 345 (hg) – p 418 (hg). | **Olivier Ploton** (stylisme Blandine Boyer) © coll. Larousse : p 102 (hd) – p 159 (db) – p 249 (hg) – p 399 (hc) – p 419 (hc) p 496 (hc) – p 496 (mc) – p 496 (bg) – p 496 (bc) – p 504 (hg) – p 504 (hd) – p 504 (mg) – p 504 (bg). | **Olivier Ploton** (stylisme Catherine Moreau) © coll. Larousse : p 4 – p 237 (hg) – 261 (g) – p 261 (c) – p 345 (hc) – p 345 (dc) – p 367 (hg) – p 419 (hg) – p 496 (hg) – p 496 (hd) – p504 (mc) – p 504 (md) – p504 (bc). | **© Olivier Ploton** (stylisme Audrey Cosson) © coll. Larousse : p 6 – p 496 (gd) | **Franck Schmitt** © coll. Larousse : p 84 (d) – p 85 (h g, hc) – p 102 (hg) – p 103 (hc, hd) – p 183 (hc) – p 236. | **Laetitia Vasseur** © coll. Larousse : p 19 (hg, hc, dm, db) – p 159 (dh) – p 465 (hg) – p 496 (md) – p 509 (mc).

Thermostat	1	2	3	4	5	6	7	8	9	10
Température	30 °C	60 °C	90 °C	120 °C	150 °C	180 °C	210 °C	240 °C	270 °C	300 °C

Ces indications sont valables pour un four électrique traditionnel. Pour les fours à gaz ou électriques à chaleur tournante, reportez-vous à la notice du fabricant.

Poids	55 g	100 g	150 g	200 g	250 g	300 g	500 g	750 g	1 kg
	2 onces	3,5 onces	5 onces	7 onces	9 onces	11 onces	18 onces	27 onces	36 onces

Ces équivalences permettent de calculer le poids à quelques grammes près (en réalité, 1 once = 28 g).

Capacités	5 cl	10 cl	15 cl	20 cl	25 cl	50 cl	75 cl
	2 onces	3,5 onces	5 onces	7 onces	9 onces	17 onces	26 onces

Pour faciliter la mesure des capacités, une tasse équivaut ici à 25 cl (en réalité, 1 tasse = 8 onces = 23 cl).

Capacités		*Poids*
1 cuill. à café	0,5 cl	3 g de fécule / 5 g de sel fin ou de sucre en poudre
1 cuill. à dessert	1 cl	
1 cuill. à soupe	1,5 cl	5 g de fromage râpé / 8 g de cacao en poudre, de café ou de chapelure 12 g de farine, de riz, de semoule, de crème fraîche ou d'huile 15 g de sel fin, de sucre en poudre ou de beurre
1 tasse à café	10 cl	
1 tasse à thé	de 12 à 15 cl	
1 bol	35 cl	225 g de farine / 260 g de cacao en poudre ou de raisins secs 300 g de riz / 320 g de sucre en poudre
1 verre à liqueur	de 2,5 à 3 cl	
1 verre à bordeaux	de 10 à 12 cl	
1 grand verre à eau	25 cl	150 g de farine / 170 g de cacao en poudre / 190 g de semoule 200 g de riz / 220 g de sucre en poudre
1 bouteille de vin	75 cl	

Direction de la publication : Isabelle Jeuge-Maynart & Ghislaine Stora
Direction éditoriale : Agnès Busière
Édition : Ewa Lochet & Sandrine Paniel
Informatique éditoriale : Marion Pépin & Philippe Cazabet
Conception graphique & couverture : Émilie Laudrin
Mise en page : Lucile Jouret
Fabrication : Anne Raynaud & Donia Faiz

Les Éditions Larousse utilisent des papiers composés de fibres naturelles, renouvelables, recyclables et fabriquées à partir de bois issus de forêts qui adoptent un système d'aménagement durable.
En outre, les Éditions Larousse attendent de leurs fournisseurs de papier qu'ils s'inscrivent dans une démarche de certification environnementale reconnue.

ISBN : 978-2-03-590649-6
Photogravure : IGS-CP, 16 L'Isle d'Espagnac
Imprimé en Espagne par Macrolibros
Dépôt légal : novembre 2014
315361 – 11029016/01 – septembre 2014